새로 쓰는 예술사

새로 쓰는 예술사

한국문화 이천년을 이끈 예술후원자들

송지원 박남수 류주희 조규희 양정필 정병삼 김경한

글항아리

차례

탁월한 예술가는
어떻게
만들어지는가

송지원

금동탄생불金銅誕生佛, 높이 22.0cm, 보물 제808호, 삼국 6세기, 호림박물관.

나는 우리나라가 세계에서 가장 아름다운 나라가 되기를 원한다.

가장 부강한 나라가 되기를 원하는 것은 아니다.

내가 남의 침략에 가슴이 아팠으니, 내 나라가 남을 침략하는 것을
원치 아니한다.

우리의 부력富力은 우리의 생활을 풍족히 할 만하고,

우리의 강력強力은 남의 침략을 막을 만하면 족하다.

오직 한없이 가지고 싶은 것은 높은 문화의 힘이다.

문화의 힘은 우리 자신을 행복되게 하고, 나아가서 남에게 행복을
주기 때문이다.(『백범일지』, 「나의 소원」 '내가 원하는 우리나라' 중에서)

일찍이 백범 김구는 우리나라가 세계에서 가장 아름다운 국가가 되
길 원했다. 그런데 그것은 바로 문화의 힘이 일궈내는 것이니 '높은 문
화의 힘'을 갖길 바랐다. 경제적 힘은 먹고살 만하면 되지만 문화의 힘
은 무한히 갖고 싶다고 했다. 그것이 바로 '행복'을 주기 때문인데, 이로
써 문화의 힘은 행복과 같은 말이 된다. 백범이 염원한 '행복한 문화대
국'은 지금 어디쯤 가고 있을까?

극단의 시대이자 파국의 시대였던, 무력이 지배한 20세기의 터널을
지나온 21세기는 흔히 '문화의 세기'라 불린다. 문화를 구성하는 요소
가운데 으뜸은 단연 예술이다. 예술은 세계를 미적으로 해부·인식하
고 표현하는 인간의 활동이므로 더없이 귀한데, 긴 숙련 과정을 거쳐야
하기에 예술가는 큰 짐을 짊어질 수밖에 없다. 어느 정도 예술적 경지
에 올라 뛰어난 예술작품을 만들어냈다 해도 작품의 '소통'이나 '유통'은
또 다른 차원에서 이뤄지기에 생산과 향유(혹은 소비)는 일치하지 않는
다. 그러한 소통 구조는 예술가를 여타의 직업인과 다른 방식으로 존재

하게 만든다. 역사의 긴 시간이 기존 삶을 침식시키고 새로운 삶을 일구게 하면서 삶의 매 장면은 바뀌었더라도 예술가가 변함없이 후원제도에 의존해야 했던 것은 바로 이런 이유에서였다.

동서고금을 막론하고 예술가가 후원에 힘입어 작품을 만들어온 역사는 짧지 않고, 그런 만큼 후원의 방식이나 내용 또한 다양하다. 그럼에도 이에 대한 연구는 드문데, 특히 우리나라의 예술 후원에 관한 연구는 더 빈약하다. 역사적으로 특정 인물이나 조직, 기관이 예술을 후원했다는 자료가 이따금 발견되지만 그 내용은 상세히 밝혀지지 못했다. 따라서 이 책은 문화예술을 후원하는 총체적 활동이라는 의미인 '메세나Mécénat'를 집중 조명하려 한다. 그중에서도 기나긴 역사 속에서 이따금 얼굴을 드러내는 예술 후원자에 초점을 두어 '우리 역사 속의 메세나인'을 그려보려는 것이다.

이에 앞서 '메세나'라는 용어가 갖는 의미와 메세나 활동이 역사적으로 펼쳐졌던 구체적인 양상들을 살펴본 뒤 우리 모습을 들여다보는 것이 도움이 될 터이다.

로마제국에서
문화예술이 만개했던 까닭___메세나는 문화예술을 후원하는 기업들의 예술 지원활동을 총체적으로 일컫는 말이다. 이로써 사회에 기여를 하겠다는 목적인데, 이는 기본적으로 문화예술이 사회에 미치는 영향력에 기반을 둔 것으로 그 역사는 고대 로마시대로 거슬러 올라간다.

메세나는 시인과 예술가를 지원해 로마 예술의 발달에 커다란 영향을 미쳤던 로마제국의 귀족 마에케나스Gaius Clinius Maecenas(기원전 67~기원후 8)의 이름에서 유래했다. 마에케나스는 정치가이자 외교관으로서 아우구스투스 황제 밑에서 충실한 조언자 역할을 한 인물로 호라티우스, 베르길리우스와 같은 시인들의 예술활동을 적극 후원했다. 이들 시인은 마에케나스의 지원을 받으면서 아우구스투스가 이룩한 팍스 로마나, 즉 로마의 평화를 찬양하는 시를 썼고 인류의 위대한 시인으로 기림을 받게 되었다.

호라티우스가 남긴 "카르페 디엠Carpe diem"(현재를 즐겨라)이라는 시구는 오늘날에도 많은 사람에게 영향을 끼치고 있다. 또 마에케나스의 권유에 따라 「농경시」 등을 쓴 베르길리우스의 작품 역시 로마를 넘어 인류의 유산으로 전하고 있다. 이런 결실이 맺어진 데에는 마에케나스의 지지가 뒤따랐다.

이처럼 로마시대로 한참을 거슬러가는 서양의 메세나 활동은 이후에도 끊이지 않고 계속됐다. 그 가운데 미켈란젤로, 도나텔로, 보티첼리, 라파엘로 등을 후원해 르네상스 문화를 꽃피웠던 이탈리아 피렌체 메디치 가문의 예술 지원활동은 메세나 역사에서 주목할 만하다. 메디치가家는 금융업으로 성장했지만 예술품을 수집하고 예술가들을 후원하는 활동에도 힘을 쏟았다. 물론 이를 두고 '돈놀이에 급급한 가문이 세간의 평을 누그러뜨리려고 하는 행위'라는 말도 나돌았다. 그러나 메디치가는 예술가들에게 다양한 작품을 주문해 빼어난 예술품이 빚어지도록 했고, 작품 제작에도 적극적으로 개입해 완성도를 높였으며, 이들 작품을 사들여 가문 대대로 이탈리아 최고의 예술 후원자로 기록되었고, 예술 후원사에서 가장 모범적인 사례로 남겨졌다. 그들의 메세나 활동은 문화사에서 중요한 한 장을 차지하고 있다.

현대에 들어와 메세나라는 용어가 문화예술을 후원하는 기업들의 예술 지원활동을 일컫기 시작한 것은 1966년 미국 체이스 맨해튼 은행 회장 데이비드 록펠러가 기업의 예산 일부를 문화예술 활동을 위해 지원해야 한다는 내용을 제안하면서였다. 이후 메세나 운동은 전 세계로 뻗어나갔고, 우리나라에서도 1994년 4월 한국메세나협회가 첫발을 뗄 지금은 230개가 넘는 기업이 뜻을 함께하고 있다. 나아가 국내에서는 최근 문화예술 후원을 촉진하는 법률이 시행되기에 이르렀다.[1]

이천 년 역사를 이어온 메세나, 메세나인___

시간을 거슬러 이제 우리 역사를 되돌아보면 역시 주목할 만한 메세나 활동과 메세나인들이 있다. 신라 왕실과 귀족, 고려 무신정권, 조선의 안동 김문, 효명세자, 대원군과 같은 거대 권력이나 귀족 및 가문은 물론이고 신재효, 개성상인과 같은 중간 계층, 전형필과 같은 교육자이자 수집가, 이병철, 박성용과 같은 기업인이 그들이다. 이들은 각 예술 분야에서 후원활동을 펼쳐 역사 속에서 예술이 힘을 얻지 못할 때 빛을 비추었고, 역사의 한 장에서 예술의 숨결이 사그라들려 할 때 그 불꽃을 다시 지피기도 했다. 그들의 메세나 활동은 신라와 고려의 음악, 조각, 춤, 문학 등이 최고를 자랑할 수 있게 했고 조선의 그림과 음악예술을 심오한 경지로 끌어올렸다. 그들이 재력을 바탕으로 기울인 예술에 대한 열정은 우리의 귀중한 문화재를 지켜냈고 수많은 학자와 예술인을 뒷받침해 길러냈다. 그들의 예술에 대한 애정과 탐닉이 오늘날 문화강국의 주춧돌을 놓은 것이다. 그 역사 속 구체적인 장면으로 들어가보자.

진흥왕은 가야국에서 가야금을 가지고 신라에 투항한 음악가 우륵을 받아들여 가야금 음악이 신라에서 꽃을 피우도록 했다. 우륵이 신

「본소사연本所賜宴」,「기사경회첩」, 장득만·정홍래 등,
비단에 채색, 43.5×67.8cm, 1744~1745, 국립중앙박물관.
헌강왕이 후원한 처용의 모습은 조선시대 궁중정재에 남아 전한다.

라 청년에게 가르친 음악은 대악大樂으로 승화했고 정악正樂을 대변하는 음악으로 자리잡게 되었다. 이는 진흥왕이 우륵을 기꺼이 받아들이고 음악활동을 할 수 있도록 후원했기에 가능한 일이었다. 선덕여왕은 승려인 양지良志를 후원하여 영묘사 창건에 주도적인 역할을 하도록 했다. 영묘사의 비로불도 양지의 작품이다. 무열왕, 문무왕에 이르는 신라 김씨 왕실도 양지를 후원해 그의 손에서 솜씨 좋은 예술품이 빚어지게 했다. 경덕왕은 화공 솔거를 후원했다. 경주 황룡사의 노송도와 분황사의 관음보살, 진주 단속사의 유마상維摩像과 같이 타의 추종을 불허하는 예술이 솔거의 작품이다. 신라의 태평시대로 왕경에 초가집이 하나도 없었다고 하는 헌강왕 때의 처용 이야기는 설화처럼 전해지지만 처용을 소재로 한 처용무는 지금까지도 궁중정재로 이어지고 있다. 또 헌강왕은 지방의 가악歌樂을 중앙에서도 연행할 수 있도록 해 지방과 중앙의 문화가 융합되도록 힘썼다. 신라 왕실의 예술, 예술가에 대한 후원은 국왕과 왕실의 권위 및 신성성을 높이기 위한 것이기도 했지만 왕실이 지닌 예술적 안목과 역량을 바탕으로 했기에 그 의미가 더욱 깊다. 나아가 왕실의 예술 후원 양상이 귀족과 일반 백성에게까지 미쳐 예술 후원의 모범이 널리 퍼져나가게 했다는 점에서 이는 더욱 빛을 발한다.

고려시대에 100년간 지속된 무신정권은 무신들이 초월적 권력을 누린 시기로 부정적인 평가를 받는 한편, 무신정권 후반에 이뤄진 문화예술 후원은 메세나 활동의 전범으로 꼽을 만하다. 그중에서도 특히 무신정권의 정점에 있었던 최충헌과 최이를 주목해야 한다. 이들은 무신정권기임에도 문인 우대 정책을 펼쳐 예술과 학술의 발전을 이뤄냈고, 그 결과 여러 걸출한 문학과 예술작품이 탄생했다. 최충헌 집권 시기에는 팔만대장경 각성 사업이 진행되었고 이 시기 고려청자 기술은 가장 세련된 순청자를 만들어냈다. 이는 고려 도공들이 최씨 가문의 후원을 받아 새로운 기술을 개발했기에 가능했다. 이들은 또 새로운 예악문화를 창출하기도 했다. 고려를 대표하는 문신 이규보는 최충헌과의 개인적인 관계를 통해 관직에 나아갔다. 이규보의 실력을 꿰뚫어본 최충헌은 그를 등용했고 이규보는 당시의 문학을 부흥시키는 데 큰 역할을 했다. 최충헌의 아들 최이 역시 부친의 정책을 이어 문인 우대 정책을 펼쳤다. 『동국이상국집』『서하집』『보한집』『속파한집』 등이 최이 집정기에 간행되었다. 그림의 수집과 감상 풍조 또한 이 시기에 크게 진작되었는데, 문인화가들의 작품활동을 적극적으로 지원해 그들 작품 중에는 중국에까지 명성을 날린 것이 많았다. 후원의 결과 고려 후기 문인화는 새로운 경지로 발돋움했다.

16세기 이래 서울 북촌의 청풍계와 장의동 일대에 세거하면서 경화京華의 대표적인 벌열 가문이 된 안동 김문은 서울의 명문으로 자리해 문화예술 후원으로도 조선 제일의 가문이 되었다. 숙종대까지 현달했던 이 가문은 영·정조 르네상스기에는 잠시 암흑의 시기를 맞았다. 그러나 이 시기의 정치적 위상과 달리 안동 김문은 여전히 조선 최고의 문화적 역량을 지닌 가문으로서 한 시대의 문화를 이끌어나갔다. 이덕무는 안동 김씨 집안이 청음 김상헌 이래 150여 년 동안 우리나라에서 '갑甲'이었다고 평가될 만큼 조선 최고의 문화적 역량을 지녔다고 평가했다. 인왕산 아래 청풍계의 와유암, 청풍각, 태고정과 같은 정자를 지어놓고 당대 최고의 명필인 한호의 글씨, 선조의 어필을 걸어놓았다. 이곳은 그가 수집한 명화와 고적을 좌우에 진열해두고 감상하는 장소이기도 했

清風溪
謙齋

「청풍계」, 정선, 종이에 채색,
96.0×36.0cm, 1730, 고려대박물관.
조선 후기 인문과 예술 후원에 있어
독보적이었던 안동 김문의 세거지.

다. 청풍계에 연못을 파놓고 이현보, 김안국, 김안로, 소세양 등의 문화계 명사들과 서화 애호의 취미를 함께 나누기도 했다. 이 모임에는 음악인들이 자리해 선율이 흘렀고 화공은 이 현장을 그림으로 그려 후대에 남겼다. 예술인들을 후원하며 동시에 문화를 창출하는 현장을 만들었던 것이다. 또 안동 김문과 이웃하여 살았던 18세기의 산수화가 정선은 안동 김문의 김창집이 벼슬자리를 마련해주어 출사길에 들어섰던 것으로 알려져 있다. 이러한 정황은 정선이 이광적 집안의 회방연(回榜宴)을 기념하여 그린 「북원수회도」에 잘 나타나 있다. 정선은 안동 김문과 여러 인물이 함께 모여 시를 짓고 노닐었던 한양 북촌의 명소를 그린 『장동팔경첩』을 제작해 후원을 입은 집안을 위해 작품을 남겼다. 이 그림은 예술 후원의 결과 탄생한 명작으로 꼽힌다.

18세기의 재력가 심용의 메세나 활동은 조선 후기 음악사에서 단연 두드러진다. 평소 풍류를 즐기고 의를 좋아했던 심용 주변에는 당대 최고의 예술가들이 모여들었다. 심용은 자신의 집 후원을 음악가들을 위한 공간으로 열어두었고 그들의 음악활동을 후원했다. 심용의 집은 훌륭한 음악인들의 산실이 되었으며 그곳에 모여 연마한 음악가들은 조선 후기의 음악을 함께 연주하고 가꾸어나갔다. 타지역 음악인들과 교류의 장을 마련하기 위해 원정 공연을 떠나기도 했다. 심용은 특히 개방적인 방식으로 예술인들을 지지했으며, 그의 후원을 받은 음악가들은 조선 후기 음악사회에서 최고의 실력을 갖출 수 있었다. 김용겸은 정조대에 장악원 제조로 활동한 인물이다. 정조로부터 그의 뛰어난 음악적 역량을 인정받아 장악원의 수장으로 일하게 된 것으로 보인다. 정조를 도와 음악 정비를 위해 노력했던 인물이다. 김용겸은 장악원 소속 음악인들을 민간 지식층들과 교류할 수 있도록 하여 조선 후기 서울이 음악 문화의 중심지가 되도록 가꾸어놓았다. 이들의 모임은 음악 전문인과 문인들이 소통할 수 있는 장을 이루어 줄풍류 음악을 융성시켰다. 서상수는 시·서·화·악에 두루 능한 인물로 조선 후기 예술후원자 역할을 충실히 해냈다. 그의 음악 애호와 음악에 대한 이해는 당대 여러 음악인에게 지적 토대를 이룰 수 있도록 했으며 예술적 식견과 감식안을 갖춘 후원자로서의 전범을 이루었다. 또 다른 인물로 순조의 아들 효명세자는 세자의 신분으로 가장 많은 수의 궁중정재를 만들었을 뿐 아니라 문학적 성취가 매우 높았다는 평가를 받는다. 문화예술사적 측면에서 빼놓을 수 없는 인물이다. 우리에게 잘 알려진 정재인 '춘앵전春鶯囀'은 그의 효심에서 비롯된, 어머니 순원왕후를 위해 만든 춤이다. 좁은 화문석 돗자리 위에서 큰 동작 없이 추는 춤이라 정재의 세밀한 동작을 한껏 느낄 수 있는데, 이는 효명세자의 예술적 안목이 빚어낸 작품이었다. 대원군 역시 19세기 음악 후원사에서 큰 역할을 한 거대 권력이다. 대원군은 다양한 음악인을 후원했는데, 특히 박효관과 안민영의 가곡활동 후원은 19세기 가곡예술의 발달에 큰 힘이 되었다. 같은 시기에 활동한 판소리 이론가 신재효 역시 문화적 역량과 재력을 바탕으로 판소리가 최고 예술의 경지에 오르도록 했다. 판소리 사설을 집대성했으며 그 이론적 기반을 다져놓았을 뿐 아니라, 남성들이 주도하는 판소리 세계에서 여성이 활동할 수 있는 계기를 마련했다. 신재효의 메세나 활동은 19세기 조선에서 판소리가 그 봉우리를 활짝 피우도록 했다.

문화재 수집가 이홍근, 동양제철화학 명예회장 이회림, 문화재 수집

백자 청화난초문 호白磁靑畫蘭草文壺, 높이 26.2cm, 18세기, 이홍근 기증, 국립중앙박물관.

백자 철화국화문 호磁靑鐵畫菊花文壺, 높이 13.8cm, 17세기, 호림박물관.

가 윤장섭 등은 막대한 재산을 들여 평생 우리 문화재를 수집했고 마침내 그것을 사회에 환원한 인물들이다. 이들에게는 공통점이 있다. 모두 개성 출신이라는 것이다. 개성상인은 조선 최고의 상인 집단이었다. 고려가 몰락하고 개성이 더 이상 수도가 아니었던 시절, 개성 사람들은 독특한 상업 문화를 발전시켜 전국 어디에서도 시도되지 않았던 그들만의 노하우를 축적했다. 그것이 개성을 상업활동의 중심지로 이끌었고 이로써 막대한 부를 쌓았으며, 1930년대 이후에는 경제활동을 넘어서 차츰 메세나 활동에 눈을 떠갔다. 신진 지식인들이 등장했고, 김정혜와 같은 인물의 사회사업 활동, 개성박물관 건립 등은 예술이 사회적으로 갖는 의미를 깨우쳐줬던 것이다. 집안이 유복한 개성 젊은이들은 부모 세대와 달리 밖으로 나가 근대 학문을 배우고 돌아오면서 장사 외에는 별다른 관심이 없었던 개성이 달라져야 한다는 운동을 펼치기 시작했다. 해주에서 무역업으로 큰돈을 번 집안에서 태어나고 자란 김정혜는 출가 이후 불우한 현실에 처하자 기독교 신자가 되어 여성 교육 및 사회사업에 뛰어들었다. 개성의 유지 및 관련 기업은 고려의 수도였던 개성에 박물관이 세워지자 그 경비 가운데 절반가량을 부담했다. 개성박물관은 개성 출신 연구자와 문화재 수집가를 다수 배출했다. 고려의 수도로서 고려시대 유적과 유물이 산재했던 개성은 개항 이후 일본인들에게 무차별적 도굴을 당했던 기억이 있는데, 박물관이 세워지면서 문화재 연구와 보존에 큰 관심을 갖게 된다. 이 과정에서 미술사학의 개척자 고유섭은 개성박물관 관장으로 부임해 문화재 수집가들을 키우고 학자들을 길러내는 데 큰 역할을 했다.

간송 전형필의 예술 후원은 특히 고서 및 문화재, 고미술품 수집, 예술인과 학자 후원, 미술관 건립으로 미술품 보존활동을 펼치는 등의 방식으로 이어진다. 전형필은 대지주 집안에서 태어나 어려서부터 책과 필묵을 좋아했고 특히 아름다운 것을 사랑해 항상 곁에 두고자 했다. 수많은 우리 문화재가 그의 손에서 지켜질 수 있었던 것은 그가 정기와 재력에 더해 뛰어난 미감을 지녔기 때문이다. 간송은 우리 민족문화가 스러져가던 일제강점기에 문화재를 수호하는 일에 선념해 그 성기를 되살리는 데 기여했다. 선조들의 혼이 깃들어 있는 문화재를 지켜내는 일은 곧 민족의 미래를 밝히는 중차대한 일임을 확신했다. 간송은 나랏말 한글 창제의 원리를 밝힌 『훈민정음』을 비롯해 고려 문화의 정화인 청자와 조선 문화의 정수인 백자 정품 및 겸재 정선, 단원 김홍도, 혜원 신윤복 등의 빼어난 그림들과 석봉 한호, 추사 김정희 등의 뛰어난 서예 작품을 일본인과의 경매 경쟁을 통해 수집함으로써 이를 지켜내는 데 전력했다. 우리나라 최초의 사립박물관인 보화각을 설립해 심혈을 기울여 수장한 서화 전적 등 민족 문화재는 제자리를 찾을 수 있었다. 간송은 석탑과 불상 등도 수집했다. 또한 열악한 환경에 처해 있던 위창 오세창 등 문화계 인사들과 혜곡 최순우 등 미술사학계 인사들을 지원하는 데도 힘을 쏟았으며 『고고미술』 발간 등 학계의 일에도 발벗고 나섰다. 이는 한국 고고미술사학의 발전에 굳건한 디딤돌이 되었는데, 이 모두가 개성 사람들의 예술 후원이 빚어낸 결과였다.

삼성그룹의 창업주 호암 이병철은 문화대국을 꿈꾼 경영자로서 1965년 삼성문화재단을 세워 문화예술 활동을 후원하는 데 본격적으로 발을 내딛었다. 경제적인 어려움으로 인재가 교육받을 기회를 얻지 못하고 학술문화 활동이 그 길을 뻗지 못한다면 사회 공평의 원칙에 어긋날 뿐 아니라 사회발전을 저해하는 일이 되리라는 인식에서 비롯된 것이었다. 이병철은 노벨, 록펠러, 포드, 카네기재단 등의 기금 구성과 운용 방법, 사업 내용을 연구해 재단을 운영했는데, 이는 일찍이 인재를 길러내는 일의 중요성은 깨달았기 때문이다. 독서문화의 확산을 위해 삼성문화문고를 간행했고 국내 양서들을 여러 도서관에 기증했다. 또 호암미술관을 세워 회화와 토기, 조선백자, 고려청자, 불상, 조각 등을 수집했다. 그중에는 일본에 밀반출되었던 것을 파격적인 거금을 주고 사들인 것도 제법 있어 우리 문화재의 지킴이 역할을 톡톡히 해냈다. 그의 미술 편력 동기 중 하나는 민족 문화유산 지키기에서 비롯된 것이었다. 그의 예술 사랑은 각별해 거의 전 분야에 걸쳐 관심을 갖고 후원했다. 그중에서도 눈에 띄는 것은 국악의 진흥이다. 우리 음악에 조예가 깊었던 이병철은 과거 동양방송의 소유주로서 국악 프로그램을 만들도록 했다. 이로 인해 당시 국악계에서 활동하던 이들이 직접 방송국으로 와서 생방송으로 음악을 송출하거나 주옥같은 음악을 녹음해 자료로 남겨놓을 수 있었다.

문호 박성용은 금호아시아나그룹의 창업주인 박인천의 맏아들로 태어났다. 평생 음악과 문화를 사랑했던 부모의 영향으로 자연스레 문화 예술의 후원자 길을 걷게 되었다. 박성용은 금호문화재단을 설립해 음악 지원활동을 본격적으로 펼쳤다. 음악계 유망주들에게 비행기편을 무료로 지원하고 명품 악기를 빌려주었다. 그 덕택에 많은 음악인이 좋은 악기의 좋은 소리로 재능을 키울 수 있었다. 1998년에는 14세 이하의 연주자들을 대상으로 금호 영재 콘서트 시리즈를 시작했고, 1999년에는 금호 영 아티스트 콘서트 시리즈를 만들어 15세 이상의 음악도들에게 데뷔 무대를 마련해주었다. 이를 통해 자라난 음악 영재는 현재 1000여 명에 달하는데, 이들은 한국의 음악적 위상을 끌어올리는 데 큰 기여를 하고 있다. 그는 특히 클래식 음악 분야에 집중적으로 투자해 유명 음악인 가운데 그의 후원을 입지 않은 이가 없을 정도라는 말이 있다. 박성용은 지난 2005년에 타계했다. 많은 문화예술인이 가장 바람직한 메세나 상像을 보여줬던 그의 서거를 안타까워했다. 위대한 음악가를 만나는 일이 어려운 만큼 위대한 메세나인을 만나는 것 또한 쉽지 않다. 박성용의 메세나 활동은 지금 이 시대의 문화예술인들, 나아가 메세나 활동에 대해 깨어 있는 이들에게 큰 울림이 되고 있다.

탁월한 예술가는
어떻게 만들어지는가___1994년 한국메세나협회가 첫발을 내딛은
것은 상징적인 큰 걸음이었다. 기업이 사회에 이익을 돌려주는 방식을 문화예술과 직결시킨 것은 새로웠고, 그 파장은 컸다.[2]

현재 우리나라 기업들이 펼치고 있는 메세나 활동은 크게 네 가지로 나눌 수 있다. 첫째는 기업이 개인 예술가를 후원하는 것, 둘째는 기업이 예술 기관을 운영해 후원하는 것, 셋째는 예술단체나 예술 기관을 후원하는 것, 넷째는 예술 교육을 뒷받침하는 것이다. 이는 개인끼리가 아닌 기업이 기관과 단체를 대상으로 해 예술 후원의 범주와 방식을 어떻게 구성해나가는지를 잘 보여준다. 물론 후원의 유형은 이보다 좀더 미세하게 나뉠 수 있고, 또 이들 네 부류는 명확한 선을 긋기 어려울 만큼 서로 겹쳐져 있기도 하다.[3] 다만 여기서 이런 점은 논외로 하고 큰 틀에서 메세나 유형들을 살펴보려 한다.

먼저 기업이 개인 예술가를 후원하는 것을 살펴보자. 우리나라의 세계적인 예술가 가운데 이런 뒷받침으로 길러진 인물은 어렵잖게 찾을 수 있다. 이것은 예술 분야에 특별한 재능을 지닌 영재를 발굴해 그들의 예술활동을 집중적으로 지원함으로써 한 분야에서 일가를 이루도록 돕는 것이다. 즉 이미 어떤 예술적 경지에 이른 자가 아닌, 잠재적 가능성을 지닌 영재를 뽑아 세계 무대로 나아갈 수 있도록 후원하는 것이므로, 한 개인에게 긴 시간 동안 집중적인 뒷받침이 이뤄진다. 단기적 효과에 중점을 두지 않는 이런 방식으로 성장한 예술가는 한 국가의 문화 저력을 발휘하는 바탕이 될 것이다.

이와 달리 기업이나 기관이 작가를 선정해 지원하는 방식이 있다. 작가를 뽑는 기준은 까다롭다. 즉 창의적이고 독창적이면서 국제무대에서의 경쟁력을 갖추고 있어야 하며, 작품세계는 이미 확고한 수준에 올라 있어야 한다. 이 경우 예술 지원은 대부분 실력이 상당한 수준에 이른, 이른바 '선수'들에게만 돌아간다. 따라서 장차 큰 인물이 될 이들을 발굴하고 길러내는 데까지 미치지 않는다는 점에서 여타 인재 육성의 방식과는 다르다. 그러나 이 역시 예술 후원의 또 다른 갈래로 정착되어야 할 것이다. 큰 예술가를 지켜내는 후원 역시 중요한 의미를 지니기 때문이다.

기업이 예술 기관을 운영하는 예도 있다. 미술관, 박물관 혹은 문화재단이 그것으로, 이를 세운 동기는 저마다 다를 것이다. 우리 문화재를 지키려고 작품을 수집하다보니 미술관과 박물관을 건립하는 데까지 나아가기도 하고, 세제 혜택을 바란다거나 나쁜 경우 재산 은닉을 위한 방편으로 활용하는 것이다. 다만 이를 악용하는 경우라도 예술품을 보유하고 감상케 하도록 연결해준다는 점에서는 일정한 의미를 부여할 수도 있다. 이처럼 예술 기관을 운영하는 것은 외형적으로 차이가 있지만 재력이 뒷받침되어야 한다는 점과 일정량의 문화재나 예술작품이 집결된다는 장점이 있어 메세나의 한 유형으로 꼽을 수 있다. 거대 자본이 문화예술에 투자되는 방식이므로 그것이 박물관과 미술관 같은 기관 운영으로 이어지면 풍성한 컬렉션을 보유하게 된다. 문화예술 작품이 빼어난 건축물 안에 오롯이 모여 많은 사람이 향유할 수 있도록 한다는 점에서 이 역시 중요한 메세나 활동이 될 것이다.

다음으로 기업이 예술단체나 기관 후원에 집중하기도 한다. 이는 한 개인의 예술적 성취도 중요하지만 예술단체나 기관이 발전해야 더 나은 성과를 거둘 수 있으며 문화적 역량을 기를 수 있고, 한 사람의 재능보다는 열 사람의 하모니가 훨씬 더 강력하다고 보는 관점이다. 예술단체 후원의 예로 연주단체 지원을 꼽을 수 있다. 우리나라에서 활동하고 있는 연주단체 가운데 임금을 받고 안정된 연주활동을 펼치는 이들이 있는 반면 그렇지 못한 이들도 있다. 사실 고정 임금을 받으며 연주단체에 소속된 예술인은 소수에 불과하며, 대부분은 특정 후원이 있어야 활동할 수 있는 처지다. 이때 기업이 특정 예술단체를 후원하면 예술가는 이를 통해 자신의 재능을 사회에 환원할 수 있게 된다. 사람들은 그들이 연주하는 음악을 통해 문화적 소양을 쌓고 이는 곧 삶의 윤활유가 되어 문화적 선순환 구조를 이룬다. 그러나 과거 사례에서 보듯이 기업이 경제적 어려움에 부딪히면 가장 먼저 거두어들이는 것이 문화예술 지원 기금이다. 이런 사례는 숱했고, 예술단체 후원은 그 피해의 1순위에 있었다. 이러한 일이 일어나지 않으려면 좀더 다양한 기업을 예술단체와 연결시켜 적극적인 후원이 이뤄지도록 해야 할 것이다.

또 기업이 예술 교육을 후원하는 유형이 있다. 이것은 운영 방식이

다양하며, 직접적으로 하거나 특정 기관을 통해 간접적으로 하기도 한다. 직접 후원은 전문가를 통해 예술 교육 프로그램을 개발하고 교육까지 이어지도록 하는 어려움이 뒤따른다. 그래서 위탁 형태로 운영하기도 하는데, 그중 예술 교육 프로그램을 개발해 소외계층 유소년과 청소년들의 재능을 발굴해내 키우는 방식이 눈에 띈다. 이때 각 분야 전문가들이 운영을 맡으므로 전문성이 담보되는 장점이 있다. 예술 후원의 수혜자와 시혜자가 섬과 섬처럼 고립되어 있어 그들 중간에 고리 역할을 할 사람이나 단체가 필요해 이런 방식은 강점이 될 수 있다. 즉 수혜자와 시혜자를 연결하는 선순환의 후원 형태가 된다. 기업의 예술 교육 후원은 다양한 분야에서 이뤄지고 있지만 좀더 많은 기회가 열려야 할 것이다. 특히 문화예술의 사각지대에 놓여 있는 잠재적 인재에게 예술 교육의 기회가 주어진다면 그 취지는 더할 나위 없이 살아날 것이다.[4]

단단한 예술 후원
토양 다지기___

메세나 활동은 궁극적으로 무엇을 위한 것일까?
2014년 7월에 발효된 법률에서 표명한 바가 당위적인 답이 되겠지만, 문화예술의 발전이 문화적 삶의 질 향상으로 직결되는 것은 아니다. 그것이 필요조건은 되지만 충분조건은 아니기 때문이다. 문화예술의 사각지대는 언제나 있게 마련이며, 그로 인해 소외받는 이들이 생겨나기 때문이다. 이는 메세나 활동이 두 가지 측면, 즉 '문화예술의 발전'과 '삶의 질 향상'으로 연결되도록 하는 노력이 함께 이뤄져야 함을 말해준다. 다양한 예술 후원에 힘입어 문화예술계는 꾸준히 성장하고 있다. 그 모습과 내용은 저마다 다르지만 이것이 문화예술의 발전을 가져왔고 예술인들의 수준을 끌어올리는 데도 기여했다. 그리고 그 중심에는 메세나 활동이 있었음을 부인할 수 없다.

이러한 상황에서 최근 들어 기업의 문화예술 지원 규모가 점점 더 늘어나고 있는데, 한국메세나협회가 낸 통계에 따르면 2013년 우리나라 기업의 문화예술 지원 규모는 전년 대비 9.4퍼센트 증가한 1753억여 원으로 나타난다. 경기침체의 여파에도 불구하고 지원 규모와 지원 기업의 수는 늘어나고 있는 추세다.[6]

그렇다면 이제는 문화예술이 누구를 위해 어떻게 지원되어야 하는지 지켜봐야 할 때다. 왜냐하면 문화예술의 혜택은 좀더 많은 사람이 누려야 할 것이기 때문이다. 최근 문화소외계층을 위해 '문화가 있는 날'을 제정함으로써 많은 사람에게 그 혜택이 돌아가도록 한 것은 고육지책이긴 하나 의미를 지닌다. 법에서 제정한 문화예술후원이란 "문화예술 발전을 위하여 자발적으로 물적·인적 요소를 이전·사용·제공하거나 그 밖에 도움을 주는 일체의 행위"를 말한다. 여기서 강조점은 '자발적'이란 말에 있다. 이는 반대급부를 요구하지 않는 것이다. 또한 문화예술후원이란 거대 기업만이 아닌 한 개인이 할 수도 있고 물질적 형태로 고정되지 않아 거대 재력을 지닌 자만이 할 수 있는 것이 아님을 알려준다. 좀더 다양한 계층의 사람들이 문화예술 후원자로 참여할 수 있는 것이다.

최근에는 아너 소사이어티Honor Society라는 것이 출범했다. 이는 2007년 12월 사회복지공동모금회에 의해 설립된 국내 최초의 고액 기부자 클럽이다. 개인 기부의 활성화와 성숙한 기부 문화의 확산을 통해 사회 공동체가 안정적으로 발전하는 데 기여하고자 설립된 것으로 미국 공동모금회United Way의 토크빌 소사이어티를 벤치마킹했다.[7] 여기엔 특정 계층의 사람만이 참여하지 않고 소시민으로서 기부 문화의 건강함에 눈뜬 사람들의 참여도 높아지고 있다. 그것이 문화예술 분야 후원에만 한정된 것은 아니지만 기부 문화의 자발적인 확산 움직임으로 펼쳐지고 있으니 지켜볼 만하다.

메세나는 거대 자본을 가진 자만이 시혜자가 되는 것이 아니라 미미할지 모르나 우리 개개인 모두가 문화예술 발전을 위한 시혜자가 될 수 있다. 거대한 규모의 물질적 지원이 아니더라도 한 개인의 적은 물질과 재능, 혹은 연륜과 경험을 나누는 것 또한 메세나 활동이기 때문이다. 문화예술 후원을 위한 기금을 마련하는 작은 움직임을 사회운동으로 만드는 노력 또한 중요하다. 재능을 사회에 나누는 다양한 방식의 연구도 필요하다. 더 중요한 것은 문화예술의 발달과 그것의 고른 향유가 인류의 미래를 밝게 해준다는 점을 모든 사람이 인식하고 작은 실천부터 옮기는 일일 것이다.

1장

신라의
독보적 예술을 완성시킨
국왕들

박남수

신라시대는 우리 예술세계가 가장 화려하고도 높은 경지에 이르렀던 때로 꼽힌다. 진평왕의 천사옥대天賜玉帶를 비롯해 황룡사 9층목탑, 문무왕의 만파식적 등은 비록 지금 전해지지 않지만 신라의 세 가지 보물로 일컬어진다. 현재 남아 있는 작품으로는 신라의 금관과 성덕대왕신종, 불국사, 석굴암 및 불상과 탑파 등이 뛰어난 예술 감각을 발하고 있다. 그렇지만 아쉽게도 이를 빚어낸 예술가들이 이름은 흔적도 남기지 못한 채 거의 사라졌다.

신라의 예술가로서 이름을 남긴 인물은 음악가 우륵于勒, 조각가 양지良志, 화가 솔거率居, 가무인 처용處容 등에 불과하다. 우륵이 신라에 전한 가야금은 대악으로 발전해 신라악으로 승화되었고, 양지의 조각품들은 그 잔편이나마 발굴되고 있으며, 처용무는 조선시대 궁중무용으로 계승되어 오늘날까지 그 명맥을 잇고 있다. 솔거의 작품은 1910년

신라토우, 신라, 국립중앙박물관.
악기를 연주하고 춤을 추는 이들의 형상으로, 신라 사람들의 일상적인 모습을 보여준다.

까지 전해졌다고 하나 지금은 전설적인 화풍만 알 수 있을 따름이다. 이들은 망명인과 승려, 화공, 지방 출신으로 골품제라는 엄격한 신분제 사회에서 어떻게 작품활동을 할 수 있었을까? 이들이 예술의 불씨를 꺼뜨리지 않고 왕성하게 작품을 만들어낸 배경은 어떻게 마련되었는가?

신라 사회가 신분제를 철저히 견지했고 이들이 강력한 왕권 아래에서 활동했다는 점으로 미루어볼 때, 왕실로 대표되는 국왕과 진골귀족들이 이들을 뒷받침해주었을 것이다. 따라서 이 글에서는 분야별로 이름을 뚜렷이 남기고 있는 우륵과 양지 스님, 솔거와 처용의 활동 및 그들의 작품을 살펴보고, 신라 김씨 왕실이 어떤 목적과 방식으로 그들을 지지했는지 밝히고자 한다.

진흥왕, 가야의 음악을
신라의 독보적 예술로 승화시키다___성호 이익(1681~1763)의 『해동악부海東樂府』에는 우륵이 신라에 귀부하여 낭성娘城(지금의 청주)에서 진흥왕을 위해 가야금을 연주한 사실을 노래한 「낭성곡娘城曲」이 전한다.

가야금 열두 줄	伽倻琴十二絃
두 줄에 기러기발 그 소리 아름답네	二絃柱柱聲宛轉
우륵 악사 연주 솜씨 천지 기운 담아내니	于勒師發天和
많은 퉁소 함께 울고 구름 환히 걷혔다네	衆籟齊鳴雲候捲
우는 곤충 우는 새가 시름에 젖었더니	啾蛩冤鳥正愁絶
우조 각조 그 소리가 맑은 소리로 변했네	拂羽動角新聲變

전에 순행하며 옛 음악 찾던 일 회상하니	憶曾巡遊訪古樂
아름다운 음향이 하림궁전에 울렸었지	勻韶響徹河臨殿
낭성의 옛 음악이 문득 귀에 들어오니	娘城舊譜忽傾耳
기쁜 안색 봄날처럼 군왕 얼굴에 가득했네	喜色春入君王面
노래하고 춤추며 각각 솜씨 발휘하니	歌喉舞袖各獻巧
법주도 함께 취하는 궁궐의 산치 사리	法酒共醉金宮宴
맑아라 호파가 바닷가에서 신곡을 연주하듯	清如瓠巴臨海動新操
물결 속에서 고무되어 어룡이 나타나고	波間鼓舞魚龍見
아득히 구령의 신선이 봉황 타고 지나가듯	杳如緱嶺仙子騎鳳過
삼청의 옥피리 소리가 바람에 실려오네	三清玉簫來風便
오호라, 가야금 소리 끊이지 않아서	嗚呼伽倻琴聲不盡
오늘날까지 향악으로 우리나라에 퍼져 있네	至今鄉樂東華徧

　551년(진흥왕 12) 3월 우륵과 그의 제자 이문尼文을 불러 음악을 연주하게 한 곳은 진흥왕이 새롭게 정복한 낭성의 행궁 하림궁이었다. 「낭성곡」에서는 우륵이 하림궁에서 가야금을 연주할 때 퉁소와 노래, 춤이 어우러졌고, 그것이 조선시대 향악으로 이어진 것이라 했다.

　『삼국사기』「신라본기」에는 우륵과 이문이 낭성에서 새로운 노래를 만들어 진흥왕을 위해 연주했다고 기록되어 있다. 668년(문무왕 8) 10월 25일 문무왕이 왕경(경주)으로 돌아가고자 욕돌역을 지날 때, 국원사신 용장龍長 대아찬이 연회를 베풀면서 나마 긴주緊周의 아들 능안能晏에게 가야의 춤을 추게 했으며, 술과 폐백을 후하게 내려 치하했다. 당시 능안은 고작 열다섯 살의 나이였지만 가야의 춤을 전승받은 자라 할 수 있었다. 특히 국원사신 휘하에 있었다는 점으로 보건대 우륵이 제자를 양성한 국원 지역이 문무왕 시기에도 가야 음악을 전수하는 역할을 했던 듯하다.

한편 『삼국사기』 「악지樂志」에는 689년(정명왕 9) 국왕이 신촌新村에 거둥하여 잔치를 베풀고 음악을 들었다는 『고기古記』의 기록이 전한다. 정명왕은 신문왕을 지칭하는데, 그때 신촌 곧 웅주 결성군 신읍현(충청남도 보령시 주포면)까지 가서 음악을 들었다는 것이다. 이 또한 순행巡幸 과정에서 베풀어진 음악으로 피리와 춤, 거문고와 가무가 어우러졌다.

이처럼 신라의 국왕이 순행할 때는 연희와 함께 가무가 베풀어졌다. 그런데 진흥왕은 낭성에서 우륵과 그의 제자 이문의 연주를 듣고는 그들에게 국원에 거처를 마련해주었다. 이는 삼국이 각축을 벌이던 상황에서 신라가 귀부한 지역의 세력자에게 베푼 하나의 은전이기도 했다. 진흥왕은 이에 더해 대나마 주지注知·계고階古와 대사 만덕萬德을 보내

관악기를 부는 토우, 신라, 국립중앙박물관.

우륵의 가야금 기예를 전수받도록 했다. 진흥왕의 나이 18세 때의 일로 이사부가 562년(진흥왕 23) 대가야를 정복하기 10년 전이었다.

『삼국사기』「신라본기」에는 나라가 어지러워지자 우륵이 진흥왕에게 귀의했다고 기록되어 있다. 나라가 혼란했다는 것은 가야가 백제와 손잡고 신라와 전쟁을 치르던 일을 일컫는다. 554년 백제·가야 연합군과 신라가 관산성(충북 옥천군 옥천읍), 삼년산성(충북 보은군) 등에서 전쟁을 벌인 것을 보면, 진흥왕이 우륵의 음악을 들었던 551년에는 이미 낭성 일원이 신라의 판도에 들어갔었다.

특히 우륵의 출신지인 성열현은 후기 가야연맹의 한 소국인 사이지국으로, 『삼국사기』「지리지」 가운데 강주 강양군의 속현인 신이현辛爾縣에 해당된다. 이에 대해서는 오늘날 경남 의령군 부림면이라는 견해 등이 제기되는데, 대략 성산·고령·강양의 삼각 가운데에 위치했던 듯하다. 이 지역은 달구벌(대구)로부터 낭성으로 짓쳐 들어가는 길목에 위치했던 만큼 우륵의 귀의는 신라의 가야 지방 진격과 정복에 따른 것이라 할 수 있다. 당시 우륵은 가야 가실왕嘉實王의 악사였고, 가실왕의 명에 따라 가야금 열두 곡을 작곡한 터였다.

가실왕에 대해서는 5세기 후반 후기 가야연맹을 일으키고 중국 남제에 조공했다는 대가야의 하지왕荷知王으로 보는 견해가 있다. 다른 한편 금관가야의 제9대 감질왕 또는 제7대 취희왕의 별칭 질가叱嘉가 가질을 잘못 표기한 것일 수 있다고도 본다. 이와 달리 금관 이외의 가야의 어떤 나라 왕으로 풀이하기도 한다. 그렇지만 우륵의 출신지 성열현은 고령의 대가야와 가깝고, 우륵이 신라에 귀의할 당시 대가야·백제의 연합군과 신라가 무력으로 맞서고 있었으며, 우륵이 지었다는 가야금 열두 곡은 상주·예천 지방 일부와 김해·창녕·자인·대구 등 낙동강 동안에까지 걸친 지역의 각 소국의 음악이었다는 점으로 미루어볼 때, 가실왕은 후기 가야를 이끈 고령의 대가야국 왕이었을 가능성이 높다. 어쨌든 우륵이 가야 가실왕의 명에 따라 작곡한 열두 곡은 가야가 고령지역으로 위축되기 전, 즉 530년대 이전의 가야연맹 각 소국의 음악을 가야금곡으로 작곡한 것이었다.

우륵이 만들었다는 열두 곡은 금관국(지금의 김해시)의 하가라도下加羅都, 대가야국(지금의 고령)의 상가라도上加羅都를 비롯하여 보기寶伎, 달이達已(지금의 전남 여수와 돌산읍 일대), 사물思勿(지금의 경남 사천시 사천읍), 물혜勿慧(지금의 전남 광양시 광양읍), 하기물下奇物(전북 장수군 번암면 임실군), 사자기師子伎, 거열居烈(경남 거창군), 사팔혜沙八兮(지금의 경남 합천군 초계), 이사爾赦(지금의 경남 의령군 부림), 상기물上奇物(지금의 전북 남원)이다. 이들은 가야 소국에 속하는 지역들로, 자신만의 독자적인 악곡을 가야금 연주곡으로 만들었다. 다만 이들 가운데 보기는 공을 가지고 연희하는 기예를, 사자기는 사자가면을 쓰고 연희하는 사자춤을 가리키므로, 우륵의 곡이 단순한 가야금곡만이 아닌 연희에 곁들여졌던 것임을 알 수 있다. 이는 우륵이 주지·계고·만덕에게 가야금과 노래, 춤을 전수한 것과도 일치한다. 말하자면 가야 소국 각 지역의 연희에 수반한 민속춤과 노래를 가야금곡으로 작곡한 것이다.

가실왕이 우륵에게 이러한 곡을 짓도록 한 데에는 품은 뜻이 있었다. 『삼국사기』「악지」에는 가실왕이 "여러 나라의 방언이 각기 달라 성음聲音을 어찌 일정하게 하는가"라며 우륵에게 열두 곡을 짓게 했다고 기록되어 있다. 즉 우륵이 열두 곡을 지은 것은 각 나라에서 제각기 쓰이는 방언에도 불구하고 악곡을 통일하려는 것이었으며, 가야 각국의 음악을 가야금이라는 하나의 음으로 표현한 데서 그 의의를 찾을 수 있다. 이는 가야 제국의 정신적 통일을 이루기 위함이었고 그 한가운데에 우륵이 있었던 것이다.

가야의 궁정악사 우륵이 신라로 귀의한 것은 가야의 복속을 서두르는 진흥왕에게 통일된 가야의 음악을 흡수케 한다는 의미를 지녔다. 진흥왕은 「창녕 신라 진흥왕 척경비昌寧新羅眞興王拓境碑」에서 보듯이 어린 나이에 보위에 올라 중신들의 보필을 받아 국정을 다스렸다. 「마운령 진흥왕 순수비摩雲嶺眞興王巡狩碑」에서 "사방으로 국경을 넓히고 널리 백성과 토지를 획득하며 (…) 옛 백성과 새로운 백성을 기른다"고 했듯이, 그는 새롭게 얻은 지방과 백성을 아우르고자 사방을 순수했다. 그가 정복한 낭성에서 가야의 음악을 들은 것은 그러한 의도를 품은 것이었다. 그를 보필한 중신들이 "망한 가야의 음악을 취할 것이 아니라"고 간언했지만, 진흥왕이 '가야의 멸망은 국왕의 잘못일 뿐 음악과는 무관하다'는 태도를 취한 것 역시 이러한 의도 때문이었을 것이다.

진흥왕이 우륵에게 기예를 배우도록 보낸 대나마 주지와 계고, 대사 만덕은 우륵의 열두 곡에 대해 "이것은 번다하고 또 음란해서 우아하고 바르다고 할 수 없다"고 평가해 다섯 곡으로 간략히 편곡했다고 한다. 우륵이 이를 듣고 처음에는 화를 냈지만, 눈물을 흘리면서 탄식하여 말하기를 "즐거움이 넘치지 않고 애절하면서 슬프지 않으니 가히 바르다고 이른다. 네가 왕 앞에서 그것을 연주하라"고 하였다. 우륵의 열두 곡을 두고 "번다하다"고 한 것은 그 곡들이 각 지역의 특색을 뚜렷이 드러내고 있었음을, 또한 "음란한 것을 고쳐 절제된 즐거움을 드러냈다"고 한 데서 각 지역민의 즐거움과 슬픈 성정을 유감없이 드러냈음을 알 수 있다. 이러한 우륵의 곡을 다섯 곡으로 줄여 연주했다고 하니, 가야의 곡을 절제된 즐거움과 애절한 음색을 지닌 신라적 특성을 띤 것으로 편곡했던 것이다. 진흥왕은 이 다섯 곡의 가야 음악을 신라화하여 궁중 의례에 쓰이는 대악으로 삼았다. 그러므로 우륵의 가야금곡에서 신라의 대악이 탄생하는 과정은, 진흥왕이 옛 백성과 새로운 백성을 기르며 이들을 한데 아우른 정책의 소산이라고 할 수 있다.

이처럼 가야 음악을 신라의 대악으로 만든 곡은 『삼국사기』「악지」에 보인다. 곧 정명왕(신문왕)이 신촌을 순행할 때 연주된 주악의 이름에서 살필 수 있는데, 피리와 춤이 어우러진 가무를 비롯해 가야금과 춤, 노래가 섞인 여섯 곡의 주악이 그것이다. 이 가운데 피리와 춤이 조화를 이루는 가무곡, 가야금과 춤이 함께 섞이는 미지무美知舞를 제외하면 모두 우륵이 연주했을 가야금·춤·노래로 어우러진 다섯 곡(하신열무下辛熱舞, 사내무思內舞, 한기무韓岐舞, 상신열무上辛熱舞, 소경무小京舞)이 남는다. 이 곡들은 대나마 주지 등이 우륵의 곡들을 간추린 것이 아닐까 짐작된다. 여기엔 신라의 사뇌가에서 연유했을 사내무, 신라 왕경 한지부와 관련됨 직한 한기무, 우륵의 고향 성열현의 악곡으로 여겨지는 상·하신열무, 우륵이 낭성에서 새롭게 연주했다는 소경무가 포함되기 때문이다. 이처럼 신라와 새로운 가야 음악이 융합됨으로써 신라 고유의 향가를 바탕으로 한 사내무와 가야의 음악이 대악으로 그 모습을 탈바꿈했다.

특히 진흥왕대에는 청소년 집단으로 화랑도를 길러냈다. 화랑도의 덕목에서는 '서로 가악으로써 기뻐한다相悅以歌樂'라고 하여 충의를 북돋우기 위해 향가와 가악을 중시했다. 이러한 사회 분위기에서 진흥왕은 우륵의 열두 곡을 고유하게 뿌리 내리게 했던 것이다. 애장왕 8년 백결 선생의 방아타령의 주악에 춤을 더하는 형식이 나타난 것도 신라의 악곡에 가야금을 조화시킨 하나의 예로 주목할 수 있다.

사실 가야금의 유래를 둘러싸고는 여러 견해가 있었다. 먼저 신라의

토우장식항아리, 높이 34.0cm, 신라 5세기, 국립경주박물관.
가야금을 연주하는 모습이 장식되어 있다.

『고기』에는 5세기 후반 가야국의 가실왕이 당나라 악기를 본떠 가야금을 만들고, 우륵에게 열두 곡을 만들도록 했다고 전한다. 이에 대해 김부식은 가야금의 원류를 중국 진秦나라의 쟁箏에서 찾는다. 쟁은 12줄의 현악기로 줄을 높이 올려 소리가 쟁쟁하게 울리는데, 특히 중국 병주와 양주의 쟁은 비파瑟와 비슷하다고 했다. 진晉나라의 부현傳玄은 쟁의 위가 둥근 것이 하늘 모양이고 아래가 평평한 것이 땅 모양이며 가운데가 빈 것은 육합六合에 준하고 현의 기둥은 열두 달에 견줄 수 있어, 유교의 인仁과 지智에 부합한 악기로 여겼다. 후한 말 채옹蔡邕의 제자로 위나라 출신인 완우阮瑀는 쟁의 길이가 6자인 것은 음률수音律數에 응한 것이며, 현이 12개인 것은 사시四時를 상징하고, 기둥柱의 높이가 3치인 것은 천天·지地·인人 3재才를 상징한다고 했다. 이러한 쟁의 모양은 가야금과 조금 차이가 나지만 대체로 비슷하다는 것이다.

오늘날에는 가실왕이 만들었다는 가야금이 당시 전해오던 원시 가야금을 개조한 것이라 본다. 『삼국지』변진조에는 3세기 무렵 변진지역 곧 훗날의 가야 지방 풍속에 사람들이 노래와 춤 그리고 술 마시기를 좋아하는데, 대로 만든 거문고 모양의 축筑이란 악기가 있어 튕겨서 음곡音曲을 낸다고 했다. 또한 『삼국사기』에는 신라 자비왕(재위 458~479) 때에 백결선생이 거문고琴로 방아타령을 연주했다는 일화가 기록되어 있다. 이런 내용으로 짐작건대 신라와 가야 지방에 3세기 무렵부터 이미 가실왕의 가야금에 앞서는 원시 가야금이 있었고, 가실왕 당대에 중국의 악기를 참조해 원시 가야금을 새로운 형태로 개조했음을 알 수 있다.

신라의 가야금곡은 우륵의 것에서 비롯되었다고 할 수 있다. 진흥왕이 우륵을 낭성 인근의 중원에 거처케 해 가야금을 가르치게 함으로써 신라금으로서의 기원을 이룩했던 것이다. 여기에는 진흥왕의 절대적 후원과 함께 정치적 의도가 있었음을 부인할 수 없는데, 이러한 진흥왕의 지원은 신라악을 형성하는 바탕이 되었다. 이는 진흥왕의 음악관 곧 "대개 성인이 음악을 제정하는 것은 인정으로써 연유하여 조절하게 한 것"으로, 가야의 음악을 받아들임으로써 가야와 신라의 정신적 통일을 기했던 것이다. 668년(문무왕 8) 10월 25일 국원사신 용징이 문무왕을 위한 연회에서 능안으로 하여금 가야의 춤을 추게 한 것이나, 689년(신문왕 9) 국왕의 연희에 소경무가 연주되었다는 데서 국원경을 중심으로 가야의 춤과 음악이 전수되었음을 알 수 있다. 더욱이 신문왕 때에 연주된 음곡에는 신라 고유의 사내무와 한지무 외에 우륵이 가야금을 교수한 국원소경의 소경악과 우륵의 고향인 성열현 관련 상·하신열무가 포함되어 있다.

한편 신라 가야금의 음조는 하림조河臨調와 눈죽조嫩竹調의 두 가지로 대별되며, 신라시대에는 이들 가야금곡이 185곡에 이르렀다고 한다. 특히 하림조는 우륵이 하림궁에서 연주했다는 신곡을 바탕으로 한 것이 분명하다. 이처럼 가야금의 음조가 신라악의 중심이 되고 훗날 일본에까지 전승될 수 있었던 것은 진흥왕이 우륵을 불러들여 국원소경과 우륵의 출신지 성열현을 가야 음악의 전수지로서뿐만 아니라 신라악의 계발지로 특성화한 결

가야금, 국립국악원.

과였다. 또한 8~9세기에 이르러 일본과 당나라에 금루신라금金鏤新羅琴, 해동실심금海東實心琴 등이 전래되었는데, 이는 진흥왕이 가야금의 신라화를 추진한 결과 동아시아 삼국에서 신라금이 독보적인 악기로 자리 잡았음을 입증한다.

선덕여왕, 양지의 작품으로 왕실의 신성성을 드높이다

『삼국유사』 양지사석조에는 양지에 대한 사적이 전한다. 그의 조상과 고향이 자세히 나와 있진 않지만 선덕여왕대에 신이한 모습을 드러냈다고 한다. 곧 석장 끝에 포대 하나를 걸어놓으면 석장이 저절로 날아가 단월檀越의 집에 이르러 흔들면서 소리를 냈고, (그) 집에서 이를 알아 재에 쓸 비용을 (여기에) 넣어 포대가 차면 날아서 되돌아왔다고 한다. 이로써 그가 거처하던 절을 석장사錫杖寺라 불렀다.

동국대 경주캠퍼스 박물관은 1986년과 1992년 두 차례에 걸쳐 양지가 거처했다는 석장사를 발굴했다. 현재 경주 석장동의 절터를 발굴했을 때 출토된 조선시대 자기 굽바닥에서 '석장錫杖'이란 묵서명을 발견해 그 위치를 가늠할 수 있다. 또한 그곳에서는 전탑의 유지로 추정되는 다양한 종류의 전불塼佛이 나왔다. 이들 전불은 벽돌 표면에 탑과 불상을 틀로 눌러 찍어 제작한 탑상문전인데, 『삼국유사』 양지사석조에서 양지가 만들었다는 삼천 불상일 것으로 추정된다.

그런데 양지는 영묘사의 장륙상을 만들 때 스스로 입정入定하여 정수正受의 태도로 대하는 것을 법식揲式으로 삼았는데, 이로 인해 성안의 남녀가 풍요風謠를 부르면서 다투어 진흙을 날랐다고 한다.

43

오다 오다 오다.

오다 슬픔 많아라.

슬픔 많은 우리 무리여

공덕 닦으러 오다.

　이 풍요에 대해 『삼국유사』를 찬술한 일연선사는, 고려시대에도 경주 사람들이 방아를 찧거나 다른 일을 할 때 모두 이 노래를 부르는데 이는 양지의 일화에서 비롯된 것이라고 했다. 그러므로 풍요를 노동요로 풀이하기도 하지만 대체로는 불교적 색채가 짙은 공덕가로 본다. 곧 당시의 백성이 재물을 시주할 수 없어 진흙을 날라 공덕을 쌓으면서 불렀던 노래라는 것이다. 여기에는 현세의 고통스럽고 서러운 신분에서 벗어나고자 공덕을 쌓는다는 삼세 윤회사상이 담겨 있다는 것이다.

　일연은 양지에 대해 "재주가 온전하고 덕이 충실하여 큰 도大方를 하찮은 기능末技에 숨긴 이"라고 평했다. 여기서 '하찮은 기능'이란 조각 등의 기술을 말하며, '큰 도'는 '대도大道' 곧 '부처의 도'라는 의미다. 이로써 양지는 불교의 진리를 깨달은 고승 대덕이었음을 알 수 있다. 따라서 양지가 진흙을 나르는 사녀들에게 풍요를 가르치고 부르게 했던 것은 백성을 교화하는 한 방편이었을 것이다. 사실 불교의 진리를 잘 알았던 양지가 조각하는 기술을 익히고 이를 스스럼없이 발휘했던 것은 당시 신라에 유포되었을 『보살지지경菩薩地持經』 및 『유가사지론瑜伽師地論』의 전래와 관련 있을 것이다.

　『보살지지경』과 『유가사지론』에는 승려들이 보살이 되기 위해 '5명五明', 즉 공교명工巧明(工業明)·인명因明·성명聲明·내명內明·의명醫明 등을 체득해야 한다는 내용이 있다. '공교명'(공업명론)이란 "온갖 세간의 공교한 일의 것"으로서 수공업 기술을 비롯해 조각 등의 기예를 말한다. 특히 『유가사지론』 보살지에는 '보살의 보시'에 포함된 일체시에 "현재 보시할 만한 재물이 없으면 이전부터 익혔던 저 여러 세간의 공교업에 뜻을 지어 나타내 적은 공력으로 많은 재보를 모아 중생에게 보시한다"는 내용을 담고 있다. 당시에는 여래장이나 보살계 사상, 아미타 신앙과 같은 대승적인 성격의 불교가 발전했던 터라 양지 또한 이러한 사상에 기반해 조각 등의 기예를 펼친 것을 '보살의 보시'를 수행하기 위한 방편으로 여겼을 것이다.

사실 『삼국유사』 양지사석조에는 양지가 여러 기예에 통달해 신묘함이 비할 데가 없었다고 기록되어 있다. 그는 필찰筆札에 능해 영묘, 법림 두 절의 현판을 썼고, 영묘사의 장륙삼존상과 천왕상, 전탑의 기와를 비롯해 천왕사 탑 밑의 8부신장, 법림사의 주불 삼존과 좌우 금강신 등을 조각했다고 한다. 또 일찍이 벽돌을 다듬어 작은 탑 하나를 만들고 아울러 삼천 불상을 만들어 그 탑에 모셔 절 안에 두고 공경했다고 한다. 여기서 양지가 참여한 불사와 관련된 사찰은 그가 거처한 석장사 외에 영묘사, 법림사, 사천왕사 등이다. 법림사는 기록이 없어 창건 연대를 알 수 없지만, 영묘사는 635년(선덕여왕 4)에, 천왕사는 사천왕사를 일컬으며 679년(문무왕 19)에 개창했다.

그런데 오늘날 미술사학계에서는 석장사와 사천왕사지에서 발굴된 유물들이 서역적西域的인 성격을 띠며, 그런 기법이나 표현 방식이 신라에 전해진 것은 삼국 통일 무렵일 것으로 본다. 이런 까닭에 양지가 문무왕대에 활동했거나 또는 문무왕대에서 신무왕대에 걸친 시기에 활동했을 것으로 추정하기도 한다. 다만 『삼국유사』에서 선덕여왕 때에 여러 신이함을 드러냈다고 하고 사천왕사의 조각들이 양지의 손에서 빚어졌

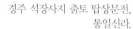
경주 석장사지 출토 탑상문전,
통일신라.

경주 사천왕사지 장식 전편과 사천왕상 전편.

다는 점으로 미루어 일반적으로는 양지의 활동 시기를 선덕여왕 때부터 문무왕대에 걸친 것으로 본다. 석장사나 사천왕사지의 유물이 통일 전후기의 것이라는 점에서 양지는 선덕여왕 때 영묘사의 불사에 참여하고, 문무왕 때 사천왕사의 건립에 참여하는 한편 석장사에 머물렀을 것으로 추정할 수 있다.

양지가 신라 중고기, 특히 선덕여왕 때의 중심 사찰이었던 영묘사 건립에 참여했던 것이나 문무왕 때의 최고의 사격寺格을 지닌 사천왕사의 건립에 참여했다는 것은 여러 의미를 지닌다. 영묘사와 사천왕사는 『삼국사기』에 보이는 신라 7대 성전사원으로 꼽는 사찰이었다.

성전사원의 사격은 『삼국사기』 직관지에 배속된 관원으로 볼 때 봉덕사–사천왕사–봉성사·감은사–봉은사–영묘사–영흥사 순으로 되어 있다. 이들 가운데 봉덕사는 본래 봉덕태종사奉德大宗寺로, 봉성사는 봉성신충사奉聖神忠寺로, 봉은사는 진지대왕사眞智大王寺로 일컬어졌으며, 각각 태종 무열왕과 성신 곧 당의 측천무후, 그리고 진지왕을 모시는 사찰이

사천왕상 전, 높이 69.5cm, 통일신라 679년, 경주사천왕사 터, 국립경주박물관.

사천왕상 전, 높이 52.0cm, 통일신라 679년, 경주사천왕사 터, 국립경주박물관.

었다. 감은사 또한 '감은문무대왕사'로 일컬어졌을 가능성이 있는데, 문무왕을 추복하는 사찰이었던 것은 분명한 사실이다. 그 밖에 영묘사와 영흥사는 중고 왕실을 잇는다는 의미에서 각각 선덕여왕과 법흥왕을 추복했던 것으로 보인다. 특히 영묘사는 선덕여왕 때 창건되었고 선덕여왕의 진영을 모신 사찰이기도 하다. 사천왕사는 당병唐兵을 퇴치하는 데 있어 신라 삼국통일의 정신적인 구심체로 기능한 중대한 호국의 사찰이었다.

이처럼 양지의 사적을 보이는 영묘사와 사천왕사는 신라 왕실의 선조를 추복하기 위해 금하신 이하의 고급 관료를 배속한 국가 사찰이었다. 영묘사는 성진星辰신앙과 관련된 사찰이거나 '영묘靈廟'라는 사찰 명칭으로 미루어 창건주인 선덕여왕 자신의 원당일 것으로 추정되기도 한다. 어쨌든 영묘사는 선덕여왕의 각별한 관심을 받아 세워졌고, 『삼국유사』 이혜동진조나 『신라수이전新羅殊異傳』 20, 심화요탑조에 보이듯이 선덕여왕이 향을 공양하기 위해 자주 들렀던 사찰이기도 했다.

『삼국유사』 이혜동진조에는 혜공惠空 스님의 기이한 행적을 다루면서 영묘사 관련 일화를 전한다.

> (혜공 스님이) 또 어느 날 풀을 가지고 새끼를 꼬아서 영묘사에 들어가 금당과 좌우 경루經樓 및 남문의 회랑을 둘러 묶고 강사剛司에게 알렸다. "이 줄은 모름지기 3일 후에 풀어라." 강사가 이상하게 생각하면서 따르니 과연 3일에 선덕여왕이 가마를 타고 절로 들어왔는데 지귀志鬼의 가슴에서 불이 나서 그 탑을 태웠으나 오직 줄을 묶은 곳만은 면하게 되었다.[2]

이와 관련된 지귀의 일화는 『신라수이전』에 그 일부가 전한다.

지귀는 신라 활리역活里驛 사람인데, 선덕여왕의 아름다움을 사모해 근심하여 눈물을 흘리다가 모습이 초췌해졌다. 왕이 절에 가 향불을 올리는데 이 사실을 듣고 불렀다. 지귀가 절의 탑 아래에 가서 왕의 행차를 기다리다가 홀연히 깊은 잠에 들었다. 왕이 팔찌를 벗어 가슴에 두고 환궁했다. 뒤에 지귀가 잠이 깨어 오랫동안 번민하고 애절해하다가, 가슴에 불이 나 그 탑을 둘러싸 곧 변하여 화귀火鬼가 되었다. 왕이 술사에게 명하여 주문을 짓게 하니 "지귀의 마음에 불이 나는 중에 몸을 태우고 화신으로 변했네. 옮겨 푸른 바다 밖으로 가면 서로 친해지련만志鬼心火中 燒身變火神 流移滄海外 不見不相親"이라고 했다. 그때의 풍속에 이 주문을 문 벽에 적어 붙임으로써 화재를 막았다.[3]

지귀의 설화는 선덕여왕을 사모한 지귀가 결국 불귀신이 되었다는 것이 중심 모티브다. 그는 선덕여왕을 사모해 뵙기를 바랐으나, 정작 선덕여왕이 행차했을 때에는 잠이 들어 뵙지 못한 것을 탄식하며 마음에 불이 날 만큼 병들어 불귀신이 되었다는 이야기다. 이러한 사실이 『삼국유사』 혜공전에도 전하는 것을 보면 신라 사회에서 꽤나 유명했던 이야기인 듯하다.

조선 전기의 문인들도 영묘사에 대한 시문을 남겼나. 서거정(1420~1488)은 당나라 황제를 새긴 옛 종이 있었다고 했고, 김시습(1435~1493)은 조선 전기까지 영묘사에 나무 부도가 있었다고 했으며, 조위(1454~1503)는 '인간세계와 하늘세계의 무리 상人天繪衆像'이 있었다고 읊었다. 또한 성현(1439~1504)은 "황금의 큰 불상은 비로불이요 백옥의 교태로운 자태는 여왕의 몸이로다"라고 하여 비로불과 선덕여왕의 상이 있었음을 전했다.

그런데 1481년(성종 12)에 편찬된 『신증동국여지승람』에는 "(영묘사의) 불전佛殿은 3층으로 체제가 특이하다. 신라 때의 불전이 한둘이 아니었으나 다른 것은 다 무너지고 헐어졌는데, 유독 영묘사만이 완연히 어제 지은 듯한 모습으로 서 있다"고 기록되어 있다. 이에 대해 오수영(1521~1606)의 『춘당집春塘集』에는 "오직 당시(신라)의 영묘사가 있어, 해질 무렵 바람에 종소리 울리니 스스로 아득하구나"라고 하여 17세기 전반까지 이 절이 존속했음을 알려준다. 다만 이만부(1664~1732)의 『식산집息山集』에는 봉덕사가 폐해지자 봉덕사종(성덕대왕신종)을 영묘사에 옮겼

경주 낭산의 선덕여왕릉.

는데, 영묘사는 작은 암자만 있었다고 했다. 이런 기록으로 볼 때 영묘사는 임진왜란 시기에 소실된 듯하다. 『신증동국여지승람』과 『매계선생문집梅溪先生文集』에 따르면 영묘사는 조선시대 경주부 서쪽 5리 지점 관도官道 옆에 있었다고 한다. 대략 지금의 경상북도 경주시 성건동 남천 끝부분 사정동 국당리 영묘사지로 보고 있다.

어쨌든 영묘사는 조선 전기까지 건재했고, 거기에는 3층의 불전인 금당과 좌우 경루, 남문 회랑, 석탑과 당나라 황제(태종)의 명문이 새겨진 종이 있었다. 또한 금빛 비로불과 백옥의 선덕여왕상, 인간세계와 하늘세계의 무리 상이 있었으며, 선덕여왕이 백제군의 침범을 미리 알았다는 일화를 보면 옥문지玉門池라는 연못이 있었음을 알 수 있다.

특히 비로불은 양지 스님이 조성한 것으로 경덕왕대에 다시 금칠을 했는데, 그 비용이 조租 2만3700석에 달했다고 한다. 이에 대해서는 『삼국유사』에 선덕여왕 때 장륙존상을 조성한 비용이라는 설과 경덕왕 때의 개금改金 비용이라는 설이 전하나, 둘 모두 각각 2만6000석에 준하는 비용이 들어갔을 것으로 추정된다. 장륙존상 조성 비용 2만6000석은 김유신의 미망인에게 세조歲租 1000석을 지급한 것이나, 성덕왕이 성정왕후成貞王后를 출궁시키면서 내린 전 200결 및 조 1만 석, 원성왕이 진비 구족왕후具足王后를 외궁으로 내보내면서 내린 조 3만4000석에 견주어볼 때 그 규모를 짐작할 수 있다.

이에 대해 조위 등 조선시대 유학자 일부는 영묘사의 장엄함에 놀라면서도 기둥 재목에 백금의 비용을 들이고 주춧돌 하나에 만 전이나 되는 돈을 허비해 왕실 재정을 모두 소진한 것이라며 비판했다. 또한 조위의 시문에서는 양지가 만든 영묘사의 장륙존상과 사찰의 명패는 금빛으로 꾸며졌고, 사찰 안팎은 풍경과 주당珠幢, 보개寶蓋, 단청 등으로

장엄했다는 내용이 나온다. 이러한 장엄에는 당연히 각종 장인들과 백성의 역역力役이 동원되었을 것이다. 황룡사 9층목탑을 건립하는 데 소장 200명이 동원됐던 것을 보면, 영묘사 창건에는 더 많은 백성의 노역과 장인들의 노고가 쏟아부어졌을 것이다. 조위가 "백성의 원망이 없었을 것인가" 하고 우려했던 것은 '용상을 보호하기 위한 사찰 창건'에 대한 백성의 고역을 안타까워했던 바로, 영묘사의 창건이 왕권을 신성화하려던 노력의 소산임을 인식한 데 따른 것이었다.

　신라가 선덕여왕을 신성시한 것은 선덕여왕의 양친인 진평왕 부부를 백정왕과 마야부인으로 일컫고, 선덕여왕의 이름 덕만德曼과 진덕여왕

누각무늬 전, 너비 28.2cm, 통일신라, 울산 북구 농소동, 국립경주박물관.

의 이름 승만勝鬘을 각각 『열반경』과 『승만경』에서 취함으로써 중고기 왕실을 석가모니의 집안에 견주며 성골로 이념화한 데서 알 수 있다. 더욱이 영묘사 창건 이후 자장이 오대산에서 문수를 친견하여 '신라의 국왕이 천축의 찰리종刹利種 왕으로 미리 불기佛記를 받았다'고 한 것이나, 선덕善德이란 시호 또한 도리천을 주재하는 천자天子 또는 선덕바라문善德婆羅門의 이름으로부터 취한 것에서 불교계의 대승 고덕들이 신라 왕권을 불교적 이념으로 신성화하는 데 앞장섰음을 알 수 있다.

　양지가 고승 대덕으로 영묘사를 세우는 데 주도적인 역할을 한 것도 불교계의 이러한 움직임과 무관하지 않을 것이다. 그는 대방을 갖춘 고

승으로서 불교를 드높이는 방편으로 장륙존상을 조성하고 자신의 필찰로 사찰의 현판을 씀으로써 그 격을 높였던 것이다. 국가적 요역에 동원된 부녀자들이 힘들지 않다 하고 풍요로 공덕을 칭하게 한 것도 그의 역할이 있었기 때문이다.

한편 사천왕사는 선덕여왕이 예지한 세 가지 일 가운데 하나로 등장한다. 선덕여왕은 자신이 죽으면 도리천에 묻어달라고 했는데, 신하들이 그곳을 알지 못하자 낭산의 양지 바른 곳이라 했다고 한다. 과연 그가 죽고 10년 뒤에 문무왕이 그곳에 사천왕사를 세움으로써 사천왕천四天王天 위에 도리천이 있다는 불경의 내용에 들어맞는 예지를 확인할 수 있었던 것이다. 선덕이라는 시호 또한 도리천을 주재하는 천자의 이름에서 가져왔다는 견해로 보건대 사천왕사와 선덕여왕의 관계를 짐작할 수 있다.

사천왕사는 668년(문무왕 8) 고구려를 멸망시킨 뒤 당나라가 장차 신라를 습격하고자 계획하는 것을 왕이 미리 알고 명랑의 의견에 따라 낭산 남쪽 신유림神遊林에 채색 비단으로 (절을) 임시로 지어 문두루비밀법文豆婁秘密法을 행함으로써 당나라의 배를 몰살시켰다고 한 데서 비롯되었다. 그 후 679년(문무왕 19) 그곳에 사천왕사를 창건했는데, 쌍탑 가람으로 호국사찰의 성격을 갖췄고, 탑지에서 출토된 사천왕상 전은 당시 최고의 조각가였던 양지의 작품으로 알려져 있다.

이처럼 선덕여왕이 왕권의 신성성을 드러내고자 영묘사를 건립했고, 양지는 여기에 자신이 만든 불상을 모셨다. 이러한 불사는 중대 왕실로 이어졌다. 이로써 중대의 성전사원은 중고의 왕통을 승계한다는 것을 과시했을 뿐만 아니라 그들의 선조를 성조聖祖로 추숭함으로써 왕실의 신성성을 확보하고자 했다. 선덕여왕 때 조성한 양지의 비로불이 왕실의 신성성을 보장했던 것과 마찬가지로, 문무왕대에 사천왕사를 건립할 때에도 양지의 작품은 여전히 왕권을 수호하고 신라의 삼국통일을 크게 드러내는 데 그 쓰임새가 줄어들지 않았다.

이를 위해 선덕여왕으로부터 무열왕, 문무왕에 이르는 신라 김씨 왕실은 양지를 위해 석장사를 마련하는 등의 조치를 취했을 것이다. 석장사에는 사천왕사에서 발견된 것과 동일한 작풍의 소조 틀이 있는데, 이는 양지가 석장사를 중심으로 작품을 만들었던 증거라고 할 수 있다. 특히 석장사의 작품들이 양식이나 솜씨 면에서 사천왕사의 것과 다르지 않지만, 사천왕사의 작품들은 유약을 바르는 등 높은 품격을 유지했다. 그러므로 동일하게 양지의 손을 거쳐 탄생한 것이라도 많은 비용과 정성을 쏟아부은 국가적 품격의 작품과 승려로서 진흙만으로 소박하게 소조상이나 전불을 만든 석장사의 것은 그 격에서 커다란 차이가 난다.

극사실의 대가

화공 솔거와 경덕왕__ 『삼국사기』 열전에는 솔거의 전기가 전한다. 미천한 출신의 그가 언제 활동했는지는 분명치 않을뿐더러 그의 가계조차 알려진 바가 없다. 그는 누구에게 배운 것도 아닌데 그림을 잘 그렸으며, 경주 황룡사의 노송도와 분황사의 관음보살, 진주 단속사의 유마상維摩像 등이 그의 작품이라고 전해진다. 특히 황룡사 벽에 그린 노송도는 몸체와 줄기의 비늘이 주름지고, 가지와 잎이 얽혀 있는데 까마귀, 솔개, 제비, 참새가 이따금 이를 보고 날아들었다가 와서는 길을 잃고 헤매다가 떨어지곤 했다는 일화가 전해온다. 세월이 흘러 색이 바래자 절의 승려가 단청으로 보수했는데, 그런 뒤 까마귀와 참새가 다시는 찾아들지 않았다고 한다. 이로써 그는 대대로 신화神畫로 일컬어졌다.

이수광(1563~1628)은 『지봉유설』에서 솔거를 진흥왕 때 활약한 화가로 보면서 그를 승려로 여기는 일설을 전하기도 했다. 영·정조 시대의 학자인 이긍익(1736~1806)의 『연려실기술』에서도 솔거를 진흥왕 때의 인물로 보고 있다. 조선시대 유학자들이 솔거를 대체로 진흥왕 시기의 인물로 여긴 것은 당시 황룡사를 건립한 사실로 미루어 짐작한 것이 아닌가 한다. 그러나 단속사가 경덕왕대에 건립되었다는 점에서 솔거의 활동 시기는 경덕왕대 전후라고 할 수 있다. 그의 작품이 황룡사, 분황사, 단속사에 있었으므로 이들 사찰이 건립된 이후에 활동했다고 봐야 할 것이다.

황룡사는 553년(진흥왕 14)에 새로운 대궐을 본궁 남쪽에 짓다가 거기서 황룡이 나타나 사찰을 세우기 시작해 17년 만인 569년에 완성했다. 분황사는 634년(선덕여왕 3)에 완성했는데, 643년(선덕여왕 12) 자장慈藏이 당나라에서 대장경과 사찰을 장엄하는 번幡·당幢·화개花蓋 등을 가지고 귀국하자 선덕여왕이 자장을 이곳에 거처케 하면서 왕궁에서 섭대승론攝大乘論을 강설하게 하는 한편, 황룡사에서 보살계본菩薩戒本을 강설하고 수계授戒를 하도록 했다.

그런데 단속사는 신충信忠이 경덕왕을 위해 세운 사찰로 금당 뒷벽에 경덕왕의 진영을 모셨다고 한다. 『삼국유사』 신충괘관조에는 효성왕·경덕왕대의 시중·상대등을 지낸 신충이 경덕왕을 위해 단속사를 창건했다는 일화를 소개하고, 별기에 경덕왕대에 직장直長 이준李俊(李純)이 나이 쉰에 출가하여 748년(경덕왕 7)에 조연소사槽淵小寺를 큰 사찰로 중창해 단속사라 일컫고 20년을 주석하다가 죽었다고 전한다. 『삼국사기』에는 763년(경덕왕 22) 왕이 총애하는 신하 이순이 하루아침에 세상을 피해 산속으로 들어가 머리를 깎고 승려가 되어, 왕을 위해 단속사를 세우고 거기서 살았다고 한다.

신충은 739년(효성왕 3) 이찬으로 중시가 되어 효성왕을 보좌했으며, 경덕왕대에도 총애받는 신하로서 크게 활약했다. 그는 757년(경덕왕 16)에 사임한 김사인金思仁의 뒤를 이어 상대등에 올라 763년까지 재임했다. 이순 또한 경덕왕의 총신으로서 관직을 그만둔 해(763)가 신충과 같다. 이로써 신충과 이순은 동일한 정치 세력 곧 경덕왕의 한화정책을 추진하다가 그 반대파에 밀려 763년 관직에서 물러나 지리산 기슭에 있는 조연사를 단속사로 중창해 은거한 것으로 볼 수 있다. 따라서 솔거가 단속사에 유마상을 그렸다면 경덕왕대에 조연사를 단속사로 중창한 이후의 일이 된다.

경덕왕대는 신라의 역대 왕들 가운데 크고 작은 불사佛事가 가장 많이 이루어진 시기 중 하나다. 754년(경덕왕 13) 경덕왕이 황룡사종을 주조한 것을 비롯해 그 이듬해에는 분황사 약사여래동상을 주조했다. 이처럼 경덕왕이 불사를 일으킨 황룡사와 분황사에 솔거가 노송도와 관음보살을 그렸고, 경덕왕을 위해 지은 단속사에 유마상을 그렸다면, 솔거는 경덕왕 및 그의 총신들과 매우 밀접한 관계였을 것이다. 따라서 솔거는 경덕왕이 아꼈던 화가로서 경덕왕대에 가장 활발히 활동했고, 단속사의 경덕왕 화상도 그가 그렸을 가능성이 높다.

특히 솔거의 노송도에 대한 『삼국사기』의 기사로 추정컨대, 경덕왕대에는 매우 사실적인 화법이 유행했으며 당나라 북종화의 전형이었던 청록산수화가 전해졌고 채색을 먹과 함께 구사하는 화법이 널리 유행했을 것으로 보인다. 어쨌든 '신화'로 일컬어진 솔거가 미천한 신분에도 불구하고 경덕왕이 불사를 일으킨 황룡사와 분황사에 작품을 남겼을 뿐만 아니라 경덕왕의 진용을 모신 단속사에 유마상을 남겼다는 사실은 경덕왕이 생전에 그에 대해 얼마나 많은 관심과 애정을 지녔을지를 짐작케 한다.

그런데 조선 말기의 문신이었던 김윤식(1835~1922)은 그의 문집 『운양집雲養集』에 솔거가 8폭의 「신라진흥왕북수대렵도新羅眞興王北狩大獵圖」를 그렸는데, 1910년 그에 대한 제사題辭를 쓸 때까지 전해왔다고 했다. 그 제사는 다음과 같다.

김생은 글씨에서, 솔거는 그림에서 모두 신선이다. 신라 때부터 미루어 이름난 이들로서, 훗날의 사람들이 미치지 못했다. 이 그림은 솔거가 그린 「신라진흥왕북순대렵도」다. 600~700년을 지나 고려 충혜왕 때의 재상 영대공英岱公 유청신柳淸臣의 손에 입수되었다. 유재상은 옛 그림을 매우 좋아해 옛사람들의 명화를 많이 모았다. 이 그림을 더욱 사랑하고 아껴 집안 대대로의 가보로 삼아 600~800년을 돌보아 옛 태천泰川 군수 면천沔川 유희柳熙에게 전하여 이르렀다. 유희는 곧 영대공의 후예다. 나의 벗 애석厓石 안정원安鼎遠은 유씨의 사위인데, 이 그림을 얻어 소장하고 있었다. 지금 애석이 이미 돌아갔는데, 내가 애석의 조카 전비서승前祕書丞 안종화安鍾和로부터 얻어 보게 되었다. 그림은 무릇 8폭인데, 당시에 표구로 장식해 병풍을 만든 것이었다. 세월이 오래되어 때가 끼고 낡아 손을 대면 부서졌다. 그러나 붉은 색료는 풀어지지 않고 그대로였다. 그림의 혼이 살아 있는 듯했고, 산과 내, 인물의 모습은 뛰어오르듯 움직이려는 듯했다. 거의 신의 작품이라 하겠다. 진흥왕은 여러 세대의 위엄을 이어 큰 대업을 풍성히 누리고 자리했으니, 육사六師(천자의 군사)를 펼쳐서 크게 하여 순수巡狩의 예禮를 익히고, 기치는 정숙整肅하며 의관은 모두 우아한데, 군사와 말은 정예로 굳세며, 투구와 갑옷은 선명해 사해를 평탄할 기세를 지녔다. 임금과 신하가 서로 기뻐하며 음식을 먹고 마시는데 즐거움과 풍악이 묻어나며, 수레의 휘장과 막사, 술단지 등속이 정치하고 고아하지 않음이 없으니, 소리가 없다고 하나 들림이 있음이라. 큰 음식이 차지 않았으나 문물의 융성함이 빛나고 훌륭하도다. 대국의 풍모가 끝없이 넘치고, 고금을 구부리고 내려다보아도 감격하여 흐르는 눈물을 금할 수 없다. 이 그림이 비록 당시의 용렬한 손에서 나왔다 하더라도 2000년 지난 옛 작품으로 희세의 보물이라 할 것인데, 하물며 술거가 그려 몇 번의 전란을 지났음에도 오히려 지금에 이르기까지 보존된 것임에랴. 어찌 신명이 보호한 것이 아니겠는가.[4]

김윤식의 제사에서 보듯이 「신라진흥왕북수대렵도」는 고려 후기의 역관 출신으로 재상에까지 오른 유청신(?~1329)이 수집하여 소장한 것이라고 한다. 유청신은 몽골어를 잘해 원나라에 여러 차례 사신으로 내왕했고, 원나라에 억류되어 있던 충선왕의 환국을 위해 노력하다가 충선왕의 즉위로 1310년(충선왕 2) 정승에 임명되고 고흥부원군에 봉해지기도 했다. 1321년 고려인 환관의 참소로 충숙왕이 원나라로 소환되자 왕을 따라 원나라에 갔을 때 심왕 고瀋王暠와 결탁해 심왕옹립운동을 일으켰고, 고려에 원나라의 내지內地에 설치된 행성行省을 두자는 입성책동立省策動을 벌였으며 충숙왕을 무고하기도 해 1325년 충숙왕이 환국할 때 고려에 돌아오지 못한 채 원나라에서 죽었다.

여기서 김윤식이 유청신을 충혜왕 때의 재상이라고 한 것은 착오인

고구려 안악3호분 행렬도(모사도).

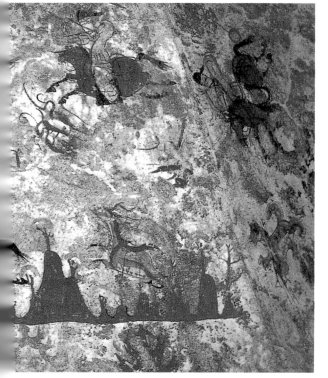

고구려 덕흥리 고분벽화의 수렵도(평양).

듯하다. 다만 그의 지위로 미루어볼 때, 그가 「신라진흥왕북수대렵도」를 입수했고 이것은 가보로 전승되었을 가능성이 높다. 「신라진흥왕북수대렵도」라는 제명은 구입할 당시 붙여진 것으로 짐작되는데, 순수의 행렬과 기치, 의관, 기병과 보병의 투구 및 갑옷, 행렬, 수레의 휘장과 막사, 기물에 이르기까지 매우 정치하게 묘사되었음을 알 수 있다. 지금 이 그림의 행방은 묘연하지만 고구려 고분벽화에 전하는 행렬도와 수렵도가 어우러진 모습이 아니었을까 짐작된다.

여기서 솔거가 단순한 화공畵工으로서 진흥왕의 순수 행렬도를 그릴 수 있었을지는 의문을 품어볼 만하다. 그가 경덕왕대에 국왕이 불사를 일으켰던 황룡사와 분황사의 노송도 및 관음보살도를 그렸고, 신라 전성기의 일종의 기록화라고 할 수 있는 진흥왕 북한산 순수 행렬도를 그렸다면, 그는 국가에 예속된 화공이었다고 봐도 좋을 것이다. 이러한 인연으로 그는 경덕왕대의 총신이었던 이순 또는 신충이 경덕왕을 위해 세운 단속사에 유마상과 경덕왕의 화상을 그릴 수 있었으리라 여겨진다.

솔거가 국가에 예속된 화공이었다면 그의 신분 또한 『삼국사기』 솔거 전에서 이른 대로 "출신이 한미하므로 그 족계를 기록하지 못한다"고만 할 수 없을 것이다. 곧 솔거와 동시대에 활동했던 화가들의 출신과 신분을 살필 수 있기 때문이다. 754년 8월 1일부터 그 이듬해 2월 14일까지 6개월 14일에 걸쳐 황룡사의 연기법사緣起法師는 그의 부친을 위해 화엄경을 사경寫經했다. 「신라백지묵서대방광불화엄경사경新羅白紙墨書大方廣佛華嚴經寫經」(754)에는 사경을 위해 대경大京을 비롯해 남원경, 무진주, 고사부리군, 구질진혜현의 장인들이 참가했는데, 모두 관등을 소지했다고 나온다. 특히 고급 기술을 요하는 경제필사經題筆師와 경심장經心匠, 불

「단군영정」, 지운영, 53.3×33.6cm, 조선 말기, 국립부여박물관. 단군영정을 그린 최초의 화가는 솔거로 알려져 있는데, 지운영의 이 그림은 솔거의 영정을 모사했다고 한다.

보살상필사佛菩薩像筆師 등은 대경의 장인이었다. 이들 가운데 불보살상을 그린 화공은 대경 소속의 의본義本 대나마와 정득丁得 나마, 광득光得 사지, 두오豆烏 사지 등으로 5두품이나 4두품의 신분이었다. 그들은 현재 남아 전하는 『신역 화엄경』 80권의 잔본 가운데 권44에서 권50에 이르는 부분의 변상도變相圖 등을 그렸을 것이다. 사실 『삼국사기』에서 솔거의 출신을 한미하다고 한 것은 그의 신분이 4~5두품이었기 때문이 아닐까 한다.

「신라백지묵서대방광불화엄경사경」에서 불보살상 필사로 표현된 화공들이 등장하는 것으로 미루어볼 때 솔거 또한 이들처럼 왕경에 소속된 화공이었을 것이다. 그는 일정 기간 국가적 사업의 불사나 그 외 공역에 참여하는 대가로 세조나 녹읍을 받았을 것이다. 한편 개인적인 불사나 공역에 참가함으로써 일정한 공가工價를 받았을 것으로도 여겨진다. 이에 『입당구법순례행기入唐求法巡禮行記』에서 엔닌圓仁이 사경을 하는데 들었던 비용과 견줘보면, 「신라백지묵서대방광불화엄경사경」의 각 공인은 6개월의 사경을 통해 개인당 약 35.5~59.2석에 이르는 공가를 받았을 것으로 추정된다. 솔거 또한 이러한 생활을 꾸려나갔을 것이고, 신충이나 이준과 같은 고급 관료 출신의 요청에 따라 단속사의 불사에 동원됨으로서 그림에 대한 대가를 받았을 것이다. 따라서 그는 국가에 예속된 화공으로서 국가의 세조를 받는 한편 고급 관료들의 요청에 따른 좋은 조건의 공가를 받아 자신의 작품생활을 해나갔을 것이다.

신라 가무를 탄생시킨
처용과 헌강왕_____

『삼국유사』에는 헌강왕이 개운포開雲浦와 포석정鮑石亭, 금강령金剛嶺에 행차했을 때 각각 동

해 용과 남산신, 북악신이 나타나 춤을 췄다고 기록되어 있다. 헌강왕
때는 왕경에서 동해에 이르기까지 집과 담장이 연이어져 있었으며, 초
가집은 하나도 없었다고 한다. 또한 풍악과 노랫소리가 끊이지 않았고,
바람과 비는 철마다 순조로워 태평성대라 불렀다.

그런데『삼국사기』에는 879년(헌강왕 5) 3월 왕이 나라 동쪽의 주군을
순행했는데, 어디서 왔는지 알 수 없는 네 사람이 왕 앞에 나와 노래하
고 춤추었다고 기록하고 있다. 또한 그들의 모습이 해괴하고 옷차림도
괴이해 당시 사람들은 산과 바다의 정령들로 여겼다고 한다. 같은 기사
에서 김부식은 다시 옛 문헌의 기록을 인용해 이러한 일이 헌강왕 즉위
원년에 일어났다는 기록을 남겨놓았다.

『삼국사기』의 이 기사는『삼국유사』처용랑의 내용과 같다.『삼국유
사』처용랑 망해사조에는 헌강왕이 동해 개운포(울주)에 놀러 갔다가 돌
아가려던 때에 구름과 안개가 자욱해져 길을 잃자, 이를 동해 용의 조
화로 여기고 그를 위해 근처에 절을 세우게 했다. 동해 용이 기뻐하며
일곱 아들을 거느리고 나와 왕의 덕을 찬양하고 춤추며 풍악을 연주했
다. 그중 한 아들이 왕의 수레를 따라 서울로 들어와 정사를 도왔는데,
이름은 처용處容이라 했다. 이와 관련된 설화는『삼국유사』에 다음과 같
이 전한다.

(헌강)왕이 아름다운 여인을 처용에게 아내로 주어 그의 생각을 잡
아두려 했으며 또한 급간의 벼슬을 내렸다. 그 처가 매우 아름다워
역신疫神이 그녀를 흠모해 사람으로 변하여 밤에 그 집에 가서 몰래
함께 잤다. 처용이 밖에서 집에 돌아와 잠자리에 두 사람이 있는 것
을 보고, 이에 노래를 부르고 춤을 추며 물러났다. 노래는 이렇다.

동경 밝은 달에

밤 들어 노닐다가

집에 들어와 자리를 보니

다리가 넷이러라

둘은 내 것이고

둘은 뉘 것인고

본디는 내 것이다마는

앗은 것을 어찌할꼬

이때 역신이 형체를 드러내 (처용) 앞에 무릎 꿇고 말하기를, "제가 공의 아내를 탐내어 지금 그녀를 범했습니다. 공이 이를 보고도 노여움을 나타내지 않으니 감동하여 아름답게 여기는 바입니다. 맹세코 지금 이후로는 공의 모습을 그린 것만 봐도 그 문에 들어가지 않겠습니다"라고 했다. 이로 인해 나라 사람들이 처용의 형상을 문에 붙여서 사귀를 물리치고 경사를 맞아들이게 되었다.

처용설화를 아라비아 상인이 개운포를 통해 신라에 내왕한 사실을 반영한 것으로 보는 견해도 있지만, 처용의 형상을 문에 붙여서 사악한 귀신을 내쫓아 경사를 맞았다는 일화에서 중국의 영향을 받은 가면무희나 나례의 구역신 성격을 지닌 것으로 보기도 한다.

그런데 역신을 내쫓는 춤으로는 최치원이 신라의 대표적인 산악·백희로 꼽은 향악잡영 5수 가운데 대면大面을 들 수 있다.

황금빛 얼굴 그 사람이 　　　　　　　　　　黃金面色是其人

구슬채찍 들고 귀신 부리네 　　　　　　　手抱珠鞭役鬼神

빠른 걸음 조용한 모습으로 운치 있게 춤추니 　　疾步徐趨呈雅舞

붉은 봉새가 요堯 시절 봄에 춤추는 것 같구나 　　宛如丹鳳舞堯春

　대면은 역신疫神을 쫓아내는 구나무驅儺舞로 『주례』의 방상씨方相氏를 가리키는데, 본래 서역의 구자국龜玆國에서 기원한다. 중국에 들어와 북제의 난릉왕蘭陵王 장공長恭이 금용성金墉城 아래에서 주나라 군사를 무찌른 일을 노래한 무악舞樂과 결부되어 당나라의 대면희로 발전했다. 귀신을 쫓고 생김새가 서역인이라는 점에서 처용무 생성에 영향을 끼쳤다고 여겨지기도 한다. 이와 달리 처용무는 신라에서 산악·백희 계통의 자생적 가무희가 발생한 것으로, 후대에 마을굿 계통의 가면극으로 발전한 것으로 보기도 한다.

　『악학궤범』에 따르면 음력 섣달 그믐날, 묵은해의 역신과 사귀를 쫓기 위해 행하는 나례 의식에서 두 차례에 걸쳐 처용무를 추었다고 한다. 『용재총화』에서는 처용희를 처음에는 한 사람이 검은 도포에 사모를 쓰고 춤을 추었는데, 그 뒤 다섯 명이 추는 오방 처용五方處容으로 발전했다고 전한다. 세종이 그 율동을 따라 가사를 고쳐 지어 '봉황취鳳凰吹'라고 이름했는데, 드디어 묘정廟廷의 정악正樂으로 삼게 되었다. 그 뒤 세조는 크게 음악을 덧붙여 연희하도록 했다.

　처음에 승도僧徒들이 염불을 하면, 여러 기생이 영산회불보살靈山會佛菩薩을 합창하면서 바깥뜰로부터 사방에서 둥그렇게 원을 지으며 들어가고, 악공과 광대가 각각 악기를 잡고 있으면 한 쌍의 학으로 된 사람 및 처용 5명과 가면 쓴 10명이 모두 따라가며 소리를 낮춰 천천히 '봉황취'를 세 번 부르고 들어가서 자리에 나아간다. 이에 소리가 점점 더 빨라

『원행정리의궤도』 중 '처용무', 종이에 채색, 19세기, 국립중앙박물관.

慶容舞

처
용
무

지고 큰북大鼓을 치면 악공·광대·기생이 몸을 흔들며 발을 움직이다가 조금 뒤에 파한다.

곧이어 연화대놀이蓮花臺戲가 시작되는데, 이에 앞서 향산香山과 지당池塘을 설치해놓고 둘레에 채색꽃彩花을 꽂아놓는다. 높이는 한 길이 넘으며, 좌우에 역시 그림을 그린 등롱畫燈籠이 있어 거기 달린 꽃술流蘇이 그 사이로 어른거리며 비친다. 못 앞의 동·서에 큰 연꽃 봉우리를 설치해두고, 작은 기생이 그 가운데로 들어가면 보허자步虛子의 곡조를 주악한다. 쌍학이 곡조에 따라 왔다 갔다 하며 날개를 펴고 춤을 추면서 연꽃을 부리로 쪼면, 작은 기생 2명이 연꽃 봉우리를 헤치고 나와 혹은 서로 마주 보기도 하고 혹은 등지기도 하면서 뛰며 춤추는데, 이것을 '동동動動'이라 부른다.

이에 이르러 쌍학이 물러가고 처용이 들어온다. 처음에 만기緩機를 연주하면 처용이 열을 지어 서서 때때로 소매를 구부리며 춤을 춘다. 다음에 중기中機를 연주하면 처용 5명이 각각 오방五方으로 나뉘어 서서 소매를 펄럭이며 춤추고, 다음에 촉기促機를 연주하고, 계속해서 신방곡神房曲을 연주하면 너울너울 어지럽게 춤을 추고, 끝으로 북전北殿을 연주하면 처용이 물러나서 제자리에 나란히 선다.

이리하여 기생 한 사람이 '나무아미타불'을 부르면, 여러 사람이 따라 화창和唱하고, 또 관음찬을 부르는데 세 번 네 번 돌고 나서야 그친다. 항상 섣달 그믐날 밤이면 새벽녘에 창경·창덕 두 궁전 뜰에 들어가서 창경궁에는 기악妓樂을 쓰고, 창덕궁에는 가동歌童을 써서 날이 새도록 주악하며, 악공·광대·기생에게는 각각 포물布物을 내려주었다. 이는 모든 사기邪氣를 물리치기 위함이었다.

그런데 처용무는 헌강왕의 동해안 지역 순행 과정에서 나타난 것이

「이경석궤장연회도」중 '처용무' 장면. 비단에 채색, 55.6×36.7cm, 1668, 고려대박물관.

다. 동해 용왕이 일곱 아들을 데리고 나와 왕의 덕을 찬양해 춤추며 풍
악을 연주했다는 것은 국왕의 순행에 따른 동해안 지역민의 정재임을
뜻한다. 처용이 신라의 관직을 받고 왕경에 살 때 밖에서 집으로 돌아
와 잠자리에 두 사람이 있는 것을 보고, 노래를 부르며 춤췄다는 것은
훗날의 처용무를 일컬은 것이라 할 터이다.

이로써 볼 때 헌강왕은 동해안 지역민들이 베풀었던 정재를 보고, 그
기능자를 왕경에 데리고 들어와 역신을 쫓아내는 나례로 발전시킨 것
이 아닌가 짐작된다. 헌강왕이 처용으로 나타난 기능자에게 급찬의 관
등과 결혼을 시켜주는 등의 조치로 역신을 쫓아내는 구나무를 개발하
고 노래와 악보를 덧붙임으로써 국왕의 무병장수를 기원하는 궁중 가
무로 연희되었을 것이다.

사실 헌강왕 때에는 처용무를 발전시키는 한편 새로운 무용을 많이
개발했던 듯하다. 헌강왕이 포석정, 금강령에 행차했을 때 각각 남산신
과 북악신이 나타나 춤을 췄으나 오직 국왕만이 보고 이를 재현했다는
것은, 국왕 자신이 새로운 춤을 개발하는 데에도 적극적이었음을 보여
준다. 『삼국유사』의 관련 기록을 보자.

또 (헌강왕이) 포석정에 행차했을 때 남산신이 임금 앞에 나타나서
춤을 췄는데 좌우의 신하들은 보지 못하고 왕이 홀로 보았다. 어떤
사람(신)이 앞에 나타나 춤을 추니 왕 스스로가 춤을 추어 그 모양
을 보였다. 신의 이름을 혹 상심祥審이라고 했으므로 지금까지 나라
사람들이 이 춤을 전하여 어무상심御舞祥審 또는 어무산신御舞山神이라
고 한다. 혹은 이미 신이 나와 춤을 추자 그 모습을 살펴 공인工人에
게 명하여 모습에 따라 새겨서 후세 사람에게 보이게 했으므로 상

심象審이라고 한다고 했다. 혹은 상염무霜髥舞라고도 하니 이는 그 형상에 따라 일컬은 것이다.

왕이 또한 금강령金剛嶺에 행차했을 때에 북악北岳의 신이 나타나 춤을 추었으므로 그의 이름을 옥도검玉刀鈐이라 했고 또 동례전同禮殿의 잔치 때에는 지신地神이 나타나 춤을 추었으므로 그의 이름을 지백地伯 급간級干이라고 했다.

헌강왕이 포석정에 행차할 때 남산신이 나타나 춤을 추자, 홀로 이를 본 왕이 화공에게 그림으로 그리게 함으로써 그 이름을 상심, 어무상심, 어무산신, 상염무 등으로 일컬었다는 것이다. 또한 금강령에 행차했을 때 북악신이 나타나 춤을 추자 이를 옥도검이라 했고, 동례전 잔치에는 지신이 나타나 춤을 추었으므로 지백 급간이라 했다는 것이다.

어무상심의 별칭 상염무는 훗날 『해동악부』의 처용가무에서 처용가를 부르며 추는 춤을 일컬었거니와, 처용가와 상염무가 함께 연희될 수 있는 성격의 것이었다. 말하자면 처용가를 부르면서 상염무를 추던 것이 훗날 처용무로 전승된 것이라 볼 수 있다.

또한 헌강왕이 금강령에 행차할 때 북악신이 나타나 춤을 췄는데 그것을 옥도검이라 불렀다고 했다. 여기서 옥도검이란 주나라 태공망太公望 여상呂尙이 남긴 병서兵書의 이름 옥검玉鈐을 가리키는 듯한데, 당나라 중종中宗이 신룡(705~707) 연간의 조칙에서 "옥검을 펼쳐 큰 적을 무찌른다"는 것에 상응한다. 따라서 옥도검이란 군대를 지휘해 전쟁하는 일과 관련된 것으로, 출병이나 전후 보고 때 군령을 내리는 의례와 연관된 춤이 아닐까 한다. 이는 879년(헌강왕 5) 6월 일길찬 신홍의 반역을 진압한 것이나 당나라 황소의 난을 진압한 것과 관련 있을 수도 있다.

이처럼 헌강왕대에 베풀어진 각종 가무와 연희를 위해서는 가무인이 편성되었을 것이다. 이는 아무래도 음성서音聲署를 중심으로 했을 것이다. 이들 가무인은 척尺이라 일컬었는데, 악곡에 따라 전문 예능인이 음성서에 배속되었던 듯하다. 처용의 사례에서 지역별로 가척歌尺이나 무척舞尺이 편제되었을 것이라 짐작해볼 수 있다. 가무인의 신분은 분명치 않지만 대체로 4~5두품이었을 것이다.

여기서 헌강왕이 처용을 왕경에 불러들여 급간의 관등을 내릴 뿐만 아니라, 지신의 춤을 춘 지백에게도 급간의 관등을 내린 점에 주목할 필요가 있다. 4~5두품의 가무인에게 이런 관등을 내린 것은 엄격한 골품제를 뛰어넘는 파격적인 치사였다. 이것은 신라 가무를 정리하고자 한 왕의 강력한 의지의 표출이었다고 할 수 있다.

그런데 헌강왕대에 새로운 가무를 탄생시킨 공간인 남산이나 금강산(북악)은 신라의 4대 영지로, 나라에 큰일이 일어날 때 그곳에서 회합해 논의하면 모두 이뤄진다는 영산이었다. 이처럼 신라 영산의 산신들이 국왕 앞에 모습을 드러낸 것은 765년(경덕왕 24) 오악五岳과 삼산三山의 신들이 때로는 대궐 뜰에 나타나 (왕을) 모셨다는 『삼국유사』 경덕왕·충담사·표훈대덕조에서도 살필 수 있다.

최치원은 고변高駢의 생일을 맞이해 『시경』 숭고崧高조의 "산악에서 신령스러운 기운을 내려보내, 보후甫侯와 신후申侯를 태어나게 했도다"라는 구절과 관련해 "선산仙山에서 발길을 돌려 내려오는 것은 속계俗界에 은혜를 행하기 위해서요, 산악에서 신령스러운 기운을 내려보내는 것은 위태로운 시기에 난리를 평정하게 하기 위함입니다"라고 했다. 경덕왕대에 산신들이 왕궁의 뜰에 나타나 국왕을 모셨다는 것이나 헌강왕 앞에서 춤을 췄다는 것은 산신들이 국가를 수호하는 속계에 은혜를 행하기 위한 것이거나, 아니면 위태로운 시기에 난리를 평정하기 위한 표지일 수 있다.

이에 대해 일연은 『어법집語法集』을 인용해 "그때 산신山神이 춤추고 노래를 부르며 '지리다도파도파智理多都波都波'라고 했다고 한 것은 대개 지혜로 나라를 다스리는 사람이 사태를 미리 알고 많이 도망했으므로 도읍이 장차 파괴된다는 것을 말함이다. 곧 지신地神과 산신은 나라가 장차 멸망할 것을 알았으므로 춤을 추어 그것을 경계했던 것이나, 나라 사람들은 이를 깨닫지 못하고 상서祥瑞가 나타난 것으로 생각해 향락에 심하게 빠졌기 때문에 마침내 나라가 망했다"고 평했다. 이는 일연의 결과론적인 해석으로 여겨지지만, 헌강왕대는 신라가 가장 태평성대를 구가한 시기였다.

이는 헌강왕과 시중 민공의 대화인 "왕이 즉위한 이래 음양이 조화롭고 비바람이 순조로워 해마다 풍년이 들어 백성은 먹을 것이 풍족하고, 변방지역은 잠잠하며 시장에서는 기쁘게 즐기니, 이는 전하의 어진 덕이 불러들인 바"라는 데서도 드러난다. 특히 '음양이 조화롭고 비바람이 순조로워'라는 구절은 『성덕대왕신종명』(771)에서 이르듯이 예악정치의 결과로, 헌강왕의 덕이 높고 예악으로 풍속을 다스리고자 한 노력의 결과일 것이다.

헌강왕의 이러한 노력은 「봉암사 지증대사탑비」(924)에 일컬었듯이 '중화中華의 풍속으로 폐풍弊風을 일소'했다는 구절에서도 짐작할 수 있다. 특히 헌강왕은 「성주사지 낭혜화상탑비」(890)에서 '아름다운 말과 시문을 잘해서 여러 사람이 떠드는 것도 관계없이 입을 여시면 짝이 맞는 말을 만드셨는데 마치 오래전부터 준비해둔 것 같았다'고 할 만큼 시문에 능했다. 『삼국사기』에서 '그의 성품이 총명하고 민첩했으며, 책을 보는 것을 좋아해 눈으로 한 번 본 것은 모두 입으로 외웠다'고 한 것은 그의 학문적 소양을 알려준다.

사실 헌강왕은 통치 기간 중 예악의 기본 교양인 6예藝(예禮·악樂·사射·어御·서書·수數)와 관련된 많은 행적을 남겼다. 『삼국사기』 헌강대왕조에는 헌강왕의 국학 행차와 강론(879), 주군의 순행(879)과 혈성의 순수(879), 활쏘기 참관(879), 임해전에서의 거문고 연주와 시가회(881), 삼랑사에서의 시회(883) 등을 기록하고 있다. 이러한 행적은 그의 사후 당나라로부터 태자 사부의 직임인 태부太傅에 추증된 것과도 무관치 않을 것이다. 태부는 한漢나라 이후 태자태보, 태자태사와 함께 동궁삼사東宮三師로 일컬어졌는데, 원래는 태자를 보좌하고 인도하는 임무를 맡았으나수·당 이후에는 단순히 벼슬을 추증하는 수단이 되었다. 897년(건녕 4, 효공왕 1) 7월 당이 헌강왕을 태부에 추증한 것에 대한 「사은표謝恩表」에서는 "종묘사직을 지키는 자손이 그 선조에게 선행이 있는데도 알지 못한다면 이는 밝지 못한 것이요, 알고서도 후세에 전하지 않는다면 이는어질지 못한 것이다"라고 함으로써 헌강왕이 태부의 직위에 짝하는 소양을 갖췄음을 알 수 있다.

그는 유교적 교양인 6예뿐만 아니라 불교에도 관심을 가졌다. 876년(헌강왕 2)과 886년(헌강왕 12)에 황룡사에서 백고좌강경百高座講經을 설치하고 친히 가서 들었을 뿐만 아니라 왕이 직접 심묘사비深妙寺碑를 짓기도 했다.(「성주사지 낭혜화상탑비」, 890년) 그의 이러한 행적은 '(유교의) 삼외三畏는 불교의 삼귀의三歸依에 비교될 수 있고, 오상五常은 불교의 오계五戒와 비슷하다. 왕도를 잘 실천하는 것이 부처의 마음에 부합되는 것'이라는 그의 말에서 엿보인다. 유·불에 대한 그의 관심은 왕도를 실천하는 데 있었던 것이다.

요컨대 헌강왕이 개운포 지역의 처용무를 비롯해 남산신의 상염무, 북악신의 옥도검, 지백의 지신 춤 등을 새롭게 발굴하고 수용하는 과정은 예악의 실천이었다. 특히 개운포 지역의 처용무는 헌강왕이 순행할 때 연희된 것으로 속악의 범주에 들 텐데, 처용에게 급간이라는 6두품의 관등을 내린 것은 주목할 만하다. 이는 훗날 상염무와 함께 연희된 것으로 미루어 처용을 중앙에 불러들여 특진시킴으로써 처용가와 상염무를 결합한 새로운 형태의 무용을 개발한 것으로 이해된다. 또한 북악신이 추었다는 옥도검이란 병서『옥검』에서 비롯한 것으로 군대의 출입과 관련된 의례에 소용된 가무를 정리했다는 의미로 새겨진다. 지신의 춤은 이를 새로 개발한 지백에게 처용과 마찬가지로 일반 무척舞尺이 지닐 수 없는 6두품의 급간이란 관등을 제수함으로써 이를 포상한 것일 터이다.

헌강왕은 지방의 가악을 받아들여 중앙의 것과 융합시킴으로써 새로운 형태의 가무를 완성하고, 신라 군대의 통수권자로서 군령을 호령하는 의례에 절도를 갖춘 가악을 정비했던 것이다. 이를 위해 지방의 무척을 중앙의 관료로 영입하는 한편, 중앙의 무척들에게 신분을 뛰어넘는 관등을 하사함과 아울러 전택과 결혼까지 주선함으로써 생활을 안정시켜 신라의 가무를 정리하게 했다고 평가할 수 있다. 특히 상염무의 모습을 본떠 공인에게 그리게 해 후세 사람에게 보이게 했다는 점에서, 국왕이 지방의 속악과 중앙의 가무를 융회하고 이를 후대까지 전승키려 했던 의지를 엿볼 수 있다.

정치적 동기와 함께
피어난 신라 예술___ 신라의 예술적 경지는 경덕왕이 보낸 만불산의 조형을 보고 당나라 대종이 '신의 기교'라고 평가한 데서 단적으로 드러난다. 신라의 숱한 예술품은 입으로만 회자될 뿐 실물로 전하는 것이 많지 않지만, 현전하는 금관 등의 조형품이나 불국사·석굴암의 건축·조각, 수많은 신라의 부처상, 신라악으로 동아시아 세계를 울렸던 가야금과 처용무 등은 당대 유·무형의 정신문화를 보여준다.

이 글에서 다룬 우륵과 양지, 솔거와 처용 등은 신라의 여러 예술가 가운데 일부에 지나지 않지만, 그 이름을 뚜렷이 남겼다는 점에서 의미를 지닌다. 이들은 각각 다른 시기를 살았지만, 그들이 남긴 족적은 가히 신라를 대표할 만한 것이었다.

신라 왕실은 정치적 필요에 따라 예술인을 후원했다. 진흥왕은 우륵에게 전택과 거처를 내려 가야금 전수와 정리의 장을 마련해주었다. 선덕여왕은 양지 스님에게 석장사를 내려주어 거처를 제공함과 아울러 작품을 제작할 공간을 마련해주면서 왕실의 신성성을 위한 불사에 참여케 해 불법을 널리 전하는 것을 돕기도 했다. 경덕왕은 국가에 예속된 화공이었을 솔거에 대해 세조를 지급하고 자유로운 영리활동을 보장했다. 그의 총신들이 은거하여 단속사를 만들 때 솔거가 적극적으로 활동한 것도 그러한 배경에서 가능했다. 또한 헌강왕은 처용과 같은 지방의 가무인을 초치하고 그들을 위해 전택을 하사하며 결혼을 주선했고, 골품제를 뛰어넘는 6두품의 관등 급간을 내리기도 했다.

신라 왕실의 이러한 후원의 배경에는 유교적 예악 사상과 왕실 선조를 추복하기 위한 불교 사상이 작용하고 있었다. 18세의 젊은 신흥왕이 패망한 가야의 음악을 선뜻 수용할 수 있었던 것은 그가 익힌 화랑도의 예악 사상이 자리하고 있었기 때문이다. 선덕여왕이 양지를 후원하고 불사에 진력할 수 있었던 것은 왕실의 신성성을 확보하는 데 불교의 신성성을 활용한 것이었고, 양지 또한 당시에 유포된 공교명의 보살행을 실천하는 장으로 삼아 그가 지니고 있던 조각의 기예를 발휘했던 것이다. 경덕왕은 효행의 실천으로 많은 불사와 불교 행사를 수행했으며, 그러한 바탕에서 솔거와 같은 화공들의 활약을 보장했다. 헌강왕은 지방과 중앙의 가무를 통합하고 정리했을 뿐 아니라 옥도검과 같이 군례에 필요한 가무를 직접 정리하기도 했고, 그 자신이 유교적 소양인 6예를 익힌 바탕에서 가아 정리 등의 정책으로 왕도를 실천하고자 했다.

신라 왕실의 예술가에 대한 후원은 시기와 국왕에 따라 차이가 나지만, 그 이면에는 국가적 목표 곧 국왕과 왕실의 권위 및 신성성을 확보하고 선조를 추복할뿐더러 국가적 위상에 맞는 의례를 갖추고자 한 노력이 깃들어 있다. 여기에는 이를 진작시키고자 하는 국왕들의 유교와 불교에 대한 식견이 있었으니, 유불의 사상적 바탕 위에서 이룰 수 있었던 것이다. 어쩌면 신라의 예술적 융성은 유교적 예악뿐만 아니라 신라가 불국토라는 사상적 바탕 위에서 이루어진 것이라 할 수 있다. 무엇보다도 국왕을 위요한 왕실의 풍족한 재정적 바탕에서 이들 예술가에 대한 후원이 가능했다. 신라 왕실의 예술 후원은 8~9세기에 이르러 귀족들과 일반인에게까지 사찰에의 기진寄進 등의 형식으로 확산되었는데, 이것은 귀족들의 경제적 안정과 유교적 소양의 확산, 그리고 불교 대중화에 힘입은 바가 컸다.

2장

무신 집정 100년, 가장 세련된 예술품을 빚어내다

류주희

암울과 열망이 교차했던

무신정권___ 　　　　1170년(의종 24)부터 1270년(원종 11)까지

　　　　　　　100년간 명을 이었던 무신정권은 말 그대로 무신들이 국정을 장악하고 초월적인 권력을 행사한 시기다. 무신이 정권을 손에 넣은 이 시기에 대한 평가는 매우 부정적이다. 국가의 통치질서를 약화시키고, 권력 유지와 이를 위한 체제 정비에 집착했을 뿐 국가의 발전이나 백성의 삶을 안정시키는 노력에는 소홀해 결국 고려왕조의 근간을 뒤흔들어버렸다고 보는 것이다.

　정치와 사회 전반적으로는 암울했던 때로 평가되지만, 다른 한편 어두운 시대의 절망과 좌절을 딛고 새로운 사회와 국가를 만들어보려는 열망과 노력이 쏟아졌던 때이기도 하다. 불교계에서는 보조국사 지눌知訥의 수선사를 중심으로 한 신앙 결사운동과 원묘국사 요세了世에 의한 백련사 결사운동이 전개되었다. 이들은 당시 불교계가 안고 있던 문제를 타개하고 불교 신앙의 참뜻을 세우고자 노력했다.

　무신정권 후반부터는 시대적 소임을 자각한 역사 편찬 활동이 이뤄지기도 했다. 이규보의 『동명왕편』, 각훈의 『해동고승전』을 비롯해 10종이 넘는 역사서가 엮여져 나왔다. 무신정권 후반 몽골의 침략에 따른 오랜 기간의 전란은 고려인들의 자존의식에 손상을 입혔다. 그리하여 참혹한 현실을 목도하며 솟구치는 분노와 저항을 역사 편찬을 통해 강력한 민족의식과 자주의식으로 표출했던 것이다.

　문학 방면에서도 속요俗謠가 우리나라 시가문학에 새로운 경지를 열었다. 고려가요라고도 불리는 속요는 「동동」 「정읍사」 「정과정」 「쌍화점」 등 매우 토속적이며 솔직한 감정을 노래하고 있다. 한문학 분야에서도 수필문학이나 설화문학 및 한시에 뛰어난 문장가와 시인이 많이 배출되

었다. 그러나 무신정권 때 예술은 퇴조하는 양상이었다. 당시의 불안하고 혼란스러운 삶은 예술이 꽃피울 겨를을 주지 않았던 것이다. 그리하여 고려 전기의 미적 감각이나 창조적인 예술 창작활동은 주춤거렸다.

그렇다고는 해도 무신정권 시기는 우리 문화와 예술사에서 빼어난 작품들이 빚어진 시기로 눈길을 끈다. 무신정권이 지닌 독특한 성격은 고려의 정치 사회뿐만 아니라 경제와 문화예술 방면에도 그대로 펼쳐졌다. 그 가운데서도 우리 역사상 거의 유일하게 4대 권력의 세습을 이룬 최씨 정권은 무신정권의 정점을 이뤘다. 특히 최충헌 집권 이후 무신정권 초기의 불안한 정세가 안정을 되찾으면서 문화와 예술 방면에 주목할 만한 활동들이 이뤄졌다. 이 시기에 재조대장경(팔만대장경)의 각성 사업이 진행되었고, 고려의 청자 기술은 가장 세련된 순청자를 빚어냈다. 고려의 도공들이 높고 새로운 경지에 들어서는 기술을 창출해낸 것이다. 그러므로 이 글에서는 최충헌과 최이(최우) 정권의 성격 및 문화예술 분야에 대한 지원과 정책들을 살펴보려 한다. 이 시기 문화예술의 성격과 특색을 이해하려면 무엇보다 최씨 무신정권의 성격부터 짚어봐야 할 것이다.

비교적 좋은 가문에서 태어난 최충헌은 처음에는 음서에 의해 양온령 동정을 받아 문관으로 관직생활을 시작했다. 그러나 무신이 정권을 장악한 시기에 문관으로는 크게 이름을 날릴 수 없게 되자, 25세의 최충헌은 곧바로 무반으로 직을 바꾸어 변신을 꾀했다. 이내 조위총의 반란을 진압하는 과정에서 활약하며 출세를 꿈꾸었지만 이의민 집권기에 출셋길이 가로막혀 20년 동안 승진도 못 하고 불우한 처지에 놓이고 말았다. 정변을 일으키기 전까지 섭장군에 머물면서 쌓인 울분은 마침내 쿠데타로 이어졌고, 최충헌은 반대파들을 철저히 숙청하면서 독재 기

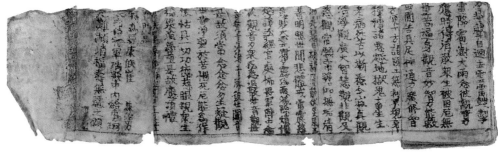

최충헌 가족을 위한 호신용 경전과 경갑小字本佛頂心觀世音菩薩大陀羅尼經合刻本,
보물 제691호, 1206~1219, 국립중앙박물관. 고려 최씨 무신정권의 최고 권력자 최충원
과 그 두 아들 최우·최항을 위해 만든 휴대용 불경과 경갑이다.

반을 마련해나갔다.

　최충헌에 대한 평가는 극단으로 나뉜다. "반역자이며 권력을 남용하
고 살생을 자행하면서 탐욕스럽게 백성의 재산을 침탈하고, 뇌물이 공
공연히 행해지도록 한 자"로 규정되는 반면, "대담하고도 과격한 무단
정치를 행했지만 의리와 염치, 아량이 있었던 영웅으로 불의하고 불효
한 아우를 주저하지 않고 죽일 정도로 정치를 개선하고 기강을 바로잡
고자 노력한 인물"로도 평가받는다.

　사실 최충헌은 그 자신만의 무력으로 쿠데타를 성공시킨 것이 아니
었다. 아우 최충수를 비롯한 무인 세력들의 지지가 있었던 것으로 보인

다. 최충헌 집권 초기에 고위 관직인 재추에 오른 두경승杜景升, 우승경于承慶, 정숙첨鄭叔瞻 등도 최충헌 정권을 세우는 데 기여한 무인들로 주목된다. 최충헌은 집권 초기부터 무인 세력에 대한 통제를 강화했고 철저하게 숙청 작업을 해나갔다. 라이벌로 자라날 만한 무인들을 숙청하고 그들이 갖고 있던 무력 기반과 정치적 영향력을 흡수하면서 최충헌의 집권 기반은 더 단단해졌다.

최충헌은 거대한 문객 집단을 거느렸다. 그가 궁성을 출입할 때 그를 시종한 문객이 3000명에 이를 정도였다. 최충헌은 불의의 변이 생길 것을 두려워해 '문·무·한량·군졸 가운데 강하고 힘센 자'를 선발해 문객을 구성했다. 그리고 이들은 6번으로 나누어 날마다 교대로 최충헌 집에 숙직을 서고, 최충헌이 출입할 때에는 6번이 모두 함께 호위했다. 최충헌 문객의 이름은 도방都房이라 불렸으며, 조직적인 체계로 편성되었다. 한편 최충헌은 다른 무인들의 문객 보유를 철저히 견제했다. 문객은 주인에게 충성을 바치는 대신 그에 상응하는 대가를 기대했다. 그리하여 문객의 무리는 세력 확대와 직결되었던 것이다.

1196년(명종 26) 쿠데타 성공 이후 최충헌이 1인 독재 체제를 구축하기까지는 약 5년의 시간이 필요했다. 최충헌이 대권을 손에 넣은 것은 1201년(신종 4) 이후의 일이다. 이때부터 최충헌은 궁궐에 출입하지 않고 자기 집에 머물면서 국사를 처리하고 인사를 좌우했다. 결정하여 왕에게 아뢰면 왕은 머리를 끄덕여 그 명령에 순종할 따름이었다. 최충헌은 집권 기간 동안 두 명의 임금을 폐위시키고 두 명의 임금을 옹립하는 등 권세를 마음껏 누렸다.

최충헌의 관직은 계속 높아만 갔다. 1204년 희종은 즉위하자마자 최충헌을 '벽상삼한 삼중대광 개부의동삼사 수태사 문하시랑 동중서문하

평장사 상장군 상주국 판병부어사대사 태자태사로 승진시키고 자신을 옹립하는 데 공을 세웠다 하여 항상 은문상국恩門相國이라 부르면서 각별히 대우했다. 1206년(희종 2)에는 "문하시중 최충헌은 선왕과 과인이 적통을 계승한 초기부터 지금에 이르기까지 성심을 다해서 보좌해 큰 공적을 세웠으므로 표창해야 한다"는 명분으로 최충헌을 진강후로 책봉하고 흥녕부興寧府라는 관청을 따로 설치해 전담 관리까지 배치하며 흥덕궁興德宮을 여기에 소속시키기까지 했다.

20년 넘게 왕권을 농락하며 권세를 누리던 최충헌도 병이 들어 자리에서 일어나지 못할 것을 알고는 은밀하게 아들 최이에게 "내 병이 장차 나를 일어나지 못하게 하면 집안싸움이 있을지도 모르니 너는 다시 오지 말라"고 하면서 자신이 죽은 뒤에 일어날 수 있을 후계 싸움에 대비하도록 했다. 최충헌의 문객 가운데 최이의 계승을 반대하는 인물들이 있었던 것이다. 반대 세력 제거에 성공하면서 최이는 최충헌의 후계자로서 최씨 정권의 가산뿐만 아니라 권력 기구들도 그대로 물려받았다.

최이는 집권 초기에 아버지 최충헌이 봉사 10조를 올려 개혁정치를 표방하며 민심을 얻었던 것처럼 민심 수습에 주력했다. 그러는 한편 강력한 정치권력을 행사하면서 1225년(고종 12)에는 정방政房을 설치해 인사 행정까지 완전히 장악했다. 그의 위세는 국왕의 권위보다 더 드높았으니, "6품 이하의 관리들은 당堂 아래에서 두 번 절한 뒤 엎드리고서 감히 올려다보지도 못할 정도였다." 국왕은 다만 결정한 사항을 따르기만 하면 되는 무력한 존재였다.

최이가 집권한 지 10여 년이 지난 1231년(고종 18)에 몽골이 침략해와 고려 전체가 도탄과 혼란에 빠졌지만, 최이 정권의 권력은 흔들림 없이 견고함을 지속해갔다. 이렇듯 최씨 정권이 초기 무신정권과 달리 비교적 안정을 누릴 수 있었던 것은 문객(도방)을 통한 무력 기반 위에 왕실 및 고위 벌열閥閲과의 혼인으로 유착관계를 이뤄 집권의 토대를 마련했기 때문이다. 관료층의 지지를 받고 그들을 결속시키는 가운데 왕실 및 고위 벌열들과의 관계를 굳혀갔던 것으로 보인다.

게다가 최충헌과 최이는 문인들과도 적극적으로 유대관계를 맺어나갔다. 문사文士와 유자儒者들을 잘 포섭하고 이용해 그들을 통해 정치적 안정과 장기 집권을 지탱할 수 있었다. 무신의 난 때 무신들은 봉기하면서 "무릇 문신의 관冠을 쓴 자는 서리라 하더라도 남김없이 죽이라"[6]고 하여 문신을 무차별적으로 살육했다. 이어 1173년(명종 3) 김보당의 반란 때에는 남은 문신들마저 '전멸되다시피' 하며 죽음을 면치 못했다. 문신들의 기득권은 인정받지 못했으며 생활 기반을 잃고 정치활동은 거의 명을 다한 듯 보였다.

그러나 무신정권기라고 해도 문신은 국정 운영에서 여전히 필요한 존재였다. 특히 유학적 소양과 문필의 재능이 요구되는 관직에는 문신들을 기용하지 않을 수 없었다. 문신들 또한 자신의 처지와 상황에 따라 무신정권에 대한 태도를 달리했다. 지방으로 숨어 들어가 무신정권과의 타협을 거부한 채 은둔의 삶을 택한 이가 있는 반면, 무신정권 아래에서 여전히 정치활동에 몸담은 이들도 있었다. 그렇더라도 기세등등한 무신들 밑에서 문신들은 풍전등화와 같은 위기에 놓였으며, 무신 집권층의 실정과 잦은 교체 과정에서 심각한 갈등을 품고 있었다.

최충헌, 문필의 재능을 키우고 지배권력을 단단히 하다___ 초기 무신정권의 혼란스러운 상황은 최충헌의 집권 뒤 정비되었다. 그는

정권을 잡으면서 수많은 무신을 제거했으나 문신들은 회유하고 포섭하여 탄력 있는 정치를 펼치고자 했다. 정권을 안정적으로 유지하려면 문무가 모두 필요하다는 것을 인식했던 것이다. 실제로 그는 집권 이전에 이미 몇몇 문신과 상당한 친분을 맺기도 했다. 그리하여 최충헌 주위에는 유능하고 영향력 있는 고위 관료들이 집결해 있었다. 최선崔詵, 임유任濡, 조영인趙永仁, 기홍수奇洪壽 등이 그들이다.

최충헌의 문인에 대한 우대와 지원활동은 초기 무신 집권자들과는 대비되게 매우 신중하고 체계적으로 이뤄졌다. 이의민 정권에서 소외되었던 문인들에게 관직을 제수하기도 하고 자기 집으로 문인들을 초대하는 등 사적인 은혜와 호의를 베풀었다.[7] 지난날 정권에서 배척당했던 문신들은 최충헌의 정국 전환을 크게 환영하고 반겼을 터이다. 그렇지만 여전히 문신들의 정치적 활동은 최씨 무신정권에 대한 충성과 지지를 조건으로 하는 한계성을 지녔다. 그리하여 최충헌과 개별적으로 친분이 있었던 문관들이 그의 측근으로 등용되어 최충헌 정권에 헌신했던 것이다.

최충헌과 최이 집권기 문인에 대한 후대는 먼저 관료 채용에서 찾아볼 수 있다. 고려시대 문인의 관료는 주로 과거제, 음서제, 천거 등을 통해 선발했다. 가문을 배경으로 관리를 등용하는 음서나 고위 관료들의 추천에 의해 관료 집단에 편입되는 천거는 일종의 특별 채용으로, 권력 엘리트 충원 방식에 일정한 한계를 노정했다. 이와 달리 과거제를 통해서는 정선된 인재를 선발할 수 있었다. 유교적 식견과 문학적 소양을 시험하는 과거제는 문학과 학술의 발전을 가져오는 밑거름이기도 했으며, 국가 권력의 안정화를 이루는 장치이기도 했다.

최충헌은 집권 후에 과거제 운용에 대해 특별한 관심을 기울였다. 과

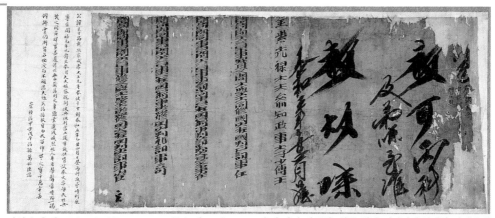

장양수 홍패張守良紅牌, 44.3×88.0cm, 국보 제181호, 1205, 울진 장씨 대종회. 희종 원년 진사시에 급제한 장량수에게 내린 급제 패지. 지금까지 전해오는 패지 가운데 가장 오래된 것으로, 고려시대 유교의 정착 과정과 과거제를 살피는 데 중요한 자료다.

거제는 주로 유교 경전 시험을 통해 관리를 선발하는 제도다. 과거시험의 대상인 유교 경전은 위대하고도 인간 중심적인 유교 이념을 담고 있는데, 유교적 통치 이념은 인간의 행위 기준을 제시하고 도덕적 원칙에 따라 나라를 다스려 사회적 조화를 꾀하는 것을 국가의 주요 의무로 제시하고 있다. 다른 한편으로 인간관계를 계층화하고 수직적으로 이해하는 유교의 논리는 권위적이고 전제적인 통치를 야기하기도 했다. 곧 이를 실현할 고도의 도덕성과 능력을 갖춘 자들이 권력엘리트로서 선발되는 시험이 과거였던 것이다.

고려사회는 또한 학문을 고양한 엘리트들이 과거시험을 통해 정치에 나서는 것이 당연시되는 분위기였다. 문학에 능하고 행정 실무에도 뛰어난 능문능리能文能吏가 이상적인 관인상으로 환영받았다. 권력엘리트라면 의당 학문적 능력을 갖춰야 할 것으로 여기는 사회에서는 어떤 권력자라도 학문과 엘리트 지식인의 애호자로 자처하지 않을 수 없다.[8] 최충헌은 훌륭한 교양의 소지자들인 과거 합격자들을 배출해 일정한 선에서 권력에 참여하게 하는 한편, 그들을 통해 자신의 정치적 행위를 정당화하고자 했다. 즉 최충헌은 과거제를 강화해 유능한 관료들을 배출함으로써 자신의 장기적 지배체제를 공고히 하고 발전시키고자 한 것이다.

또한 고려의 과거제가 지닌 특성을 이용해 인적 연대관계를 굳건히 했다. 당시 과거제를 통해 시험관인 지공거知貢擧와 과거 합격자 사이에는 좌주座主와 문생門生이라는 독특한 사제관계가 형성되었다. 이렇듯 친근하면서도 엄하고 굳은 서열관계는 일생 동안 지속되었다. 최충헌은 지공거 임명에 큰 관심을 기울이고 그가 신임하는 문관들을 지공거로 선임했다. 『고려사』 선거지를 통해 살펴보면, 최충헌 집권기에는 모두 열여덟 번의 과거가 치러졌는데 이계장李桂長이 네 차례, 임유任濡와 최홍윤崔洪胤이 세 차례, 민공규閔公珪가 세 차례 지공거를 지냈다. 동지공거까지 합하여 살펴보면 이계장과 최홍윤이 네 차례, 민공규·임유·금의琴儀·김평金平이 세 차례, 조충趙冲·채정蔡靖이 두 차례씩 시험을 주관했다. 이런 일은 전례 없이 드물었다. 최충헌은 이계장, 최홍윤, 임유 등에게 특별히 엘리트 선발의 중임을 부여했고, 이에 그들은 최충헌에게 헌신하면서 두터운 신임을 얻었던 것이다.

새로 급제한 사람들이 최충헌을 사제에서 뵈니 최충헌이 수종隨從하는 방坊과 상廂에게 은병銀瓶을 각각 하나씩 주고, 그 아들 최이 역시 은병을 주었다. 5월에 급제한 사람들이 이판궁梨坂宮에 나아가니 왕이 바깥 누각에 나와서 술과 과실을 내려주고 여러 방坊과 상廂이 노래 부르며 관악기 부는 것을 구경했다. (⋯) 당시 사람들이 말하기를, "동지공거 금의는 최충헌이 친애하는 사람이므로 이처럼 후한 예로 대접하는 것이다"라고 했다.

측근 문신들을 통해 신진 인사들을 배출하고, 새로 과거에 합격한 이들에게 특별한 관심을 베풀어 자신의 지지 세력으로 키우고자 한 것이다. 이전에도 과거 합격자에게 의복과 술, 음식을 내려주고 잔치를 베푼 적은 있지만, 위의 내용을 통해 볼 때 최충헌 집권기의 과거 합격자에 대한 예우는 매우 이례적인 것이었던 듯하다. 과거를 통해 배출된 신진 관료들은 정권의 안정과 장기적인 지배체제의 토대를 닦는 데 많은 도움을 주었을 터이다.

최충헌의 문인 우대 정책은 아들 최이에게 그대로 계승되었다. 정권의 기본적인 성격이 바뀌지 않고 이어진 것이다. 이것이 최씨 무신정권이 장기간 존속할 수 있었던 토대로 작용했음은 물론이다. 최이 정권 아래서는 비교적 다양한 인물이 지공거로 활약했는데, 동지공거를 거쳐 지공거가 되는 사례가 눈에 많이 띈다. 이는 최씨 무신정권이 안정기에 접어들면서 과거제의 운영도 특정 문신에게 집중되지 않고 정상적인 절차에 따라 실시되었음을 말해준다. 그런 와중에서도 최보순崔甫淳은 세 차례, 한광연韓光衍과 이규보李奎報는 두 차례씩 지공거를 지내 눈길을 끈다.

과거제 외에도 최충헌은 사적 관계에 의한 인재 발탁과 관직 등용을 통해 권력엘리트의 인력 풀을 넓혀나가려 했다. 최씨 무신정권 하에서 활동한 대표적인 문신인 이규보 또한 최충헌과의 개인적인 관계를 통해 관직에 등용되었다. 이규보가 최충헌을 만난 것은 나이 32세에 이르러서였다. 22세에 과거에 급제했지만 몇 년이 지나도록 관로에 들어서

지 못했던 이규보가 "근래에 문관文東들 가운데 옆길로 재빨리 진출하는 사람이 매우 많고, 어리석게 기다리기만 하는 사람은 대부분 진출하지 못하고 밀려 앞길이 막힌 채 30년 혹은 28, 29년이 되도록 임명되지 못하는 사람이 있다"[10]고 한탄한 바 있듯이, 관직에 제수되기만을 마냥 기다리던 처지였다. 30세에 총재 조영인趙永仁과 임유任濡, 최선崔詵, 최당崔讜 등의 추천을 받아 관직에 나아갈 희망에 부풀었지만 그에게 유감을 품었던 인물의 방해로 결국 좌절되고 말았다.

이규보와 최충헌의 만남은 매우 인상적이다. 최충헌은 5월에 석류꽃이 만발하자 자기 집에 손님들을 초대해 구경시키고 시를 짓도록 했다. 최충헌의 초대를 받자 그의 가족과 친구들도 비로소 관직 진출의 꿈을 이루게 되었음을 축하했다. "비로소 선비가 귀한 것을 알았고 다시 공부할 마음을 채찍질했네. 아내와 자식들도 나를 다시 보고 벗들도 축하해주네. 출셋길이 가까워졌으니……"[11]라는 글에서는 어렵게 관로에 나가는 꿈을 이룬 이의 심정을 읽을 수 있다. 이 당시 초대된 이들로는 이규보 외에 당대에 문장으로 이름을 떨치던 이인로李仁老, 김극기金克己, 이담지李湛之, 함순咸淳 등이 있었다. 이규보는 시를 통해 스스로 늦게까지 관직에 들어서지 못하고 있음을 넌지시 알렸다.

옥 같은 얼굴에 술기운 올라오니, 발그레한 빛이 온통 감도네.
겹친 꽃잎 천연스레 공교롭고, 예쁜 자태에 객의 마음 설레네.
향 피운 듯이 맑은 날엔 나비 모이고, 불빛 흩어진 듯 밤에도 새들이 놀라네.
예쁜 빛 아끼어 늦게 피라고 하니, 누가 조물주의 그 마음을 알 것인가.[12]

최충헌이 단박에 그의 비범함을 알아보게 한 이규보의 시다. 이규보는 이 시를 통해 전주목 사록 겸 장서기로 발탁되어 전주에 부임하면서 입신양명의 길로 접어들었다.

문인을 우대하고 지원하는 최충헌의 정책은 문인들의 정권 참여를 전제로 하는 가운데 정치·사회·경제적 조건을 보장했다. 문인들과 적절한 제휴관계를 유지하면서 권위주의적 지배를 강화할 것을 기대한 것이다. 최씨 무신정권의 우대와 지원을 받은 문인들은 비록 최씨 무신정권의 영향력에서 자유롭지 못했지만 정치적 인식까지 함께했던 것은 아니다. 문인들은 학문과 문학이 갖는 독자적 가치에 주목하고 권위를 부여하면서 정치력을 키워나갈 것을 모색했다.[13] 이규보가 "선비가 벼슬을 시작하는 것은 구차하게 자기 한 몸의 영달만 도모하려는 것이 아니라, 대개 앞으로 배운 것을 정사에 실현하면서 경제시책經濟施策을 진작하여 왕실에 힘써 실시함으로써 백세토록 이름을 날리고자 하는 데 있다"[14]라고 밝혔듯이, 문신 대부분이 학문을 높이고 정치를 통해 이를 실천하는 것을 당연하게 여겼다.

그러므로 이규보를 비롯한 문인들에게 최충헌은 은혜로운 집권자였으며, 문학의 부흥을 가져온 후원자로 여겨졌다. 고종 때 한림의 여러 문인이 돌림 노래한 「한림별곡」은 향촌에서 태어나 말을 배우자마자 한학을 익히고 유학 경전을 암송하면서 시문을 막힘없이 지어내 수재라는 평판을 듣고 성장한 어린 유생이 학문을 닦아 개경의 과거시험장에 오는 시공간으로부터 한림원의 한림이 되어 연회에 참여하는 현재의 시공간까지 굴곡진 생활의 정경이 선율에 따라 잘 묘사되어 있다. 제1절에서는 "원순元淳 유승단의 글, 이인로의 시, 이공로李公老의 사륙문四六文, 정언 이규보와 한림 진화陳澕의 쌍운주필雙韻走筆, 유충기劉沖基의 대책對

策, 민광균閔光鈞의 경서 해석, 김양경金良鏡의 시부詩賦로 과거시험 장소에 나가면 어떨까?"라고 하여 문인과 그들의 장기를 나열하는데, 여기서 최씨 무신정권에서 벼슬하던 문인 관료들이 삶에 만족하면서 풍류를 즐기는 모습을 엿볼 수 있다. 「한림별곡」은 규범이나 도리 같은 것은 돌보지 않고 오직 즐기고자 부른 노래였으며, 남녀가 손잡고 함께 그네를 타고 노는 놀이까지 소재로 삼았다. 한미한 출신의 어린 유생이 과거에 급제해 사관에 배속되면 이들에게 술과 고기를 내주며 격려했던 선배들의 따뜻한 환영 속에 한림연이 베풀어지고 그러한 분위기에서 노래된 것이 「한림별곡」이었다. 유승단, 이인로, 이공로, 이규보, 진화, 유충기, 민광균, 김양경은 최충헌과 최이의 우대와 지원을 받으며 고려 문인들의 정신적 구심점으로 성장했고, 군신이 같이 즐기는 예악 외에 문신 사이의 상악이라는 새로운 예악 문화를 만들어냈다. 곧 최씨 무신정권의 무인 우대 정책과 지원 속에 고려 문인들은 경기체가 외에 우리 음절에 맞는 시조와 가사 등의 새로운 우리말 시가를 꽃피운 것이다.[15]

최이, 문신과의 결속력으로
다져나간 권력 기반___

최충헌의 뒤를 이은 최이는 문인을 우대하고 지원하는 정책을 그대로 이어받았다. 게다가 최씨 무신정권이 정치적으로 안정되면서 문인 우대 정책은 더욱 활발하게 펼쳐졌던 것으로 보인다. 최이 정권의 문인 지원에 따라 문인들의 개인 문집 간행도 속속 이뤄졌다. 『동국이상국집東國李相國集』뿐만 아니라 『서하집西河集』『김거사집金居士集』『백가의시百家衣詩』『보한집補閑集』『속파한집續破閑集』 등이 최이 집정기에 간행되었다. 유승단兪升旦의 『김거사집』 서문에 따르면, 최이는 준마라면 비록 죽고 남은 뼈라도 천금으로 사들이는 성품이었다. 그러므로 선대에 문장으로 세상에 이름을 날리고 불우하게 살다가 죽은 자는 비록 한마디 말과 글자라도 모두 주워 모아서 썩지 않게 전하고자 했다. 이때 편찬된 문집들 가운데 일부가 지금까지 전하며 당대의 문화 수준을 가늠케 한다.

최이는 문인 문객들의 작품활동을 활발히 지원해주었다.[16] 그 가운데 우수한 재능을 보이는 이에게는 특별한 선물을 보내기도 했는데, 문인 화가로서 묵죽墨竹을 잘 그리기로 유명했던 이안而安 정홍진丁鴻進이 대표적인 인물이다. 최이는 정홍진에게 '동국이안지장東國而安之章'이라는 인장까지 새겨주었는데, 이것은 정홍진을 우리나라 최고의 문인 화가로 꼽은 상징적 의미였다. 당대 최고의 집권자로부터 인정받은 당대 최고의 화가로서 정홍진은 중국에까지 명성을 날리며 고려 후기 문인화를 새로운 경지로 끌어올린 것으로 평가된다. 정홍진의 작품은 지금 남아 전하는 것이 한 점도 없지만, 당시의 문신 이규보와 최종준崔宗峻 등이 그의 그림을 받고 지은 글들을 통해 그림 수준이 상당한 경지에 이르렀음을 알 수 있다. 이규보는 정홍진의 묵죽을 선물로 받고는 "백세 뒤에 천하에 보물이 될 그림이므로 가보로 보관하고 자손에게 당부하여 남에게 빌려주지 못하게 하겠다"면서 감탄을 거듭했다.[17]

최씨 무신 집권기에 문인들은 감흥을 주고받거나 내적 심성을 도야하는 수단으로 회화와 시문을 즐겨 활용했다. 그리하여 그림을 그리고 수집하며 감상하는 풍조가 크게 떨쳐 일어났다. 최충헌과 최이의 우대와 지원 정책 속에 새로운 문화 담당층으로 성장한 문인들을 중심으로 지배계층의 교양과 교제 수단으로 회화가 주목받게 된 것이다. 무신 집권기에 회화는 승려 화가들의 활동과 더불어 선승禪僧과 불교에 우호적인 문인들이 그림을 완상하며 교유하는 가운데 활기를 더해갔다. 승려환 장로幻 長老가 관음상을 그리고 이규보에게 찬문을 구했던 사실은 이러한 풍조를 말해주는 좋은 예다.[18] 환 장로는 유명한 화가 한생韓生이 인물을 그리고, 정홍진이 대나무를 그린 「수묵백의관음도水墨白衣觀音圖」를 소장하고 있었다. 최씨 무신정권의 뒷받침 속에 문인과 불교 승려들이 문화 및 예술을 공유하고 교유하면서 고려 후기 문화와 예술의 새로운 경지를 계도해갔던 것이다.[19]

문인들을 아낌없이 지원하는 최이에게 사람들이 몰려드는 것은 당연했다. 이에 최이의 문객에는 당대의 명유名儒가 많아서 그들을 3개 조로 나누어 교대로 서방書房에서 숙직하게 할 정도였다고 한다.[20] 서방에 소속된 문인 중에는 현직 문신 관료가 적지 않았다. 서방은 최이 정권 아래에서 문인들에게 크나큰 안식처로 여겨졌을 터이다. 최이의 지지에 힘입어 문신들은 결속력을 더욱 굳게 다지면서 정치적 기반을 키워나갔다.[21]

최씨 무신정권이 문인을 옹호하고 뒷받침한 배경에는 문인들의 사회적 효용성이 작용했다. 이규보에게 특별한 관심을 기울이고 지원을 아끼지 않은 최이에게서 그러한 면을 살필 수 있다. 최이는 당시 출신 성분이 썩 좋지 않은 인재를 적극 등용하는 정책을 취했다. 최이가 이규보를 적극 지원한 데에는 이규보의 출신 배경 또한 한몫했던 것이다. 게다가 몽골과의 관계에서 두드러진 항전을 펼친 최이의 정책은 이규보의 민족의식과 일맥상통했다. 여러 이유로 이규보는 최이에게 중용되어 문한관으로 활약하면서 최이의 정권을 지지하고 뒷받침하는 역할을 했다.[22] 따라서 이규보에 대한 최이의 우대와 지원은 개인적인 문학활동에 대한 관심과 후원, 작품에 대한 보상뿐만 아니라 이규보의 활동이 갖는 사회적 효용성에 대한 주목이기도 했다.

최이가 이규보를 각별히 대우한 것은 이규보의 문집인 『동국이상국집』 곳곳에 나타난다. "내가 어제 상국相國(최이)의 큰 은혜를 입어 3공이 함께 모이는 자리에 참여하고 무소 가죽으로 만든 허리띠를 받았는데, 이를 허리에 띠게 하고는 친히 살펴보았다. 마르고 파리한 몸에 광채가 환히 빛나니 참으로 분수 밖의 영광이었다. 아울러 내가 식량이 떨어진 지 오래였는데 특별히 월급을 주어 거의 죽게 된 생명을 구해주니, 그 두터운 은혜를 생각함에 감사함을 견디지 못하겠다"라거나, "내가 눈동자에 막이 꼈는데 의원이 용뇌龍腦가 아니면 치료하기 어렵다고 했다. 용뇌는 세상에서 쉽게 얻을 수 있는 약이 아니다. 이에 황공하기 이를 데 없으나 부득이하여 감히 사정을 말씀드리니, 저하(최이)가 천금으로도 구할 수 없는 약을 주고 또 명의 구 낭중仇 郎中까지 보내어 치료하게 해주었다. 이는 참으로 천지와 부모 같은 은덕이니 어찌 말로 다 이르겠는가"[23] "명색은 비록 관직에 몸담고 있지만 가난하기 이를 데 없는 지아비로 녹봉을 받은 적이 뜸하여 끼니조차 거른 지 오래였는데, 뜻밖에도 영공께서 백미 10말을 보내주니 온 집안이 기뻐 손뼉을 치면서 함께 만년토록 장수하기를 빌었다. 이 은혜는 참으로 한량이 없으니, 감격스러운 마음을 어찌 새삼 말하겠는가"[24]라는 글 속에는 최이의 각별한 후의에 감격해하는 이규보의 마음이 여과 없이 드러나 있다. 진귀한 무소 가죽 허리띠를 선물하기도 하고, 쌀을 보내 살림을 도와주며, 약물과 의원을 보내 병을 낫게도 했는데, 이는 손쉽게 받을 수 있는 지원이 아니었기 때문이다. 최이의 후의를 받을 때마다 이규보는 최이의 지우知遇에 감복하며 문인이자 시인으로서 시를 지어 아낌없는 찬사를 바치곤 했다.

최이 시기에 많은 문집이 간행되었지만 이규보의 문집인 『동국이상국

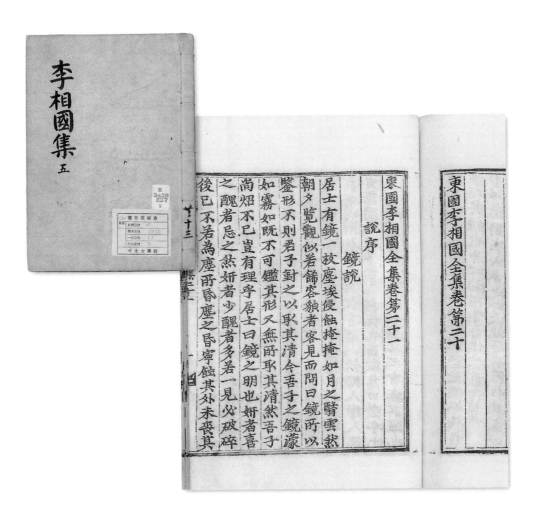

東國李相國全集卷第二十一

　　說序

　　　鏡說

居士有鏡一枚塵埃侵蝕掩掩如月之翳雲然
朝夕覽觀似若飾容貌者客見而問曰鏡所以
鑒形不則君子對之以取其清今吾子之鏡濛
如霧如既不可鑑其形又無所取其清然吾子
尚炤不已豈有理乎居士曰鏡之明也妍者喜
之醜者忌之然妍者少醜者多若一見必破碎
後已不若為塵所昏塵之昏寧蝕其外未嘗喪其

東國李相國全集卷第二十

卄十三

懸吏辭五

집』은 좀더 특별하다. 이규보의 병이 심해지자 최이는 의원들을 보내 계속 치료하게 하는 한편 이규보가 저술한 문집 53권을 이규보 생전에 간행하고자 서둘렀다. 게다가 개인의 문집이라고 하기에는 이름이 거창하다.『동국이상국집』의 이름을 풀어보면 '우리나라 재상 이규보의 문집'이라는 뜻이다. 이는 고려를 대표하는 당대 최고의 문장가로서 이규보를 인정했음을 말해준다.『동국이상국집』은 간행된 지 10년 만에 국가적 사업인 대장경을 판각한 분사도감에서 다시 간행되었다. 몽골의 침입이라는 위기 상황에서 대장경 판각과 아울러『동국이상국집』간행으로 민족의식을 드높이려 한 것으로 이해된다.[25] 이러한 사실은 최씨 무신정권의 문인 우대와 지원 정책이 문인들의 활동과 작품에 대한 후원에 그치는 것이 아니라 문인의 사회적 쓰임새에 주목하여 이뤄졌음을 말해준다.

부처의 힘으로 왕의 공업이 오이 줄기처럼 뻗어나가게 하다___무신정권 때 불교계에도 커다란 변화가 일어났다. 1170년(의종 24) 정권을 잡은 무신들은 교종 사원의 격렬한 저항을 무력으로 진압했다. 특히 교종 사원은 최충헌 집권 이후 추진된 불교계 재편에 거세게 저항했다. 1217년(고종 4)에는 개경 근처의 흥왕사, 홍원사, 경복사, 왕륜사 등의 승려들이 최충헌을 죽이려고 도모하다가 800여 명의 희생자만 낸 채 실패로 끝나고 말았다. 죽은 승려들의 피가 내를 이루었다고 기록될 정도로 수많은 승려가 희생된 사건이었다. 최충헌에 대한 사원 세력의 반발에는 화엄종 사원의 승려들이 중심이 되었다.

　최충헌은 승려들의 동향을 면밀히 주시하면서 자신에게 저항하는 사원 세력을 철저히 탄압했다. 그렇다고 불교계와 완전히 등질 수는 없었다. 고려 사회에서 불교는 위로는 왕실과 지배층뿐만 아니라 아래로는 농민이나 노비들의 절대적인 신앙이었다. 최충헌은 아들을 출가시켜 승려로 만들고 선종 승려에게 승계를 후하게 내려주거나 사찰을 중창하는 등의 선심 공세로 불교계의 환심을 사려 했다.[26] 아울러 국가적 차원의 담선법회談禪法會를 여러 사원에서 열고, 각지의 선사들을 중앙으로 초빙해 이로써 중앙집권적 사원 통제를 이루고자 했다. "세상의 도의가 낮고 쇠하여 풍속이 야박하자, 공경 재보들이 순수한 인의예악만으로는 민속을 교화시킬 수가 없었다. 반드시 불법佛法을 써서 인심을 다스려 그 은혜가 나라를 진정시키고 성벽을 튼튼하게 하니, 이것은 또한 집정자가 사용하는 하나의 기묘한 꾀다"[27]라는 이규보의 지적에서 볼 수 있듯이, 최충헌은 정권 안정을 위해 불교계를 회유하고자 노력했다.

교종 사원의 거센 저항에 맞닥뜨린 최충헌이 교종이 아닌 선종을 택해 지원한 것은 당연한 결과였다. 특히 최충헌 정권이 자주 개최한 담선법회는 선禪을 강론하고 아울러 참선도 실천하는 선사들의 모임이었지만, 국가의 안녕과 국민의 행복을 기원하는 성격도 지니고 있었다. 선을 통해 국경을 침입한 외적을 물리쳐 국가가 태평해진다거나 국가의 안녕을 해치는 재앙을 물리칠 수 있다고 여긴 것이다. 이 점에서 최충헌 정권은 담선법회의 국가적·사회적 효과에 대한 믿음으로 그 후원자를 자처하면서 정권의 안정과 나라의 안녕을 도모했던 듯하다.[28]

최충헌은 무신정권의 최고 집정자로서 국왕을 대신해 실질적으로 국가를 경영했다. 집권 후에 마음대로 국왕을 폐위시키고 정치권력을 장악해 국정 전반에 걸쳐 광범위하고 강력한 통치권을 행사했다. 권위가 크게 위축된 국왕은 최충헌이 결정한 일에 고개를 끄덕여 승낙할 뿐이

「원각경변상도
圓覺經變相圖」,
비단에 채색,
165.0×85.0cm,
고려 후기,
미국 보스턴미술관.
『원각경』은 고려시대에
선종의 근본 경전으로
그 위상이 매우
높았다. 최충헌은
그의 집권 시기
선종을 택해
적극 지원했다.

었다.[29] 이는 국왕이 의례와 형식을 갖춘 존재에 불과하며 최충헌의 권력 행사가 매우 강력했음을 시사하는 대목이다. 그런데 최씨 무신정권이 강력한 지배체제를 구축한 독재적이고 일방적인 성격을 띠긴 했지만 국정 전반을 관장했다는 점에서 국가 경영에 대한 고민으로부터 완전히 벗어나지는 못했을 터이다.

불교에 대한 지원은 바로 최충헌과 최이의 국가 경영에 대한 고민을 잘 드러내주는 부분이다. 부처의 힘으로 나라의 대전이 산처럼 튼튼해 흔들리지 않고 왕의 공업이 오이 줄기처럼 뻗어나가 오래도록 유지되기를 바라는 뜻에서[30] 사랑하는 아들을 보내 삭발하고 고승대덕의 문인이 되게 했다.[31] 아들을 승려로 입적시킨 데에는 불교계를 적극적으로 회유하는 한편 불교계를 일정하게 통제하려는 의도도 있었던 듯하다. 처음 정권을 장악하는 과정에서 불교계의 저항에 맞닥뜨렸던 경험으로 최충헌 정권은 불교계의 재정비에 나섰다.[32] 이에 불교계 내부의 정화운동에 적극적인 공감과 지원을 아끼지 않았던 것이다.

당시 불교계 일각에서는 타락한 불교 현실을 비판하면서 신앙의 본질에 충실하자는 결사운동이 일어났다. 그 대표적인 인물이 보조국사 지눌이다. 지눌은 승려들이 명리名利를 추구하여 이권싸움에 휘말려드는 것에 반대해 정혜定慧 결사운동을 주도했다. 결사운동은 불안한 사회 분위기 속에서 세속을 떠나 산림에 은둔하며 신앙 공동체를 구성結社하고 불교 본연의 모습을 되찾으려던 개혁운동이었다. 명리를 떠나고자 했던 정혜 결사운동은 고려 사회에 상당한 반향을 불러일으켰다. 지눌은 개경을 떠나 1200년(신종 3)에 송광산 길상사吉祥寺로 근거지를 옮겼다. 그 뒤 왕실과 최충헌의 지원으로 정혜 결사의 명칭을 수선사修禪社 결사로 바꿨고 이곳에서 11년을 지내는 동안 수백 명의 사람이 지눌을

「보조국사상」,
비단에 채색,
146.0×77.2cm,
조선 후기,
동화사 성보박물관.

따라 입사했다.

당시 사회와 불교계의 모순을 비판하고 혁신을 꾀하는 선종 계열의 신앙 결사운동을 무신정권은 환영했다. 새로운 질서를 요구하던 무신정권은 정권을 지지할 사상적 옹호 세력으로 선종을 받아들였고, 경제적 기반이 미미했던 선종 승려들 또한 무신정권의 다방면에 걸친 지원을 기꺼이 수용했다. 그리하여 불교계는 무신정권의 지원 아래서 많은 변화를 겪고 마침내 우리나라 불교의 주류를 이루는 조계종이 대두된다. 신앙 결사운동의 결과로 불교 선문을 하나로 묶는 조계종이 성립되고 주도 세력으로 자리잡은 것이다. 이처럼 무신정권기의 정치사회 변화와 불교계의 새로운 움직임은 서로 영향을 주고받으면서 한 시대를 추동해나갔다.

무신정권의 불교계 지원은 불안한 정국 속에서 동요하던 민심을 수습해 나라를 안정시키려는 목적이 있었다. 우선 백성이 정신적으로 귀의하던 불교 사원에 대한 경제적 지원과 지배력 강화를 통해 승려들을 정권의 우호 세력으로 이끌어냈다.[33] 최충헌의 적극적인 후원을 받은 원진국사 승형承逈이 대표적인 예다. 승형이 최충헌의 지원을 받은 이유를 이규보는 "이미 물러가 숨은 이상 마음을 돌이키지 않으려고 했지만, 의리상 혼자만 착할 수 없어 뻣뻣이 버티기도 어려워 (…) 혹은 대궐의 설법하는 자리에 나오고 혹은 재상의 집에서 시주를 받았다. 승직을 제수하면 굳이 사양하지 않았고, 유명한 절에 있게 하면 굳이 거절하지 않았다"고 설명했다.[34] 승형은 경상도 운문사에서 출가했고 봉암사에서 활동하던 승려로 이 지역 사정을 잘 알고 있었다. 이에 최충헌은 승형을 보경사에 주지시키고 경제적 지원과 종교적 교화활동을 통해 경상도 일대의 민심을 안정시키는 역할을 맡도록 한 것이다.[35]

최충헌의 뒤를 이은 최이 또한 불교계와 깊은 관계를 맺고 불교 외호자로 자처했다. 최충헌과 마찬가지로 두 아들 만종萬宗과 만전萬全을 송광사에 보내 승려가 되게 하면서 불교계와 우호관계를 유지했고, 선종 승려들에게 승계를 후하게 내려주어 국가의 승정 체계에 다시금 편입시키는 등 불교계에 대한 통제를 강화하고자 했다. 최이는 선종 계열의 사찰뿐만 아니라 최충헌 집권 이래 적대관계였던 화엄종과 법상종 계통의 사찰도 지원했다. 1221년(고종 8)에 법상종 사찰인 해안사에 은사 향완銀絲 香垸 100개를 시납했고, 1223년(고종 10)에는 최씨 무신정권에 대한 반발이 가장 심했던 화엄종의 본거지인 흥왕사에 황금 200근으로 만든 13층 탑과 화병을 보내기도 했다.[36] 최이의 이 같은 폭넓은 불교계 포섭과 지원은 불교계로부터 정권 지지를 이끌어냈던 듯하다. 최이 집권기에 불교계에서 정권에 반대하는 움직임이 거의 나타나지 않았던 것이다.

최이는 특히 수선사 2세 진각국사 혜심慧諶에게 각별한 관심을 기울이면서 법복法服과 불구佛具를 계속해서 보내주는 등 적극적인 후원을 아끼지 않았다.[37] 최이와 수선사(송광사)의 유착관계는 토지 기증에서부터 시작되었다. 현재 송광사에 보관된 「수선사사원현황기」에 따르면, 최이는 국왕의 복과 자기 어머니 송씨 부인이나 여동생의 복을 빌며 전답을 비롯해 산전과 염전 등을 수선사에 시주로 바쳤다. 기증한 전답만 100결이 넘었다. 무신정권의 명실상부한 최고 실권자인 최이의 지원은 다른 권력층과 고위 관료들의 참여 및 후원으로 이어졌다. 창립 이래 승려들의 탁발에 주로 의지하던 고단한 사원 재정에 최이의 지원은 커다란 도움이 되었다. 혜심의 수선사는 경제적 안정으로 사회와 지역에 영향력을 넓혀갈 수 있었고, 점차 당대 제일의 사원으로 부상해 불교계를

「진각국사」,
금어·쾌윤·복찬,
비단에 채색,
134.8×77.4cm,
보물 제1043호,
1780, 송광사.

주도하기에 이른다. 최이의 지원이 수선사의 교단 발전에 매우 중요한 역할을 한 것이다.[38]

더 나아가 최이는 개경의 보제사에서 3년에 한 번씩 열리던 담선법회를 보제사, 광명사, 서보통사에서 매년 개최하게 했다. 나라의 안녕을 위해서는 양식을 날라 만 명의 군사를 먹이는 것보다 한 명의 선자를 기르는 것이 낫다고 여긴 것이다.[39] 담선법회의 확대는 불교계에 상당한 영향을 미쳤고, 수선사가 불교계의 중심으로 자리잡는 데 큰 역할을 했다.

> 지금 문하시중 진양공 최이가 스님의 풍모를 듣고 정성을 기울이며 간절히 사모해 여러 번 서울로 모시고자 했으나 스님이 마침내 오지 않았다. 그러나 천 리 먼 곳에서 서로 마음으로 사귀는 바가 마치 대면하는 것과 같았다. 최이가 다시 두 아들을 보내 모시게 하고, 모든 스님의 일상생활 자재와 도구를 힘껏 마련해주었다. 차와 향, 약과 맛 좋은 음식 및 이름난 과일과 도구道具와 법복에 이르기까지 항상 제때에 제공하는 일이 끊이지 않았다.[40]

최이의 혜심에 대한 관심과 아낌없는 지원을 엿볼 수 있는 대목이다. 최이의 각별한 지원을 받은 혜심 또한 "몸이 부귀한 곳에 있으면서도 부귀에 휩쓸리지 않아서 (…) 정치의 교화가 날로 공평하고 온갖 시설이 갖추어져 겉치레를 버리고 내실을 취하니, 촌구석의 무지한 아낙네나 어린아이들도 칭찬해 마지않는다"라고 하며 최이 정권에 대한 시지 의사를 밝혔다. 당시 혜심의 수선사는 국왕과 관인들뿐만 아니라 대중의 신망을 한 몸에 받았다. 따라서 혜심의 지지는 최이 정권의 안정과 체제 유지에 매우 중요한 의미를 갖는다. 혜심의 수선사는 최이의 인적·

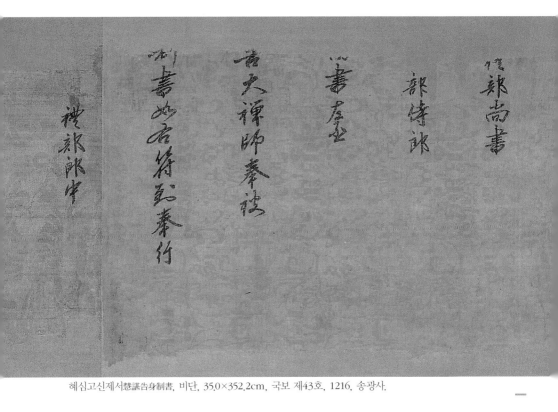

혜심고신제서慧諶告身制書, 비단, 35.0×352.2cm, 국보 제43호, 1216, 송광사.

물적 지원을 바탕으로 불교계의 중심으로 성장했고, 그러는 한편 최이
정권을 정치적·사상적으로 지지했다.

혜심은 최이의 정치적 교화를 칭송했을 뿐만 아니라 왕실과 최이의
장수를 기원하는 축수재祝壽齋를 행하기도 했으며 불교 신앙으로 외적의
침입을 막고 전쟁을 종식시키려는 호국적 차원의 진병鎭兵 의식을 치르
기도 했다. 당시 거란병과 몽골의 침입이라는 전쟁 상황에서 수선사가
정신적 구심체로 국가 의식을 고양시켜 고려국의 체제 유지에 일정한
역할을 했음을 보여준다.[41] 또한 혜심의 수선사가 최이 정권을 정치적·
종교적으로 지지하는 것이야말로 최이 정권이 수선사를 지원하는 궁극
적인 목표였을 터이다.

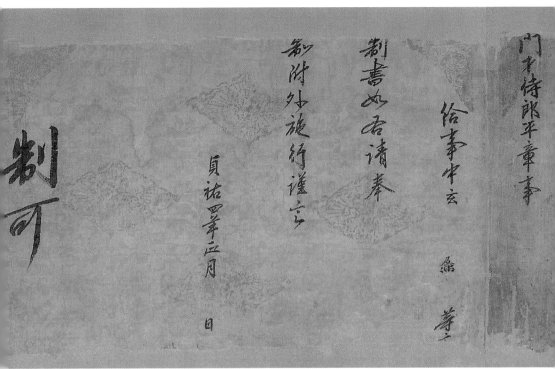

門下侍郎平章事

給事中玄

綸

筆

敕書如右請奉

勅附外施行謹言

貞祐肆年正月

日

制可

고려 고종이 수선사 제2조 혜심을 대선사에 임명하는 문서다. 대선사는 선종 승려의 최고 법계로, 왕사나 국사가 될 자격을 지녔다.

1246년(고종 33) 최이의 원찰이라고 할 수 있는 선원사가 강화에 세워졌는데, 이것은 1232년(고종 19) 최이가 몽골의 침략으로 인해 수도를 강화로 천도한 이후의 일이었다. 몽골이 국경을 허물고 무력으로 짓밟아오자 위기 상황에 내몰린 최이는 "선림禪林의 칼로 다른 나라의 군사를 무너뜨리려고" 선원사를 창건했다. 선원사는 몽골에 의해 강화로 쫓긴 고려 왕실과 최이 정권의 정신적 지주 기능을 담당했다. 몽골 침략에 대한 군사적 대항이 한계에 부딪히면서 최이는 사찰을 건립하고 불교 신앙으로 전쟁의 종식을 기원했던 것이다.

최이는 선원사가 창건되자 진명국사 혼원混元을 낙성 법회의 주관자로 초청하고 그 공으로 대선사의 직첩職牒을 내렸다. "국가가 위태롭고

『선문염송집禪門拈頌集』,
26.3×16.0cm, 1244,
국립중앙박물관. 혜심이
엮은 공안집公案集이다.

禪門拈頌集卷第二十一

達磨第十一世筠州洞山良价禪師嗣法

洪州雲居山道膺禪師
京兆府華嚴休靜禪師
撫州疎山光仁禪師
洛京白馬遁儒禪師
撫州曹山耽章本寂禪師
潭州龍牙山居遁禪師
筠州洞山師虔禪師
高安白水本仁禪師
澧州欽山文邃禪師
天童山咸啓禪師

洪州雲居山道膺禪師示衆云如人將三貫錢買一
隻獵狗但尋得有蹤跡底若遇羚羊掛角時非但
不見蹤迹氣息也不識僧便問羚羊未掛角時如
何師曰六六三十六僧云掛角後如何師云六六
三十六僧便作禮師云會麼僧曰不會師云不見

「진명국사」,
금어·쾌윤·복찬,
비단에 채색,
134.8×77.4cm,
보물 제1043호,
1780, 송광사.

어려운 때를 당하여 군신이 간절히 청하는 정성에 응해 뛰어난 승려 2000여 명을 거느리고 법회를 주관했다"[42]는 것이 그 명분이었다. 진명 국사 혼원은 수선사 사주의 제자로서 최이에 의해 선원사 법주가 되고 대선사에 제수되었으며, 제4세 수선사 사주로 임명되었다. 최이 정권의 수선사 지원이 확대되는 것과 함께 수선사가 점차 최이 정권에 밀착되고 종속되는 결과를 낳았음을 말해준다.

최이 정권은 불교계와의 대립을 누그러뜨리고 절충하는 한편, 지원을 통해 불교계를 포섭하고 지지 기반으로 흡수하려는 정책을 펼쳤다. 이는 상당한 성과를 올렸다. 최이 집정기에 불교계의 중심인 수선사 또한 최이 정권과 내밀한 관계를 맺으면서 정권 유지에 중요한 역할을 했던 것이다. 한편으로 최이 정권은 부처의 힘으로 몽골의 침입을 물리치고자 대장경 조판이나 불경 간행에도 힘을 기울였다. 재조대장경(팔만대장경)의 각성과 같은 국가적 사업 또한 이러한 분위기에서 이뤄졌다.

예술의 혼으로 다시 태어난 무신정권의 지지___

최충헌과 최이 정권은 문화예술의 최대 후원자이자 수요자였다. 이 시기에는 우리 문화예술 역사에서 빼어난 작품들이 탄생했다. 재조대장경의 각성과 같은 국가적 사업이 진행되고, 고려의 청자 기술은 가장 세련된 순청자를 만들어냈다. 최씨 무신정권이 지닌 독특한 성격이 고려의 정치, 사회뿐만 아니라 경제와 문화예술 방면에도 반영되어 나타난 것이다.

최충헌은 사위 임효명이 과거에 급제하자 이를 축하하는 연회를 베풀고, 임효명의 대문 앞을 지나가는 사람이면 누구든 불러들여서 사치스러운 술상을 차려주었다. 또 "고달고개高達岵로부터 가조리加造里에 이르는 사이에 연달아 채붕을 매고 기악과 잡희를 크게 벌여놓아 구경꾼이 담을 이루었다"[43]고 한다. 사위 임효명의 과거급제를 축하하기 위해 전문 연희 집단을 불러 기악과 잡희를 공연했던 것이다. 당대 최고 권력자가 불러들인 집단은 임시로 동원된 광대 집단이거나 공식적인 연희 집단이었을 것이다. 고려시대에는 팔관회, 연등회같이 수백 명 이상의 연희자가 동원되는 대규모 행사가 정기적이고도 지속적으로 행해지면서 광대 집단은 하나의 신분으로 자리잡았다. 국가 의례를 비롯해 여러 대규모 행사가 정기적으로 행해지면서 임시로 동원되는 광대들보다 이러한 행사를 공식적으로 담당하는 광대 집단이 필요했기 때문이다. 이들 집단은 국가 행사뿐만 아니라 지방 관청의 행사들에 동원되었고, 민간에서도 공식적인 연희 집단으로 활동했다.[44] 이들은 매우 사치스럽고 신기한 구경거리를 제공한 뒤 그 대가를 받아 생계를 꾸려갔을 터이다. 다양한 행사와 연희 집단에 대한 수요 증가는 자연스럽게 직업 예술인들이 성장할 발판이 되었다.

> 관현의 소리와 같은 것은 이 땅에서만 들어보지 못한 것일 뿐 아니라 어디서나 들어보기 어려운 것이었습니다. 저는 전년에 내쫓겨난 이후 관현의 소리라고는 들어보지 못해 우울한 심정을 달래지 못한 지가 오래되었는데, 요전에 갑자기 생가笙歌와 소적簫笛의 우렁찬 소리를 듣게 되니 (…) 냉담한 서생이더라도 목석같은 심장은 아닐진대 그 소리를 즐거하지 않았겠습니까. 그 관현은 모두 품질이 뛰어나고 불러온 악관들도 모두 한때의 명수였습니다.[45]

최충헌과 최이뿐만 아니라 관료 집단도 연회를 베풀고 전문 예술인들을 불러 공연하게 했으며 그들의 주머니를 채워주었다. 이는 자연스럽게 공연을 하고 그 대가로 가계를 꾸리는 전문 예술인들의 성장을 부추겼다. 그리고 이러한 예술인들이 자라남에 따라 고려 사회에서 전통적인 민속극 음악이 더욱 발전할 수 있었다. 대를 이어가며 존재를 확립해가던 직업 예술인들이 민간에 널리 퍼져 활동하면서 전통적인 민속극 음악도 더 넓고 깊어질 수 있었던 것이다.

개경을 중심으로 궁중에 소속되어 음악 연주생활을 하던 악공과 여기女妓 및 민간에서 활동하던 창우와 광대들은 몽골과의 전쟁 통에 지방으로 흩어져 활동하게 되었다. 또 고려 후기에는 노래와 춤, 기악과 탈놀이, 각종 기예에 능한 광대들이 모여 사는 부락이 개경 근방에 따로 생겨나기도 했다. 광대들의 부락은 일반 백성의 거주지와 구별짓고자 부락 어귀에 긴 장대를 세웠다.[46] 이들 광대는 해마다 개경과 지방 각지에서 국가 의식이나 온갖 행사에 참가해 기악 음악이 동반된 가무백희나 탈놀이, 각종 재주를 부리는 예술 공연을 했다. 공연을 선보인 광대들에게 그에 걸맞은 대가가 지급된 것은 물론이다.

최이 정권은 성대한 연희를 통해 전쟁이 가져다주는 불안과 고독을 씻어내고 정치·사회적 명예를 드높이고자 했다. 많은 사람이 구경꾼으로 몰려들게 함으로써 연희를 베푼 목적을 이루고자 한 것이다.

(고종) 32년 4월 8일에 최이가 연등회를 하면서 채붕을 가설하고 기악伎樂과 온갖 잡희를 연출시켜 밤새도록 즐겁게 놀도록 하니 도읍 안의 남녀노소 구경꾼이 담을 이루었다. 또 5월에는 종실의 사공司空 이상과 재추들을 위하여 연회를 베풀었다. (…) 기악과 온갖 잡희를 연출시켰는데 팔방상 공인八坊廂 工人 1350여 명이 모두 성대히 옷차

죽방울 받는 양모

「죽방울 받는 모양」, 「기산풍속도첩」, 김준근, 종이에 채색, 약 17.0×13.0cm, 19세기 말, 기메국립동양박물관.
최충헌·최이 정권은 민간의 창우와 광대들의 공연도 지원했는데,
그림 속 장면은 삼국시대부터 전해오는 오랜 전통 곡예 중 하나다.

림을 하고 뜰로 들어와서 음악을 연주해 각종 악기 소리가 천지에
진동했다. 최이는 8방상에 각각 은 3근씩을 주었고 또 영관伶官들과
양부兩部의 기녀 및 재인들에게 금과 비단을 주어 그 비용이 거만에
이르렀다.[47]

최이는 연희를 베풀었을 뿐 아니라 더 나아가 7~8세의 어린 여자아
이들을 집에 모아 기악을 가르치는 등 전문 예술인 양성에까지 관여했
던 것으로 보인다. 이렇게 길러낸 예술인들은 "악장은 이미 3000곡을
다 마쳤고, 어린 나이에 벌써 대여섯 번 나례를 치렀네. 태중에서 타고
난 재주 아니라 무릎에 안고 누가 현가를 가르쳤으리. 낮에는 장대 주
렴 안에서 놀다가 밤엔 향규의 비단 둥우리에서 자네. 주인 혼자 구경
하기 차마 아까워서 손들과 함께 보니 즐거움이 어떠하리"[48]라는 시에
서 볼 수 있듯이, 연희는 연희 제공자의 사회적 명예를 드높이는 역할
을 했다.

최이 정권은 문화와 예술이 지니는 사회적 쓰임새를 놓치지 않았다.
문화와 예술은 현실사회의 모순을 화해시켜 국가와 권력자에게 신뢰나
존경이 돌아오도록 기능하기도 한다. 문화와 예술활동에 대한 지원을
통해 권위를 부여받고 갈등을 조화롭게 풀어나가기를 바랐던 것이다.
그리하여 몽골의 거대한 군사적 위협에 맞서 최이 정부가 선택한 것은
아이러니하게도 대대적인 문화사업의 부흥이었다. 팔만대장경 판각 사
업은 그 일환이었다. 팔만대장경은 1236년(고종 23) 몽골 장군 살리타이
가 고려를 침공했을 때 조성되기 시작했다. 4년 전인 1232년(고종 19) 대
구 부인사에 보관되던 초조대장경이 모두 불타 없어졌던 것이다. 살리
타이가 이끄는 몽골군은 고려 정부의 무릎을 꿇리려고 고려 본토를 무

고려대장경, 국보 제32호, 해인사. 1970년대 촬영.

「초조본 대방광불화엄경」권2(위), 28.7×46.5cm, 국보 제266호, 12세기, 호림박물관.
「초조본 유가사지론」권53(아래), 28.4×48.0cm, 목판본, 국보 제276호, 11세기, 가천박물관. 몽골의 침략으로 소실되어 사라진 초조대장경의 판본들 중 목판본으로 인쇄되어 전하는 것들이다.

차별적으로 공격했다. 고려의 운명은 벼랑 끝으로 내몰리는 듯했다. 정부의 강화 천도에 의표를 찔린 것은 몽골뿐만 아니라 본토에 남은 고려 백성도 마찬가지였다.

1만여 권에 달하던 초조대장경은 고려의 문화 수준과 자부심을 한껏 드높이던 존재였다. 초조대장경은 거란의 침입으로 나라가 위태로울 때 부처의 힘에 호소하여 국가와 백성을 지키겠다는 열망으로 조판되었다. 몽골의 대대적인 침략과 고려 정부의 강화 천도로 민심의 동요가 최고조에 달했을 때 호국 이념을 내세우며 조성된 초조대장경이 불에 타 사라진 것은 고려의 꺼져가는 운명을 말해주는 듯 여겨졌을 터이다. 위기의식이 심해지면서 최이 정부가 택한 것은 대장경 판각 사업이었다.

> 이제 재상 및 문무 관료들과 더불어 큰 서원을 세우고 담당 관청을 두어 이를 중심으로 경영하게 했습니다. (…) 원하건대 여러 부처와 성현聖賢 33천은 간곡하게 비는 것을 굽어 살피시어 신통한 힘을 빌려주어 완악한 오랑캐로 하여금 멀리 도망하여 다시는 우리나라 영토를 짓밟는 일이 없게 하고, 전쟁이 그쳐 나라 안팎이 편안하고, 모후와 세자가 무강한 수명을 누리고 국운이 만세토록 유지되게 해주기 바랍니다.[49]

대장경을 판각하며 올리는 군신의 기고문祈告文이다. 무차별적인 공격으로 몽골 군대는 고려를 점점 더 옥죄어왔다. 전선이 경상도와 전라도 등지로 확대되면서 농토는 폐허가 되었고 백성의 삶은 궁핍해졌다. 고려 정부는 강화지역의 방어에 주력할 뿐 대몽 전선에 군사를 대대적으로 투입하지는 않았다. 몽골군의 공격은 시간이 갈수록 더 날카로워지고 위협적이었다. 고려 정부의 위신은 땅에 떨어지고 민심은 백성을 지켜 주지 않는 나라와 정부를 원망하며 등을 돌렸다. 군사적 대응이 힘을 잃으면서 최이 정권이 택한 것은 다시금 종교적 믿음이었다. 곧 부처의 힘으로 몽골군을 내몰고 국가와 백성을 지킬 수 있다는 믿음으로 대장경 조판 작업에 착수한 것이다.

대장경 판각은 1236년(고종 23)에 시작되어 16년이라는 장구한 세월이 지나 완성되었다. 1251년(고종 38) 9월 25일에 고종이 성의 서문 밖에 있는 대장경 판당板堂에 백관을 거느리고 가서 분향을 하며 팔만대장경의 낙성 경찬회를 열었다. 『고려사』에 따르면 "현종 때에 새겼던 판본이 임진년(1232, 고종 19) 몽골 병화에 불타버려 왕이 여러 신하와 함께 다시 발원하여 도감을 설치했는데 16년 만에 준공되었다."[50] 그런데 『고려사』 기록과 달리 대장경의 경판에 새겨진 간지를 살펴보면, 1248년(고종 35)에 실제적으로 대장경 경판이 완성된 것으로 적혀 있다. 곧 팔만대장경의 낙성식은 완성된 해로부터 3년 뒤에 치러졌던 것이다. 이는 팔만대장경 판각 사업을 주도하던 최이가 1249년(고종 36)에 세상을 떠나면서 정치적 상황이 여의치 않았기 때문이었던 듯하다. 팔만대장경 판각은 최이 정권의 마지막 문화 지원 사업이었던 것이다.

대장경 경판의 조성은 국가 차원에서 주도되고 완성되었다. 최이 정권은 국왕을 대신해 실질적으로 국가를 경영하고 있었다. 국왕의 권력을 능가하는 강력하고 일방적인 통치 체제를 이뤘지만 다른 한편으로 국가를 이끌어나가는 것에 대한 고민 또한 최이 정권이 감당해야 할 몫이었다. 이에 대장경 판각은 국왕의 명령으로 국가적으로 추진되는 사업이었지만, 실질적으로는 최이 정권이 주도했다. 대장경 판각의 목적이 국가의 안녕과 민심 수습을 표방했지만, 이는 최이 정권의 안정과 직결되는 문제였기 때문이다.

대장경 판각 사업은 강화의 대장도감과 남해 연안에 설치된 분사대장도감에서 진행되었다. 대장도감과 분사대장도감 또한 최이의 인적·물적 지원 속에 설치·운영되었으며, 국왕과 왕실 및 관료들을 비롯해 일반 군현의 백성에 이르기까지 다양한 유형의 사람들이 참여했다. 최이 정권이 대장경 판각 사업을 시작하면서 의도한 대로 전 민족 구성원이 외세의 침략으로부터 나라를 지키려는 호국의 일념으로 자발적으로 이 일에 참여한 것이다.

그렇게 해서 만들어진 고려대장경 경판이라고도 불리는 팔만대장경 경판은 정판正板 1547부 6547권, 보판 15부 236권으로 모두 1562부 6783권이며, 총 경판 수 8만1000여 장의 목판으로 이루어져 있다. 팔만대장경은 유구한 역사 속에 광범한 문화를 담고 있는 불교 사상을 가장 충실하고도 체계적으로 집대성한 대장경으로 문화적, 학술적으로 최고라는 평가를 받고 있다. 경판에 각성된 글자는 한 사람이 쓴 듯 거의 동일한 필체로 이루어져 있으며 오탈자가 거의 없을 정도로 정확하다. 게다가 경판이 썩거나 벌레 먹는 것을 방지하기 위해 오랜 시간에 걸쳐 까다로운 공정을 통해 제작했기 때문에 세월이 다른 것들을 빛바래게 해도 팔만대장경 경판만큼은 거의 손상 없이 보존될 수 있었다. 이렇듯 현재 그 가치를 인정받는 팔만대장경의 판각이라는 거대한 사업이 완성될 수 있었던 것은 최이 정권의 정치권력과 막대한 경제적 지원이 있었기 때문이다.

몽골의 강력한 위협 속에서 최이 정권은 군사적 저항으로 맞서는 한편 문화 사업을 통해 고려인들의 호국 이념을 일깨웠다. 또한 다양한 문화예술 활동에 대한 지원도 끊이지 않고 펼쳐갔다. 최이 정권은 문화와 예술의 힘으로 대몽 항전이 가져온 정치·사회의 모순과 갈등을 해결하고자 한 것이다. 문화예술 활동은 전시 상황에 어울리지 않는 행위로 볼 수도 있지만, 전쟁의 공포와 전율 속에서 오직 생을 유지하려는 욕망과 불안을 떨치고 모든 갈등과 모순을 이겨내는 힘을 갖게 한다. 문화와 예술활동을 통해 자신의 문화에 대한 자부심을 갖게 하고 이를 통해 외세의 야만적인 침탈에 저항할 원동력을 갖게 되는 것이다.

최씨 집정기의 예술은 무신정권의 성격을 반영했다. 고려의 예술은 국왕과 왕실뿐만 아니라 최씨 정권의 지원을 받으며 발달할 수 있었다. 특히 몽골과의 전쟁으로 인한 문화의 외부 자극이 없어지면서 오히려 그 때문에 고려청자 특유의 도자 모양과 문양이 발전하는 듯했다. 고려 내부의 수요와 요청에 따른 발전의 양상으로 청자는 더욱 고려화되는 모습을 띠었던 것이다. 이 시기에 고려의 도공들은 높고 새로운 경지에 들어서는 기술을 창출해냈다. 고려청자의 표현 기법과 기술이 수요층인 무신정권의 성격에 맞게 변화·발전함으로써 가장 세련된 순청자를 만들어내기에 이른 것이다. 고려청자는 북송 말 중국의 상류사회에서 '천하제일'이라는 평가를 받으면서 최고의 소장품으로 꼽혔다. 청자는 지배층의 사치와 허영 욕구를 충족시켜주는 탁월한 수집품이었던 것이다.

이 시기에 제작된 청자 상감운학문 매병에서 보이는 화려한 장식과 청자 모양의 당당함은 바로 무신정권의 성격을 말해주는 듯하다. 이 시기에는 공예품의 전면을 파고 그 속에 감입재를 꼼꼼하게 집어넣어 섬세하고 정교한 문양을 표현하는 것으로 아름다움을 강조하는 기술이 발전했다. 비색이라는 색의 아름다움에 중점을 둔 비색청자와 문양의 화려함을 강조한 상감청자에서 그러한 발전 양상이 두드러진다. 또한 도자기의 상감 기법에 영향을 끼친 금속기와 목칠기의 입사 및 나전 기

청자진사 연화문 표형주자青磁辰砂蓮華文瓢形注子, 높이 32.5cm, 국보 제133호, 고려 13세기,
삼성미술관 리움. 최충헌의 손자 최항의 묘지석과 함께 출토된 작품으로,
화려하고 다채로운 장식 기법을 뽐낸다.

청자 음각연화당초문 매병靑磁陰刻蓮唐草文梅瓶,
높이 43.9cm, 고려 12세기, 국보 제97호, 국립중앙박물관.

법도 한층 더 높은 수준으로 올라섰다. 이 시기의 청자로 추정되는 부안 유천리 도요지에서 출토된 고려청자편들은 12세기 후반부터 13세기에 걸친 청자로서 매우 다양한 모양의 청자와 문양이 나타난다.

이 시기 고려청자의 발전에 큰 공을 세운 이들은 대부분 수공업 기술자들이었다. 지금 전하는 유물들 또한 상당 부분이 관영수공업 체제 하에서 제작된 것들이다. 공장工匠이라 불린 이들은 작가로 이름을 남길 수도 없고 자기가 만든 제품을 판매해 막대한 상업적 이윤을 취할 수도 없었다. 고려시대에 공장들은 국가 제도와 정책 아래 통제를 받았다. 국가가 공장들에게 일정한 직명職名을 부여하고 그에 따른 녹봉과 토지를 내려주었던 사실에서 이를 확인할 수 있다. 최씨 무신정권 또한 이러한 제도를 수용해 공장들을 국가 제도의 틀 안에서 관리하면서 공장들의 기술적 역량을 유지시키고 제작 기술을 체계적으로 관리했던 것이다. 이러한 지원 체계 속에서 최충헌과 최이 정권 시기 문화예술은 그 나름의 성격을 드러내며 우리 문화예술사에서 손꼽히는 한 시기를 장식하고 있다.

3장

조선의 으뜸 가문,
안동 김문이 펼친
인문과 예술 후원

조규희

1802년 안동 김씨 집안의 순원왕후가 순
조의 비로 책봉되면서 국구國舅 김조순金
祖淳을 비롯한 안동 김씨 일문은 조정의 요직을 독점하며 권력을 장악
했다. 김조근金祖根이 헌종의 국구가, 김문근金汶根이 철종의 국구가 되면
서 이 집안은 연이은 외척으로서 가문의 성세를 유지했다. 철종대에 영
의정을 지낸 순원왕후의 동생 김좌근金左根의 첩 나합은 나주 기생 출
신으로 그녀의 손에서조차 방백과 수령이 나온다고 할 정도로 안동 김
씨 일족의 권세는 대단했다. 이렇듯 19세기 조선은 세도정치기로 불리
는 안동 김씨 집안의 권력 남용의 이미지가 짙게 드리운 시기이기도 했
다. 이 집안은 16세기 이래 김번金璠(1479~1544)의 자손들이 서울 북촌
의 청풍계와 장의동 일대에 세거하면서 경화京華의 대표적인 벌열 가
문이 되었다. 특히 김번의 증손인 김상용金尙容(1561~1637), 김상헌金尙憲
(1570~1652) 형제가 조정에서 두각을 나타낸 뒤 이 집안은 '안동 김문'이
라는, 안동 김씨 내에서 경파京派로 불리는 서울의 명족이 되었다.[1] 안동
김문은 순조에서 고종대에 이르는 시기뿐만 아니라 17세기 인조대에서
숙종대에 걸쳐서도 삼정승과 판서, 대제학을 지속적으로 배출했고, 왕
실과 인척관계를 맺으면서 조선 사회에서 세력과 명망을 누렸다.

그런데 문화적 전성기로 꼽히는 소위 18세기 '영·정조 르네상스' 시기
에는 정계에서 그 뛰어남을 발휘하는 현달한 인물을 배출하지 못했다.
안동 김문이 정치적으로 속한 노론이 1689년의 기사환국과 1721년에
서 1722년에 걸친 신임사화로 크게 화를 당하면서 이들 집안의 영향력
있는 인물들이 죽임을 당하거나 유배되어 가세가 크게 기운 탓이다. 기
사환국 이후의 집안 분위기는 김창협金昌協(1651~1708)이 영의정을 지낸

金仙源尚容

「김상용 초상」, 비단에 채색, 37.0×29.0cm, 일본 덴리대.

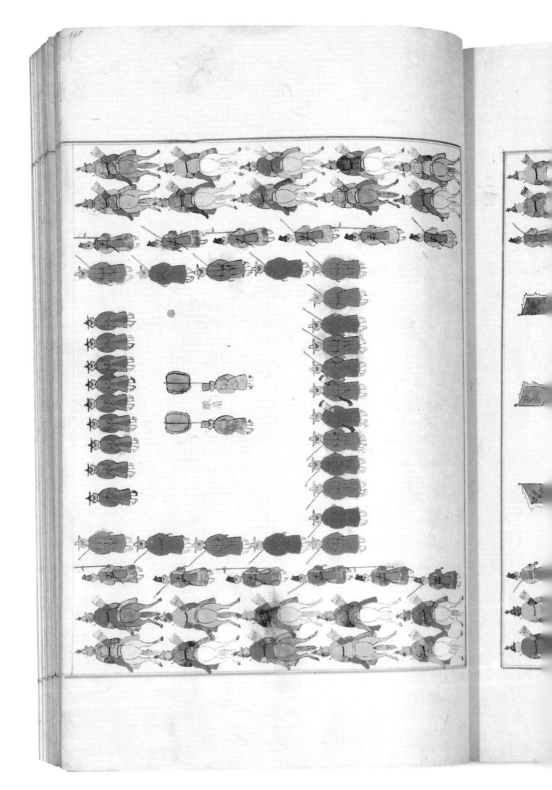

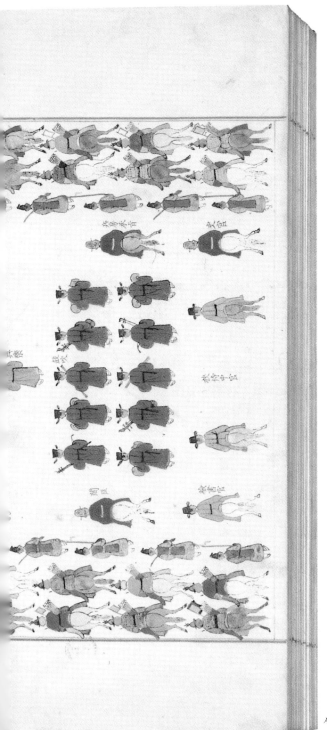

『순조순원왕후가례도감의궤』,
48.5×35.3cm, 1802, 국립중앙박물관.
안동 김씨 김조순의 딸 순원왕후는 19세기
세도정치가 형성되는 데 중요한 역할을 했다.

그의 중부仲父 김수흥金壽興(1626~1690)의 아들 김창열에게 보낸 1697년
의 편지에 잘 드러나 있다.

지난날 우리 집안이 융성했을 때에는 가문의 명성이 세상에 드러난
정도기 극에 이르렀다. 숭부와 선군자先君子(김수항)께서 함께 정승 자
리에 올라 이름과 지위가 성대하게 빛나고, 나와 백씨伯氏(김창집金昌
集)와 계달季達(김창직金昌直)이 연달아 관원이 되어 조정에 들어가 시
종신侍從臣으로 활동함으로써 온 세상의 부러움을 샀었다. 중습은
종형제들 중에 나이가 가장 적은데도 정승 가문의 귀공자로서 조상
의 높은 음덕을 기반으로 삼아 느긋하게 뜻을 펼치고 남에게 굽히
는 일이 없었다. 그런데 이제 관복을 입고 인끈을 매고서 허리를 굽
혀 남의 뒤를 따라 지방으로 가서는 공문서를 다루고 쌀과 소금의
출납을 다루는 일에 종사하면서도 수고롭다는 말을 감히 할 수 없
게 되었으니, 인사人事의 변화가 참 서글프다.
아, 기사년과 경오년의 화에 우리 형제들이 죽지 못한 것은 무지몽
매한 일이었으나, 다른 사람이 우리를 볼 때에는 실로 믿음직한 다
섯 장부였다. 그런데 중습의 경우는 혈혈단신으로 천 리 먼 곳에서
널을 지고 와서 가까스로 고향에 이르렀으나 병이 들어 장사지내는
일을 감당할 수 없었으니, 그 외로움과 위태로움이 심했다 할 것이
다. 그 당시에 어찌 오늘이 있을 줄 알았겠는가.

신임사화로 김창집金昌集(1648~1722)이 사사된 후 김수항金壽恒(1629~
1689)계 후손들은 이후 수십 년 동안 과거에 응시조차 하지 않았다. 이
무렵의 어려움 또한 "선세에 신임사화의 환난으로 인해 떠돌아다니게

金夢窩昌集字汝成戊子生安東人官領議政諡忠獻壽七十五

「김창집 초상」, 비단에 채색, 52.0×39.5cm, 19세기, 국립중앙박물관.

金文谷壽恒字久之巳生安東人官領議政諡文忠壽六十一

「김수항 초상」, 비단에 채색, 51.7×39.8cm, 19세기, 국립중앙박물관.

되어 우리 집과 지손支孫의 집에 보존된 서적이 거의 없었다. 나의 선군先君은 나이 사십이 넘도록 의식衣食을 백부에게 의탁했다"고 한 김조순의 회고를 통해 잘 알 수 있다.

흥미로운 것은 이러한 정치적 위상과는 다르게 정조대의 대표적인 학자였던 이덕무(1741~1793)가 안동 김씨 집안의 문헌文獻이 청음淸陰 김상헌 이래 150여 년 동안 우리나라에서 '갑甲'이었다고 평가한 점이다. 조선 후기의 수많은 경화벌열 중에서 안동 김문을 조선 최고의 문화적 역량을 지닌 가문으로 꼽은 것이다. 서책조차 제대로 보존하지 못했던 김조순 일가가 정조대에 이르러 오랜 시간 지속되어온 이 집안의 인문적 활동으로 조선의 으뜸가는 집안으로 재평가된 것이다. 이 글은 이렇게 한 세기 동안 권세를 누리지 못하던 안동 김문이 한 나라의 정치와 문화를 좌우할 만큼 다시 부상하게 된 배경을 이 집안의 인문적 활동, 특히 예술 후원과 관련하여 살펴보려고 한다.

흔히 예술 후원을 서화 애호 취미와 같은 수준에서 이해하곤 한다. 그러나 그림 감상은 서울의 많은 사대부가 할 수 있는 문화적 행위였던 반면, 그림 수집은 좀더 특별한 권력과 재력을 지닌 경화벌열들이 주도한 것이었다. 특히 한 시대의 새로운 문화를 선도하는 그림의 제작을 기획하고 후원하는 일은 조선 '최고의 가문甲於東方者'만이 할 수 있었다.

청풍계, 고아한 아취로 문사들을 이끌다

김상용은 1608년에 백증조인 김영金瑛(1475~1528)이 터를 잡은 인왕산 아래 청풍계에 와유암臥遊菴, 청풍각靑楓閣, 태고정太古亭을 지었다. 생활공간인 청풍각에는 선조대의 명필 석봉 한호韓濩가 쓴 현판이, 청풍각 들보 위에는 선조의 어필御筆인 '청풍계淸風溪' 세 글자가 걸려 있었다. 태고정은 당경唐庚 (1071~1121)의 시 「취면醉眠」의 첫 구절인 "산정사태고山靜似太古"를 따서 명 명한 한 칸이 넘는 정자로, 수십 인이 놀 수 있는 장소였다. 당경의 이 시구는 남송대 문인 나대경羅大經의 『학림옥로鶴林玉露』 '산정일장'편을 통 해 조선의 지식인들에게 널리 회자되었는데, 나대경은 이 글에서 당경 의 시구 "산정사태고 일장여소년山靜似太古 日長如少年"을 인용한 뒤 깊은 산 속에서의 자신의 산거山居생활을 풀어냈다. 김상용은 "조정에 설 때 뜻 은 동산에 있었고, 패옥을 찰 때 마음은 마른 나무와 같았다立朝意在東山, 佩玉心如槁木"고 한 황정견黃庭堅의 말을 취해 이 글을 청풍계 벽에 붙여놓 았다고 하는데, 태고정을 비롯한 청풍계 별서의 조영은 이렇듯 조정에 몸담고 있으면서도 산중에서의 한적한 삶을 지향하는 그의 뜻을 드러 낸 것이었다. 와유암은 그가 좋아하는 명화名畵와 고적古蹟을 좌우에 죽 진열해놓고 즐기는 장소였다. 이러한 삶은 나대경이 "죽창 아래 앉아 붓 을 놀려 크고 작은 글씨 수십 자를 쓰기도 하고, 소장된 법첩과 묵적, 화권畵卷을 펼쳐놓고 마음껏 감상한다"고 한 것처럼 산거생활의 중요한 부분이었다. 황정견 역시 "날마다 옛사람의 법서法書나 명화를 대하면 얼굴 위의 가득한 세속 먼지를 떨어버릴 수 있다"고 했다. 당시에 널리 읽힌 『학림옥로』나 만명기晩明期 중국의 심미적 문인 문화를 다룬 서적들 로부터 영향을 받아 서울의 지식인들은 '성시산림城市山林'의 삶을 지향했 는데, 김상용은 이러한 삶을 청풍계에 실현했던 것이다.

이렇듯 김상용을 비롯해 이 집안의 인사들에게는 공적인 명망 못지 않게 유유자적하게 산림에 은거하며 서화를 감상하는 고아한 아취雅趣 의 추구가 삶의 중요한 부분이었다. 이는 서울에 세거지를 마련한 이래 뿌리 내린 집안의 문화적 분위기이기도 했다. 청풍계에 터를 잡고 세 연못을 판 후 삼당三塘이라 자호한 김영은 농암 이현보가 구성한 애일당구로회의 일원으로서 이현보, 김안국, 김안로, 소세양 등 당시 문화계를 이끈 명사들과 서화 애호 취미를 공유했다. 김번은 처가의 별업인 경기도 양주 석실에 집안의 묘소를 마련해 이후 안동 김문의 상징적 공간이 되는 석실서원의 기반을 닦았는데,『중종실록』에 따르면 김번의 백부인 세조대 국사國師 학조學祖가 김번을 총애해 상당한 재물을 주었다고 한다. 그의 아들 김생해金生海는 입고 다니는 옷이 극도로 사치스러워 당시에 비판을 받기도 했다. 이것은 한편으로 의복의 심미적인 기능에 비중을 두었던 호사스러운 집안의 분위기를 말해주는 것이기도 하다. 김생해의 삼남이자 김상용, 김상헌 형제의 부친인 김극효金克孝(1542~1618)는 홀로 외실에 거처하면서 좌우에 고금의 서적과 명화를 두고 앞에는 화초를 심어놓았는데, 뜨락과 섬돌 사이에 티끌 하나 떨어져 있지 않았다고 한다.

김상용의 청풍계는 산중에서의 한적한 삶의 의취意趣를 즐기는 장소이자 성시산림을 자처하는 당대 문사들이 즐겨 찾던 열린 공간이기도 했다. 광해군대에 인목대비 폐모론으로 집안이 어려움을 당하자 김상용은 원주로 내려가 있었는데, 주인이 집을 비운 이 시기에도 청풍계는 명류들이 찾아와 노닐며 승경을 감상하는 장안 제일의 명원名園이었다. 1620년 봄에 당시 판서를 지내던 고위 관료들이 대궐에서 조회를 마친 후 청풍계에 모여 풍류를 즐기고는 이를 기념해 계회도契會圖를 제작했다. 한 개인의 정원인 청풍계가 이렇듯 명소가 된 것은 인왕산 자락의 험준한 바위와 맑은 계곡을 낀 청풍계의 뛰어난 경관 때문이기도 했지만, 김상용의 사위인 장유張維가 "사람 따라 장소도 승경勝景으로 변한다"고 한 것처럼 김상용 집안의 명망이 높아지면서 그의 청풍계 역시 명

『청풍계첩』, 종이에 엷은색, 38.0×51.0cm, 여주 이씨 정산종택.
각각 청풍상춘靑楓賞春, 태고정과 김상용의 제택 진경, 김신국의 시고, 이상의의 시고다.

寧作一詠無非
聖主之恩此生此日皆是吾
君之賜則豈其可忘耶咸曰不可遂拜手以
書

瞬目尋春樂太平訴鞍金勒集群英飛
花撲馬如相引堆鴛鴦駕珪組者
忘郤世累林泉但覺好懷生歸途不怕莟
昏邊山遠迢迢月色明
谷口春晴楊柳新園中物色屋檐咮

紅排伊相詭醉脫鳥砂却往真頂播花
枝篙規短心諸玉罇見情親伴年授官江
湖去能青此懷覺比人
　　　　清陵君金蓋園景道
　　　　溪海壬申生
辛卯司馬甲午則誠　清風人

蒼竹溪高海石臺閒空秋空延衢
杯葉芳芳風亂廣郡葉枫柳蜜魚
瀟一作唯如椒林泉睛悟達木色索

韋坐臺東群花大吉亭忠在
偶向東野首廣四
葆氏流水伽一出三月名園樓
趣道裡元頂此空雙人同意自
子舟立覺狂奔寒事家受羅坐
深君霄散喜浮將事如七彩去事
瀟灑幾喝慶湏横

驪興府院君李尚毅兩達
　　　　庚辰生

紫宸朝罷共尋春步二名園賞更
新花草芳馨俱異品溪山秀麗絕
無儔青娥密席纖歌艷白首深盃
晚興真醉葉蘭亭揮湯事爭如身
作盍中人
乙酉司馬壯元
丙戌別試　驪州人

원으로 인식되어갔다.

인조반정 이후 이 집안은 정계에서 핵심적인 역할을 하며 서인의 중진으로 활동했다. 1635년 가을에는 당시 우의정인 김상용이 청풍동에서 기로회耆老會에 속한 제공들을 불러 잔치를 베풀었는데, 정원에는 기로신들의 지팡이인 구식鳩飾이 쭉 늘어서 있었다고 한다. 이때에 경물이 선명하고 계곡은 그윽하여 구름과 안개가 좌우에서 기이한 경치를 이루었고, 현악기와 관악기가 앞뒤에서 음악을 연주했다. 이 모임이 열린 지 얼마 후 김상용은 화공畫工에게 명하여 그 자취를 그림으로 남기게 했다. 이렇게 청풍계는 당대의 문사들이 모여 뛰어난 경치 속에서 공연을 즐기고 예술을 감상하는 문화 사랑방인 동시에 그림과 시문의 제재가 되었던 서울의 명소였다.

특히 이 집안은 병자호란을 겪으면서 김상용이 순절하고 김상헌이 척화론斥和論을 주도해 어느 가문과는 질적으로 차이 나는 명가로서의 위상을 굳건히 하게 되었다. 김상헌은 청에 의해 심양으로 압송되었다가 1645년에 소현세자와 함께 귀국했다. 효종 즉위 후 그의 척화론은 숭명배청 사상을 주도한 송시열宋時烈(1607~1689)에게 계승되어 일종의 시대정신으로서 북벌의 이념적 상징이 되었다. 김상헌은 심양에서 인질생활을 하는 동안에도 서화를 감상하고 많은 제화시를 남겼는데, 그에게 그림 감상은 암울한 현실에서 벗어날 수 있는 가장 매력적인 대상이기도 했다. 그는 중국 명대의 저명한 화가 구영仇英의 「산수도」에 제시를 쓰면서, "분한 마음 품고서도 감히 화도 못 내고, 원통한 맘 품고서도 하소연도 못 하는가. 흐릿하고 묵묵하게 아침저녁 보내다가, 이러한 때 우연히도 이 그림을 보았다네. 내게 감개 일어나서 탄식하게 하거니와, 신선산과 부처 나라 있는 건가 없는 건가. 어찌하면 산골짜기 하나 사서 초가집 지어, 나의 몸을 편케 하고 처자식들 즐겁게 해, 대대손손 왜구와 북쪽 오랑캐 잊은 채로 살게 하나"라며 자신의 심사를 드러냈다.

김상헌은 심양에서 귀국할 때 당시 명나라 궁중에서 산락散落된 황실 소장품이었던 원대 문인화가 조맹부趙孟頫의 「문희별자도文姬別子圖」를 구해오기도 했다. 이 작품은 신종 황제의 소장품이었는데, 그림에 황제의 어인御印이 아홉 군데나 찍혀 있었다고 한다. 이 그림은 그의 장손인 김수증金壽增(1624~1701)이 물려받았다. 서인 산림학자로서 조정에 큰 영향을 미쳤던 송시열도 김수증을 통해 이 그림을 감상했는데, 그는 김상헌이 그림의 격조를 매우 좋아했고 또 그림을 논평함이 매우 정확했다고 평가했다.

후손과 후학들에게 영향을 미친 김상헌의 예술 애호 취향은 그가 한 사람의 아취와 품격을 판단하는 데 서화 감상을 으뜸으로 꼽은 윤경지尹敬之(1604~1659) 소장 고금 서화에 써준 다음의 글에서 잘 드러난다.

> 사람의 성품은 각자 좋아하는 바가 있다. 높은 벼슬을 좋아하는 자, 돈을 좋아하는 자, 건축물을 좋아하는 자가 있고, 노래하는 기생이나 잔치, 닭싸움이나 말달리기, 바둑이나 도박을 좋아하는 자도 있으며, 신기한 화초나 나무, 돌 등 먼 외방에서 온 진귀하고 특이한 것을 좋아하는 자도 있으며, 산수 사이에서 노닐기를 좋아하는 자도 있고, 서적 모으기를 좋아하는 자도 있으며, 그림 보는 것을 좋아하는 자도 있다. 그런데 그 사람이 좋아하는 바를 보면 그 사람됨의 고상함과 속됨雅俗을 알 수 있다. 무릇 산수를 즐기는 것은 두루 명승지를 다녀보지 않으면 할 수가 없는 것이고, 독서를 업으로 하는 것도 늙

었거나 병든 사람은 할 수가 없는 것이다. 오직 그림을 좋아하는 것만은 절벽을 기어오르거나 산등성이를 올라가는 수고로움이나 눈을 놀라게 하고 마음을 놀라게 하는 고역이 없다. 그러면서도 방 안에서 올려다보고 굽어보며 정신이 사해四海를 유람하니, 저절로 늙음을 즐기고 병을 치료하는 묘함이 있다. 마음을 모으고 고요히 앉아서 눈으로 보고 정신으로 합치되는 데 이르러서는, 황홀하기가 마치 구름과 노을을 헤치면서 신선이 사는 산골짜기 속으로 들어가 천태산天台山을 뛰어넘고 곤륜산崑崙山을 뛰어넘는다. 그리하여 천지 바깥에서 둥둥 떠다니고 한가로이 노닐면서 신선이나 도사들과 만나는데, 그림 속이 참모습이 아닌 줄도 알지 못하고, 자신의 몸이 우화등선羽化登仙한 것이 아닌 줄도 알지 못한다. 그런즉 저 오악五岳을 두루 돌아다니면서 생애를 마치도록 애를 쓰는 자들은 어쩌면 그리도 몸을 괴롭히면서 수고를 한단 말인가. 대저 옛날부터 그림을 좋아하는 자는 속된 선비가 아니었다. (…) 어려서부터 그림 보기를 좋아하여 어떤 사람 집에 좋은 그림이 있다고 들으면 그때마다 문득 가서 보았으며, 혹 빌려다가 보기도 했다. 그러면서 오히려 부족한 것을 한스러워했다.

김상헌에게 서화 감상은 어릴 때부터 길러진 문화적 소양이었다. 그는 한가로운 날을 만나면 향을 피워놓고 조용히 앉아 책상을 치우고 그림을 펼친 다음 마주 대하곤 했다. 그에게 그림은 사람의 기운을 기르고 번뇌를 줄여주는 "예원藝苑의 맑은 보배"였다. 김수항 삼형제를 비롯한 후손들에게 선조들이 그림에 대한 벽癖이 대단했고 그 품격을 깊이 아는 까닭에 소장품 또한 많았다는 것은 빼놓을 수 없는 집안의 자랑거리였고, 자신들을 차별화하는 문화적 유산이었다.

붕당의 갈등 속에서
'그림'으로 말하다___ 인조대 이후 명가로 급부상한 안동 김문의 위
상은 김상용의 외손녀가 효종의 비이자 현종의
어머니인 인선왕후仁宣王后였다는 점에서도 잘 알 수 있다. 인조대 이래
정권을 잡은 서인의 대표적인 가문이었던 안동 김문은 효종 승하 후 예
송 문제로 야기된 남인과의 갈등 속에서 송시열을 위시한 서인 산림 세
력과 밀접한 관계를 맺으며 정국을 주도해나갔다. 특히 김상헌의 손자
인 김수항은 현종대에 고위 관료로 출세를 거듭하면서 서인의 예론이
관철된 1659년의 1차 예송 논쟁 이후부터 2차 갑인예송으로 남인이 정
권을 잡을 때까지 정권의 핵심 인사로 활약했다. 서인이 권력을 굳혀가
던 이 시기에 안동 김문은 자신의 집안을 문화적으로 부각시키는 흥미
로운 작업을 했다.

　서울의 청풍계가 안동 김문의 족회族會가 열리는 종가와 같은 장소였
다면, 김상용·김상헌 형제의 묘소를 비롯한 선영이 있는 경기도 양주
의 석실은 이들 집안의 상징적인 공간이었다. 김수항 형제들은 부친을
조부 김상헌의 묘 아래에 묻은 뒤 그곳에 두어 칸의 작은 집을 짓고
그곳의 지명을 따라 '도산정사'라고 했다. 그런데 이들은 남인들이 추
종하는 퇴계 이황의 호가 '도산陶山'이었기에 동일한 이름을 사용하는
것에 대한 의혹이 일어날 것을 염두에 두고 송시열에게 기문記文을 의
뢰했다. 송시열은 1668년에 「도산정사기」를 적어주면서, 이들이 도산정
사라고 명명한 것은 우연히 그곳의 지명에서만 나온 것이 아니라 조부
김상헌의 의로운 기운에 참으로 부합하여 나온 이름이라고 역설했다.
송시열은 그 근거로 바로 거기에 걸려 있는 한 폭의 그림을 지목했다.

　그 그림은 심양에서 귀국한 소현세자를 따라 조선에 체류하다가

1648년에 중국으로 돌아간 명나라 화가 맹영광孟英光의 작품이었다. 맹영광은 심양에서 그곳에 억류된 김상헌을 만난 뒤 그의 의기義氣를 흠모하여 「연명채국도淵明採菊圖」를 바쳤는데, 그 화심花心을 붉게 물들여서 은근한 뜻을 보였다고 한다. 송시열은 지금도 그 당堂에 걸려 있는 그림이 도연명의 뜻과 부합되는 참된 화상畫像이기에, 도산의 명칭은 오래전에 생겨난 것으로 볼 수 있다는 취지의 글을 적었다. 이 일은 일편단심의 지조와 참된 은일의 정신을 구현한 세교世敎가 안동의 도산이 아니라 석실의 도산에 있다는 일종의 알레고리로 읽힐 수 있을 것이다.

이 무렵 김수항과 김수흥 형제는 높은 관직을 역임하면서도 꾸준히 회화 제작에 관여했는데, 당시에 이미 이들은 재서才諝와 문학으로 세상에 이름을 낸 명재상으로 칭송받고 있었다. 김수항은 1664년에 함경도 도과의 시관으로 파견되면서 도화서 화원 한시각을 대동해 「북새선은도北塞宣恩圖」를 그려왔을 뿐만 아니라, 그곳에서 동료 관료들과 명승지 유람을 하며 주고받은 시문과 그림을 모아 「북관수창록」을 제작했다. 이것은 이후 남구만을 위시한 서인계 인사들의 북관 명승명소도 제작의 선례가 되었다. 호조판서였던 김수흥은 1667년에 현종의 온양온천 행차 총책임자로서 계병契屛을 제작해 휘하 관료들에게 분급해주었다. 그런데 이 계병은 행사 장면을 기록한 것이 아니라 당시 관료들이 갈망한 은거의 이상을 담은 왕유王維의 「망천도輞川圖」를 그린 병풍이었다. 이것은 행사 기념을 취지로 내세웠지만 실은 청록산수화로 그린 「망천도」를 집 안에 펼쳐놓고 싶어한 김수흥의 서화 애호 취향과 산거의 이상을 담아낸 그림 제작이었다. 김상헌은 심양에 머물던 1644년에 이경여李敬輿가 소장하고 있던 왕유의 시가 적힌 「망천도」를 본 뒤 제화시를 쓰며, 「망천도」에 그려진 그윽한 경치는 자신이 "평생토록 꿈속에서 그리던 곳

平生夢想地"이었다고 했다. 그러므로 김수흥이 망천도를 계병의 그림으로 그리게 한 것은 이것이 집안 인사들이 줄곧 추구해온 이상향이었기 때문이기도 하다.

김상헌이 심양에서 구영의 「산수도」를 보며 "어찌하면 산골짜기 하나 사서 초가 지어, 나의 몸을 편케 하고 처자식들 즐겁게 하나安得買山一曲壽草廬 寧爾軀樂爾孥"라고 한 탄식은 현종대에서 숙종대에 걸쳐 안동 김씨 일족이 득세하고 가평에서 화천에 이르는 화악산 기슭 주변에 널리 별서를 개척하면서 현실화되었다.

김상헌의 장손인 김수증은 강원도 평강현감으로 재임하면서 화악산 북록 계곡에 경치 좋은 곳이 있다는 말을 듣고 마침내 춘천 경내의 사탄史呑에 이르러 그 그윽하고 험준한 형세와 고요한 정취에 반해 1670년부터 별서지를 개척했다. 김수증은 이곳이 아름다운 경관으로 둘러싸였을 뿐 아니라 노닐며 경작하기에 알맞은 곳인 데다 매월당 김시습의 유적이 있어서 터를 잡아 의지하지 않을 수 없다고 했다. 김수증은 별서지를 택함에 있어 소출의 풍부함과 산수의 빼어남뿐만 아니라 그곳의 문화적 내력도 중요하게 여겼던 것이다. 선조대에 이이가 왕명으로 「김시습전」을 쓰면서 이이를 추종한 서인들 사이에서 김시습은 진정한 산수유람가로 재조명된 면이 있었다. 김수증은 곡운의 별서에 지속적으로 건물을 세우면서 산거의 이상을 실현했을 뿐만 아니라 장손으로서 물려받은 집안의 서화 소장품을 토대로 1674년 2차 예송으로 서인이 정계에서 축출된 정치적 위기 속에서 자파의 입장을 '그림'을 통해 전달하는 데 핵심적인 역할을 했다.

송시열은 1675년 1월 13일 함경도 덕원으로의 유배가 결정되기 불과 며칠 전인 1월 1일에 「취성도聚星圖」 그림의 발문을 지었다. 이 발문에 의

『길 준과시(路準科試)』『북새선은도권』, 한시각, 비단에 채색,
579×674.1cm, 1664, 국립중앙박물관.

하면, 김수증이 주자가 장주지사로 있을 때 한나라 진식陳寔과 순숙荀淑의 덕성德星에 관한 고사가 있는 취성정의 중수를 도운 뒤 제작한 「취성정화병聚星亭畫屛」에 쓴 찬문을 모아 족자로 만들고자 한다고 했다. 그런데 송시열은 이 그림을 여러 본 만들어 장차 사대부 사이에 전할 것이라고 하면서, 이것은 '쇠세衰世의 뜻'이 있는 작품이라고 했다. 즉 서인의 예론이 받아들여지지 않는, 쇠퇴해가는 당시 세상에 대한 경계의 뜻을 전하는 작품이라는 것이다.

송시열은 자신의 수제자였던 윤증尹拯(1629~1714)이 부탁한 그의 부친 윤선거尹宣擧(1610~1669)의 묘지명에 윤선거를 비난하는 내용을 적었다. 윤선거가 서인을 공격한 남인 윤휴尹鑴(1617~1680)를 두둔했었기 때문이다. 이 일로 윤증과 송시열의 관계는 틀어졌고, 1683년에 서인은 송시열을 영수로 하는 노론과 윤증을 영수로 하는 소론으로 나뉘었다. 그런데 송시열은 이미 2차 예송 때 윤증이 송시열을 원망하여 윤휴와 남인의 손을 빌려서 그 마음을 갚으려 했다고 의심했다. 정치적으로 이처럼 미묘한 시점에 송시열이 자파의 정치적 메시지를 '그림'으로 전달하려 한 것은 이 작업을 실행해줄 안동 김문이 있었기 때문이다.

송시열이 김수증 집안에 소장된 「문희별자도」를 감상하고 발문을 적은 날이 바로 「취성도」 발문을 지은 날이었다. 송시열은 이 집안에 소장된 작품들을 감상하면서 황실과 왕실에서 행해지던 문화 정치, 즉 그림의 영향력을 환기한 것으로 보인다. 송시열은 유배지에서 김수증에게 보낸 1675년 6월 20일 편지에서 '기성화수箕城畫手', 즉 평양에서 온 화가 조세걸曺世傑이 여전히 김수증의 집에 머물고 있는지를 물으면서 「취성도」의 구체적인 작품 형식에 대해 의견을 나눴다. 또한 이 작품을 여러 폭 제작하여 동지同志들에게 나눠주어 자파의 결속을 도모하고자 함을

「취성도」부분.

「취성도」, 정선, 비단에 채색,
145.8×61.5cm, 18세기 중반,
삼성미술관 리움.

밝혔다. 이 과정에서 송시열은 자신의 발문이 포함된 형식과 자신의 발문 없이 찬문만 있는 형식 등 「취성도」에 적는 글에 따라 형식에 차등을 두고자 했다. 그중에서도 특히 찬문과 발문을 모두 갖춘 형식은 자신과 김수증 집안을 포함해 서너 가문 이상 갖지 않도록 하겠다고 했다. 따라서 현재 삼성미술관 리움에 소장된 정선鄭敾(1676~1759)이 모사한 「취성도」의 원본은 안동 김씨 집안에 전해진 작품이었던 것으로 보인다. 하버드 대학교 옌칭도서관 한국귀중본실에 소장되어 있는 『취성도첩』 말미에는 '숭정정사팔월상순崇禎丁巳八月上旬 안동 김수증 근서'라고 적힌 관지가 있어 이 화첩이 성첩된 것이 1677년임을 알려준다. 『승정원일기』에는 숙종이 1677년 조세걸이 상경했을 때 그를 본 적이 있다고 한 기사가 전하는데, 아마도 『취성도첩』이 성첩된 1677년 안동 김문의 주문화 제작을 마친 조세걸을 이 집안 인사가 숙종에게 입시하도록 주선했을 가능성도 있을 것이라 생각된다. 따라서 조세걸은 상당 기간 김수증의 집에 머물며 여러 폭의 「취성도」를 제작한 듯하다.[2]

1680년에 경신환국으로 서인이 재집권하면서 정치권의 핵심이 된 안동 김문은 사대부가뿐만 아니라 왕실의 서화 감상과 관련해서도 상당한 영향력을 미치게 되었다. 1681년에 숙종은 당시 영의정이던 김수항의 건의로 병조판서 집에 있던 「농가사시도」 병풍을 모사한 바 있다. 이렇게 김수항이 왕실의 서화 수장에 대해 조언을 하던 1681년에 숙종은 조세걸에게 관직을 내려주었는데, 이는 조세걸이 안동 김문과 맺은 인연으로 김수항 등에 의해 추천되었기 때문인 것으로 여겨진다. 갑인예송으로 1675년 겨울 이후 강원도 화천군 화악산록의 곡운에 은거해 있던 김수증은 1680년 4월 동생 김수항이 영의정으로 복귀하자 자신도 1681년에 곡운을 떠나 귀경했다. 김수증은 곡운 별서를 떠나며 이를 기념하기 위해 1682년에 조세걸을 다시 불러 「곡운구곡도谷雲九曲圖」를 그리게 했다. '구곡도'라는 형식은 주희가 「무이도가武夷櫂歌」에서 읊은 '무이구곡'의 경치를 그린 「무이구곡도」에서 유래한다. 율곡 이이는 벼슬에서 물러나 황해도 해주 석담石潭에 은병정사隱屏精舍를 짓고 은거하면서 주희의 「무이도가」를 따라 「고산구곡가高山九曲歌」를 지었는데, 조선에서 성리학이 심화되면서 '구곡시'나 '구곡가'의 창작 또한 문인들 사이에서 유행했다. 그런데 이렇게 조선 지식인의 은거지를 구곡도 형식으로 그리게 한 것은 김수증의 고안이었다.

송시열과 안동 김문은 이이에서 김장생, 김집, 송시열로 정통 주자학의 맥이 계승된다고 보았다. 따라서 이들에게는 자신들의 정치적 입지를 강화하기 위해 이이의 문묘 종사를 성사시키는 것이 중요한 문제였다. 이이의 문묘 제향은 인조반정 이후 지속적으로 논쟁의 대상이 되었는데, 1680년 경신환국으로 집권한 서인들은 남인의 반대에도 불구하고 1682년에 이이의 문묘 종사를 성사시켰다. 따라서 1682년에 제작된 「곡운구곡도」 역시 주희에서 이이로 이어지는 조선 주자학의 정통을 잇는다는 안동 김문의 학통을 드러내는 상징적인 작업이기도 했다. 또한 이 시기는 서인 내에서의 갈등이 심화되던 시기였다. 경신환국으로 남인이 대거 숙청될 때 이들을 어떻게 처리할 것인가에 대한 의견 차로 소장파인 윤증과 송시열의 갈등은 더 깊어졌다. 이때 소론은 이이에서 송시열로 이어지는 학맥을 부정하고 성수침, 성혼, 윤선거, 윤증으로 이어지는 새로운 학맥을 주장했는데, 서인 계열에서 분파한 소론이 이이를 부정한 것은 정통 주자학을 부정하는 것으로 인식되었다. 이런 의미에서 '구곡도'는 당시에 주자를 절대시하며 이이의 학맥을 잇는 노론에게 특히 의미 있는 그림이었다.

古雲九曲

제1곡 방화계傍花溪와 제2곡 청옥협靑玉峽.

제3곡 신녀협神女峽과 제4곡 백운담白雲潭.

1689년에 숙종은 총애하는 희빈 장씨가 낳은 아들을 적장자로 세우려 했는데, 서인들은 이를 극렬히 반대하다가 기사환국으로 실정하게 되었다. 이에 다시 남인이 집권하면서 송시열과 김수항, 김수흥 형제가 연이어 유배지에서 사사되었다. 그런데 송시열은 사사되기 전해인 1688년에 이이의 「고산구곡가」를 한역한 뒤 「무이구곡시」의 운韻자를 가지고 「고산구곡시」를 짓자고 하면서 김수증, 김수항 형제를 중심으로 각 시의 차운을 담당할 노론계 핵심 인사들을 선정하고 또한 「고산구곡도」의 제작을 발의했다. 송시열은 이때 김수항에게 보낸 편지에서, 이이의 '고산구곡'이 우연히 주자의 '무이'와 부합하니 후학이 찬술하는 문자가 없을 수 없다는 이유를 들어 자신이 「무이도가」의 수운首韻을, 김수항이 1곡의 운을 차운한 뒤 다른 문인들에게서도 시를 받아 무이 십절十節에 맞추자고 했다. 그런데 송시열이 이때 「고산구곡도」 제작을 제안한 것도 이를 맡아줄 안동 김문이 있었기 때문이다. 당시 그림 제작은 영의정으로 있던 김수흥이 담당했다.[3] 김수흥은 이해에 숙종이 태조의 영정을 모사하기 위해 설치한 도감의 도제조였기에 그림 제작을 주도할 수 있는 위치에 있었다. 김수흥은 화원들의 어진 모사 실력을 향상시키기 위해 도감으로부터 공신상 한 본을 가져다가 화사들에게 임모하게 하여 잘된 것과 졸작을 가리자는 제안을 했는데, 이는 고종대까지 어진도사 화사들을 시취試取하는 전례가 되었다.[4] 후대에 하나의 전형을 이룬 「고산구곡도」의 탄생에 이처럼 당대 최고의 예술 후원 가문이었던 안동 김문의 김수증, 김수흥, 김수항 삼형제가 깊숙이 관여하고 있었다.

김수증은 자기 형제들이 모두 사사당한 뒤 다시 화악산으로 은거했고 이후 1682년에 제작된 「곡운구곡도」에 곡운구곡시를 덧붙였는데, 자신이 1곡 시를 짓고는 두 아들 창국과 창직, 조카인 창집, 창협, 창

흡, 창업, 창즙과 외손에게서 받은 시와 김창협의 발문을 받아 1692년
에 화첩으로 꾸몄다. 이처럼 그림에 제화시를 합벽하면서 자기 집안 일
족만이 시문 창작에 참여케 한 것은 유례가 없는 일이었다. 1686년에
김수증의 아들 김창국의 딸이 숙의淑儀에 간택되면서 안동 김문은 훈척
으로서 당시 '족당族黨'을 형성한다는 비난도 받았는데, 『곡운구곡도첩』
은 바로 하나의 가문이 정치적 일파를 형성할 만큼 세력을 떨치던 숙종
대 안동 김문의 위상을 잘 말해준다. 한편 김창흡은 조세걸이 평양에
서 서울로 왔을 때 서울에 이미 명성이 자자해 수많은 집안에서 병장屛
障을 만들어달라는 요청이 풍우風雨와도 같이 쏟아졌는데, 백부 김수증
이 그를 데리고 산중으로 가서 「곡운구곡도」를 그리게 했다고 하였다.
이 증언은 이 집안의 문화권력이 당시에 얼마나 대단했는지를 알려준
다. 이러한 문화적 내력으로 인해 조선 역사상 매우 흥미로운 사대부가
의 정치적 메시지를 담은 그림 제작을 주도할 수 있었던 것이다.

위기의 시기에
'문화'로 응답하다___ 김수항은 1689년 기사환국으로 사사되기 직전
자손들에게 남긴 유언에서 '항상 겸손하고 물
러나는 뜻謙退之志'을 지니라고 하면서, 이런 연유로 손자들의 이름에 '겸
謙'자를 붙였다고 했다. 또한 옛사람들이 "독서하는 종자가 끊어지게 해
서는 안 된다"고 일렀음을 강조하면서, "너희가 부지런히 여러 자식을
가르쳐 충효와 문헌文獻의 전통을 잃지 않는다면, 문호를 지키는 것이
꼭 과거시험이나 벼슬길에만 달려 있지는 않을 것이다"라고 했다. 1694
년 갑술환국 이후 서인이 재집권하면서, 김수항의 자손들은 조정으로
부터 여러 번 부름을 받았으나 부친의 유계를 들어 출사를 고사하다가

장남인 김창집만 뒤늦게 벼슬길에 나아가 노론의 영수가 되었다.

집안이 화를 당한 뒤 김창협과 김창흡은 오직 학문에 종사하며 18세기 서울의 진보적인 학풍과 문예 흐름을 주도했다. 김창협, 김창흡, 김원행金元行(1702~1772), 김양행金亮行(1715~1779) 등 이 집안 후손들은 모두 김수항의 유언에 따라 산림에 은거하며 독서를 통해 '문헌'의 전통을 이었고 후학을 길러내는 데 힘을 기울였다. 안동 김문이 조선의 문헌을 선도할 수 있었던 것은 이들이 학문적으로 '열린' 자세를 유지했기 때문이기도 하다. 김창협, 김창흡 형제는 이이를 따르는 서인학파였지만, 학문에서 경직된 입장을 고수하지 않고 이이와 이황을 동시에 비판하며 절충적으로 이들의 업적을 수용했을 뿐만 아니라 박학과 개방의 학풍을 토대로 스스로 사색하고 연구하여 체득하는 것을 중요하게 여겼다. 이들은 선학들에 대해 비판적인 재해석을 통한 자득自得을 강조했던 것이다. 문예 방면에서도 개방적인 성격을 보였는데, 홍세태와 같은 중인 문학가들과의 교류뿐만 아니라 중국의 문인, 여성 문인과의 교류에서도 주도적인 역할을 했다. 김성달의 소실 울산 이씨와 그의 딸 호연재 김씨의 시문활동은 김성달, 김창흡 등 안동 김문 인사들의 적극적인 후원에 의해 이뤄질 수 있었다.[6]

선대에 이은 중국으로의 사행 경험 또한 이들이 학문적 개방성과 문화적 주도권을 유지한 배경이었다. 1626년 성절 겸 사은진주사로 김상헌이, 1680년 사은진주 겸 동지정사로 김수흥이 사행한 이래 김창업은 1712년에 백씨 김창집이 사은 겸 동지정사로서 청나라로 연행할 때 자제군관으로 동행했다. 김창업은 1712년 11월부터 1713년 3월까지 5개월 동안의 여정을 『가재연행록』으로 기록해 후대의 연행록에 많은 영향을 미쳤다. 1713년 1월 6일 그의 일기를 보면, 북경에서 김창집의 초

士敬 季亨後先而下金副

皆壹別語用士敬韵贈

季亨仍雨轉示士敬

我昔東游混海東崚嶒

皆骨玉爲峰壯観元化

千尋瀑高倚思盧萬芤

松老玉雖成重理屧秋

未但捉麈携筇節羨他諸

友聯駢玄呪說三调修生

泛

辛卯中秋上浣

夢寫

「사경과 계형의 금강행 송별시送士敬季亨金剛行」, 김창집, 종이에 먹, 35.0×44.0cm, 1711, 개인.

상을 그리기 위해 화공을 구했는데, 당시 궁궐 안의 벽화를 그리고자 강남에서 온 나연羅延이라는 화가를 소개받았다고 한다. 그런데 이때 나연이 그린 김창집의 초상을 본 김창업은 그림이 전연 닮지 않았다고 느껴 그에게 얼굴을 보고 다시 그리라고 했다. 또한 그는 나연의 화법이 아름답기만 하고 생동감이 적어 훌륭한 솜씨는 못 되는 것 같다고 평하기도 했다. 1713년 2월 초8일의 일기를 보면 김창업은 마유병馬維屛에게서 궁궐의 양심전養心殿에 머물며 황제의 총애를 받던 화가 강국충强國忠이 그린 수묵 그림 한 폭을 받았다고 한다. 그런데 김창업은 마유병에게 이 그림이 훌륭하다고 생각하는지 되물었고, 마유병은 "명공名工의 그림입니다"라고 답했다. 그러자 김창업은 "명공이 그린 것 같지는 않으니, 누가 이름을 빌린 것이 아닐까요?"라고 재차 물어 그 그림이 가작假作일 가능성을 지적했다. 이렇듯 이 집안 인사들은 그림에 대한 안목을 갖추고 있었기에, 중국에서 많은 화적을 구해올 뿐만 아니라 그곳의 서화 감평가나 화가들과 교유할 수 있었다. 또한 이날 조선의 화가 정선, 조영석趙榮祐, 화사畫師 이치李穉의 산수화와 진사 윤두서尹斗緖의 인물화 가운데 가지고 온 것을 꺼내 보여주니 마유병이 정선의 그림을 좋게 여겨 정선 그림을 그에게 선사했다고 한다. 즉 이들은 연행에서 조선 화가들의 작품을 가져다가 소개하는 동시에 중국 화가들의 작품을 구해오고 그들의 작품에 적극적으로 품평하는 등 연행을 통한 문화 교류에 적극적이었다. 이러한 문화적 배경을 바탕으로 이들이 후원한 조세걸, 이치 같은 화가들은 어진 모사 등 국가적으로 가장 중요한 회화 작업에 추천될 수 있었다.

특히 안동 김문과 선세부터 이웃하여 살았던 18세기의 저명한 산수화가 정선은 조영석이나 윤두서와 달리 한미한 집안 출신이었다. 김조

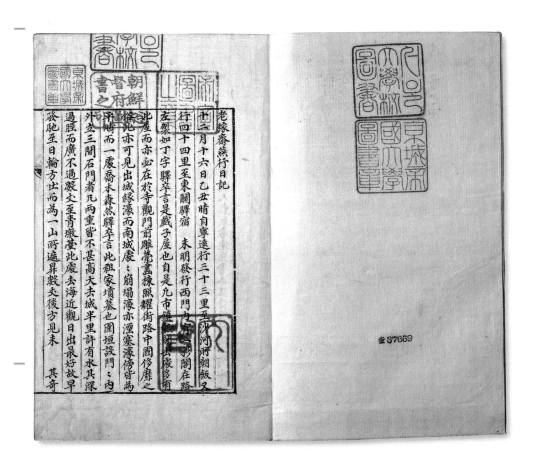

老稼齋燕行日記

十二月十六日乙丑晴自寧遠行三十三里至沙河所朝飯又
行四十四里至東關驛宿　未明發行西門內有彩閣在路
左衆如丁字驛卒言是戲子屋也自是凡市㕓皆有彩閣多有
此㕓而亦可見出城緣濠而南城廢〻崩塌濠亦湮塞濠傍皆為
田疇而一㕓喬木森然驛卒言此祖家墳墓也圍垣設門〻內
外立三閘石門者凡兩重皆不甚高大去海近半里許有水其深
過腰而廣不過數丈至青墩臺此處去海近觀日出最好故早
發馳至日輪方出而為一山所遮昇穀丈後方見未　其奇

『가재연행록稼齋燕行錄』, 김창업, 30.1×19.7cm, 규장각한국학연구원.

순의 증언에 의하면, 이러한 집안 사정을 잘 알던 김창집은 정선에게
벼슬자리를 마련해 출사의 길을 열어주었다고 한다. 강관식은 당시 정
국을 주도하던 좌의정 김창집과 노론 인사들의 도움으로 정선이 1716
년에 관상감의 천문학 겸교수로 첫 출사를 한 것으로 고증했다. 정선이
장동 김문을 비롯한 북촌 명가들의 후원을 받고 있었음은 정선이 이해
에 대은암의 이광적 집안에서 개최한 회방연 및 노인회를 그린 「회방연
도」와 「북원수회도北園壽會圖」를 통해 알 수 있다. 당시 이 모임은 1716년
병신처분으로 김창집을 위시한 노론 정권이 권력을 잡은 분위기 속에
서 '장동 김문을 중심으로 한 노론 명가들이 주도한 것이었다. 「북원수
회도」 좌목에는 정선을 후원했던 안동 김문의 김창집과 김창흡, 정선의
외숙인 박견성(1642~1728)과 이병연의 부친인 이속(1647~1720) 등의 동
리 인사들 이름이 보인다. '북장동인北壯洞人' 정선이 그렸다는 하단의 관

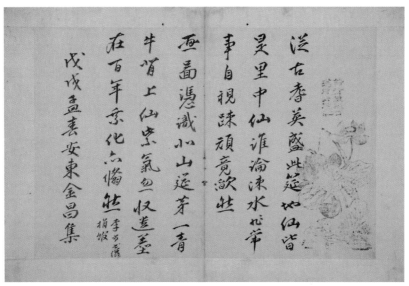

「북원수회도첩」에 실린 김창집의 시, 종이에 필사, 34.0×51.2cm, 개인.

奉呈

壽光會 席上 芳序

夫洪範五福之時壽居其一都言三達之序盛居
德先信乎壽者人之所難得而福之所以基也噎術仰
今古人物何限而能詩遐壽者無一二古人所謂人
生七十古未稀者非耶通之古今論之尚且如此況今
生並一世居共一洞七十以上之年者至於十五六之多
山豈非人間稀貴事耶兹擇吉辰約會于
尚喜丈李公之第竹栗藝筍循次而至童顏鶴髮
序齒坐擧盃相屬怡然自樂其欝動一時之觀瞻
榮耀後來之耳目豈有過於此乎況主人以九旬
之年緫經囲榜之宴慶席南羅餘欲於此未已雖老之列在
於要束之中而雖有所戲身老猝疲不得厠於席
抃此六有數存於其間郎病裡瞻望不勝慨悵茲撰
二絶仰塵

　　　斂照

南極星光耀此莚莚中諸老洞中仙無端一疾
遠佳約翹首東郵倍悵然
北山高峻老翁蓬皓首厖眉十一仙洛社耆英
今復見風流宜若宋人然
柔兆沼灘陽月下弦前一日七十五歲老人嗽
　　　　　　　　　川朴見聖手裵仰呈

『북원수회도첩』에 실린 박견성의 서序(위)와 좌목.

北園壽會座目

資憲大夫前工曹判書李公光迪
通政大夫僉知中樞府事崔公邦彥
通訓大夫前行英陵參奉韓公載衡
通訓大夫前司宰監正朴公見聖
通政大夫前行漢城府庶尹朴公載龜
通訓大夫前富平府使李公世瑜
建功將軍前龍驤衛司勇朴公震龜
通訓大夫前司僕寺正成公至敏
通政大夫僉知中樞府事南公宅夏

德

通政大夫前行漢城府庶尹李公之星
通政大夫僉知中樞府事金公高鉉
通政大夫前行成川府使金公昌國
通訓大夫前行加平郡守李公涷
郎李公恒番
童子永得
李衡輔韓朴廷璡金奐泰煥秦李
　　　　　尹鐵壽
奉列大夫前長寧殿參奉金公澈

서가 말해주듯이 '장동'으로 불리는 동리 사람들의 문화적 자부심을 느낄 수 있다.[8] 정선은 이들 동리인과 1711년과 1712년에 연달아 금강산을 다녀와 화첩을 제작했는데, 이때 각 폭의 그림에는 당시 최고의 문장가로 문단에 영향력을 미쳤던 김창흡이 제화시를 적었다. 이로써 정선의 금강산 그림들은 더욱 주목을 받았고, 그의 화명畫名 또한 크게 떨치는 계기가 되었다.

1712년에 정선은 금화 현감으로 부임한 이병연의 초청으로 이병연의 부친 및 그의 동생 이병성과 함께 금강산을 유람하며 여러 경치를 그렸다. 그런데 이때 정선이 이병연에게 그려준 『해악전신첩』에는 내금강, 외금강, 해금강 각지의 풍경뿐만 아니라 돌아오는 길에 들른 김수증의 곡운 유거지인 「곡운농수정도谷雲籠水亭圖」, 곡운구곡의 「첩석대도疊石臺圖」 등도 포함되어 있었다. 김창흡은 이때 「곡운농수정도」에 쓴 제화시에서 "산은 고요하여 태곳적 같고, 해는 길어 소년 시절과 같네山靜似太古 日長如小年"는 김수증이 애송하던 시구라고 하면서, 이는 집안의 '명적冥寂의 뜻'으로, 심오한 도리인 희이希夷와 더불어 거의 같은 것을 꿈꾸는 것이라고 했다. 김창흡의 해석에 의해 곡운 농수정이나 태고정이 있는 청풍계 등 안동 김문의 상징적인 공간은 산거의 이상을 이 땅에 실현한 이상적인 장소로 재인식될 수 있었다. 따라서 원림 주인의 주문으로 그려지던 특정인의 별서도 그림들 중 안동 김문과 관련된 원림은 그 자체가 사대부가의 이상향과 같은 곳으로 그려져, 유람의 한 코스로 선망되었을 뿐만 아니라 일련의 명승명소도 화첩에 포함될 수 있었다. 1790년 2월 28일에 정조는 육상궁毓祥宮에서 작헌례酌獻禮를 행한 뒤 궁원에서 남여籃輿를 타고 청풍계에 이르러 태고정에서 잠깐 쉬면서 후손을 만나고 전조銓曹에 명하여 녹용錄用하도록 했으며, 호조에 명하여 그 집을 수리해주도

제6곡 농수정의 장면으로 김수증의 곡운 유거지이며, 정선도 이를 그렸다.

록 했다. 이때 검교대교였던 김조순도 수가했다. 정조는 태고정 방문 직후인 1790년 3월 1일에 "일장여소년日長如少年"으로 부제賦題를 삼아 향유鄕儒에게 응제하라고 명했다. 이렇게 청풍계 태고정을 비롯한 이 집안의 유거지들은 당경이 읊은 시구의 절묘함을 진정으로 알고 산거를 실천한 안동 김문의 정신이 깃든 장소로 인식되었다.

정선, 1739년 청풍계의 '봄'을 그리다___

김창흡 사후 그를 이어 북촌의 시단을 이끈 인물은 이병연李秉淵(1671~1751)이었다. 그는 1696년 겨울, 갑술환국 이후에 재개된 석실서원에 들어가 동생 이병성李秉成(1675~1735)과 함께 농암 김창협, 삼연 김창흡 문하에서 수학하면서 산수를 적극적으로 원유遠遊하며 명승을 찾아 깊이 사색해야 좋은 시를 쓸 수 있다는 김창흡의 영향을 받았다. 이병연은 북리에 함께 거주하던 동문들인 안동 김문 가의 김시민과 김영행, 김창업의 사위인 조문명, 농연의 문하생인 권섭, 김상리, 이하곤, 홍세태 등과 문학적 교류를 활발하게 하면서 김창흡을 이어 북촌의 풍류 문화를 주도했다.[9] 이러한 북리 문회北里文會의 성대함은 성대중이 「대은아집첩大隱雅集帖」에 쓴 발문을 통해 잘 알 수 있다.

> 농암(김창협), 삼연(김창흡) 두 선생에 이르러서는 북록北麓의 문채가 더욱 알려졌다. (…) 사천 이공(이병연)께서 그 뒤를 이어 사셨으니 그 문하에서 명승지유名勝之遊하던 자들은 한 세상을 움직이던 사람들인데 아회雅會는 모두 대은암을 귀의처로 삼았다. 사천께서 돌아가심에 악하嶽下의 풍류 또한 쇠하게 되었다.

정선은 이들이 노닐던 한양의 북촌 명소를 그린 『장동팔경첩壯洞八景帖』을 제작했다. 국립중앙박물관본에는 「청풍계도」 「독락정도」 「청휘각도」 「대은암도」 「백운동도」 「창의문도」 「청송당도」 「취미대도」가, 간송미술관 소장의 『장동팔경첩』에는 「대은암도」 「청풍계도」 「자하동도」 「독락정도」 「청송당도」 「필운대도」 「수성동도」 「취미대도」가 그려져 있다. 현재 전하는 『장동팔경첩』 속의 그림들은 대부분 노년기 정선의 필치를 보여주는데, 이들은 완숙기에 이른 화가가 인기 있는 주제의 그림들을 수요자들의 요구에 따라 반복적으로 재생산했을 가능성을 알려준다. 그런데 주목되는 점은 『장동팔경첩』에 실린 개인의 세거지나 별서들 중에 유독 '장동 김문'으로 불리던 김상헌과 김상용 일가의 별서나 누정이 많다는 점이다. 이들의 세거지인 청풍계를 그린 「청풍계도」를 비롯해 김수흥이 백악산 아래의 세거지 동쪽에 지었던 한 칸의 모정인 독락정을 그린 「독락정도」, 옥류동의 처소에 김수항이 새로 지었던 청휘각을 그린 「청휘각도」, 김상헌이 자기 집 주변의 10경으로 꼽은 대은암 등, 이 집안 인사들이 노닐며 시문을 남겼던 장소들이 주된 제재로 그려져 있다.[10]

특히 '청풍계'는 정선이 즐겨 그린 대상이었다. 정선이 장동 팔경의 한 폭으로 주로 그린 「청풍계도」는 유상처遊賞處인 태고정이 부각되어 그려졌다. 그런데 이러한 소폭의 그림들과 달리 간송미술관에 소장된 커다란 화폭에 그려진 「청풍계도」는 차원이 다른 그의 득의작 중 하나여서 주목된다. 이 작품은 벽에 거는 형식인 축화로 제작되었을 뿐만 아니라 '청풍계'라는 화제만 적은 여느 그림과 달리 '기미춘사己未春寫', 즉 '1739년 봄에 그렸다'며 제작 시기를 밝혀놓았다. 이 작품이 제작된 1739년 무렵의 청풍계 주인은 김상용의 고손인 김시걸(1653~1701)의 장남 김영행金令行(1673~1755)이었다. 그는 이병연과 함께 석실서원에서 강학한 김창흡의 문인으로 이병연의 평생 시우詩友였다. 1738년에는 자신의 66세 생일날 이병연을 비롯해 여러 사람과 함께 축하연을 가졌는데, 이때 정선이 이 모임을 그렸다. 김영행은 자신이 "평생 고질벽이 있어 시축을 끌어안고 살아왔으며, 반밤을 화병畫屛에 정신을 의탁해왔다"고 한 것에서 알 수 있듯이 시와 그림을 매우 좋아한 인물이었다.

경종대 신임사화로 노론 사대신이 사사되면서 김창집이 사사되고 이해에 김창흡도 사망하면서 안동 김문 집안에는 불운이 밀어닥쳤다. 김영행도 이때 유배되었는데, 당시 상황에 대해 성대중이 용한 점쟁이 이수절에 대해 쓴 글이 주목된다.

「청휘각도」, 『장동팔경첩』, 정선, 종이에 엷은색, 33.2×29.5cm, 국립중앙박물관.

「청풍계」, 정선, 비단에 엷은색,
133.0×58.8cm, 1739, 간송미술관.

「청풍계」 부분.

「청풍계」, 『장동팔경첩』, 정선, 종이에 엷은색, 33.0×29.5cm, 국립중앙박물관.

「독락정」, 『장동팔경첩』, 정선, 종이에 엷은색, 33.0×29.5cm, 국립중앙박물관.

예전에 선천이 말씀하시기를 "소싯적에 청풍계에서 이수절을 만났는데 걸음걸이나 말투가 전혀 선비답지 않았지만 술수術數에는 정통했었다" 하였다. 이수절은 풍계주인楓溪主人 김영행 및 추종자 19인과 임인옥사 때 유배되었다가 사면되어 돌아왔다. 그가 처음 김공을 만났을 때 뭔가 몹시 하고 싶은 말이 있었으나 좌중에 낯선 사람이 있어서 좌우를 돌아보며 말을 다 하지 못하고 있었다. 김공이 거듭 캐묻자 그제야 그가 점친 것을 말하기를 "경신년(1740) 이후에 노론이 옛 권세를 회복하겠습니다" 하였다. 경신년이 되어 김金·이李 두 대신이 비로소 복관復官되니, 이수절의 말이 과연 딱 들어맞은 것이다.

김영행은 당시 이수절의 점괘를 예사롭지 않게 들었던 것 같다. 김영행은 1739년 봄 2월에 67세인 자신의 평생을 점검하며 "세상살이의 슬픔과 기쁨을 되풀이해 말하길 그치고서, 신춘新春에 자손들의 영화를 기원하며" 자신과 자아子兒, 손부孫婦, 소실小室에게 주는 네 편의 시를 담은 『기미춘첩己未春帖』을 제작했다. 즉 1739년의 기미년 봄은 김영행에게 노론과 장동 김문, 청풍계로 상징되는 선원 김상용 가문이 옛 권세를 회복하고 나아가 자손들이 드디어 관직에 진출하여 영예롭게 되길 기원하는, 새롭게 가운家運이 트이길 기대하는 시점이었던 것이다. 이때 아들에게 써준 시에서 드러나듯이, 1739년은 "가을 국화와 봄의 난초에 각각 때가 있듯이, 기미년 길년吉年은 점괘의 효력을 볼 조짐이 있는 해"였던 것이다.[11]

이수절의 점괘처럼 신임사화로 화를 당했던 김창집, 이이명이 복직되는 1740년의 경신처분과 1741년의 신유대훈 이후 출사를 꺼리던 안동 김문은 다시 관계로 나가기 시작했다. 정선은 대폭의 청풍계 그림을

「수성동」, 『장동팔경첩』, 정선, 비단에 엷은색, 29.5×33.7cm, 1754년경, 국립중앙박물관.

부채에 모사해 1742년에 음죽현감이 된 아들 김이건金履健을 따라 설성雪城에 간 김영행에게 선물하기도 했다. 김영행은 설성현에 작은 정자를 지어 머물렀는데, 벽에 정선이 모사해준 선면 청풍계 그림을 걸어두었다고 한다. 김영행은 이 그림에서 '봄빛春光'을 본다고 했다. 정선은 이렇듯 청풍계의 '봄,' 즉 '안동 김문의 봄'을 기원하며 그림을 주었던 것이다.

이후 정선이 그린 대부분의 한양 명승명소도는 흥미롭게도 김상헌이 자기 집 주변의 열 가지 경치를 읊은 「근가십영近家十詠」과 연결될 뿐만 아니라 장동 김문의 세거지나 이들이 노닐던 곳이라는 점이 주목된다. 한 예로 간송미술관 소장『장동팔경첩』중 「수성동」은 정선 그림의 대상이고『한경지략』에 명승으로 실려 있지만, 17세기 말에서 18세기 초 안동 김문 자제와 친족들이 이곳을 유람처로 언급한 것 외에는 19세기 이전 이곳이 유상처로 기록된 예를 찾기 어렵다. 또한『경교명승첩』에 실린 청록진채로 그려진 8폭의 한강변 명승명소도들은 한강을 타고 멀리 남산을 바라보며 올라가는 시점으로 그려진 「압구정도」에서 보듯이 양수리 부근에서부터 경강에 이르는 여정을 담은 작품으로 여겨진다. 그런데 흥미롭게도 이 8폭 중에 '미호渼湖'의 화제가 두 점이나 들어 있는데, 미호는 안동 김문의 묘전과 석실서원이 있는 곳이며, 또한 농암 김창협의 손자인 김원행의 호가 '미호'이기도 했다. 김원행은 신임사화로 조부 김창집, 부친 김제겸, 친형이 모두 사사되어 김창협의 아들인 김숭겸에게 출계했다. 미호 김원행은 노론이 득세하기 시작한 1745년에 석실서원으로 이거해 김창협과 김창흡의 도학을 계승함으로써 노론 산림의 맥을 이었으며, 그가 배출한 제자들은 이후 서울 학계를 이끌었다. 김창협이 1694년 갑술환국 이전의 상황을 "풍계의 길 막히고 미수 기슭 문 닫혔네楓溪路阻 渼岸門開"라고 했듯이, 청풍계와 미호는 장동 김문 집

「김원행 초상」, 비단에 채색, 74.0×48.0cm, 조선 후기, 간송미술관.

「시화상간도詩畫相看圖」, 정선, 비단에 엷은색, 29.0×26.4cm, 1740~1741년경, 간송미술관.
정선이 자신과 더불어 시와 그림을 주고받았던 이병연과의 우정을 표현한 그림이다.

안을 상징하는 공간이었다. 이제 '청풍계'와 '미수 기슭의 문'이 다시 열린 것이었다.[12]

정선이 양천에서 현령을 지낸 뒤 서울로 돌아온 1745년 무렵은 이병연의 시명詩名과 정선의 화명畫名이 매우 높아진 시기였다. 이규상李奎象(1727~1799)은 『병세재언록幷世才彦錄』「화주록畫廚錄」에서 정선의 그림을 세상에서 '정겸재' 혹은 '정양천鄭陽川'의 그림이라 칭했다고 하며, 당시에 시로는 이사천, 그림으로는 정겸재가 아니면 치지도 않았다고 했다. 이렇게 높아진 이들의 명성과 더불어 정선이 양천현령 직에서 물러나 돌아온 무렵 정선의 그림과 이병연의 시문에 자주 등장했던 장동도 서울의 대표적인 명소가 되어 있었다. 한동안 쓸쓸하게 소외된 장소였던 청풍계의 '봄'을 갈구하며 그린 정선의 「청풍계도」는 마치 요즈음 어떤 장소가 방송을 통해 알려지면 순식간에 명소로 부상하듯이 청풍계에 대한 인지도를 새로운 차원으로 끌어올리는 계기가 되었을 것이다.

인문적 성과로
제일의 가문으로 재평가되다___조선의 국도國都인 한양의 가장 뛰어난 경관인 팔경을 지정하는 것
은 왕실 인사를 중심으로 한 최고위층 문사들의 몫이었다. 조선 말기에 편찬된 지리서인 『동국여지비고』에는 조선 전기에 완성된 『신증동국여지승람』에 수록된 「신도팔영」「한도십영」「남산팔영」의 세 편 외에 단 한 편의 제영이 추가되었는데, 그것은 세손인 정조가 지은 「국도팔영國都八詠」이었다. 정조는 「국도팔영」에서 이전의 제영 가운데 명승명소로 꼽지 않았던 삼청동, 필운대, 청풍계, 세검정, 압구정 등을 주목했는데, 이들은 모두 정선이 즐겨 그린 곳이었다. 특히 정조가 팔경 중 하나로 꼽은

'청계간풍淸溪看楓'은 "누대는 그림 가운데 높다랗게 비추이누나"와 "세한
에는 특별히 고상한 만남 기약 있으니, 승상의 사당 앞에 늘어선 늙은
잣나무 숲이로세"와 같은 시구를 통해 정선의 「청풍계도」를 떠올리게
한다. 정조는 절의의 상징인 김상용의 사당이 있는 청풍계를 국도의 최
고 승경지로 꼽았던 것이다. 여기서 주복되는 점은 안동 김문이 후원한
화가 정선이 그린 '그림'을 통해 재인식된 청풍계가 한양의 새로운 팔경
이 되었다는 것이다.[13]

정조가 안동 김문을 재조명하게 된 계기 중 하나는 영조 말년 척신정
치가 대두되었을 때 안동 김문의 김원행, 김양행 등이 서울의 노론 산
림학자로 활동하며 척리를 중심으로 운영된 정국에 비판적인 입장을
견지했기 때문이다.[14] 김양행은 김수항의 증손이자 증참판 김신겸金信謙
의 아들이며 좌의정 이이명의 외손으로서 그의 졸기에 의하면, 정조가
늘 말하기를 "풍의風儀가 청고한 것이 볼만하니 근세의 유자儒者 중에 으
뜸이다"라고 했다고 한다. 영조대 이래 안동 김문은 조정에서 활약한
인사들을 거의 배출하지 않았지만 학문과 문예활동에서는 당대를 선도
하고 있었다. 이러한 현상은 흥미롭게도 북인 정권이던 광해군대 김상
헌에 대한 평가에서도 찾아볼 수 있다.

1620년 중국 사신을 맞이하는 원접사가 된 이이첨은 "중국 사신을
접대하고 응대하는 데에는 응수하는 말이 진실로 중요합니다. 해당 관
청은 지금 물력이 고갈된 것을 염려하지만, 신은 인재가 없는 것을 민망
스럽게 여깁니다. 종사관 세 사람은 반드시 재주와 명망을 더불어 갖추
고 있어야 시문을 함께 지을 수 있으며 직무를 나누어 처리할 수 있습
니다"라고 하면서, 김상헌 등은 한 시대의 뛰어난 인재이지만 지금 폐고
廢錮되어 있으니 특별히 죄를 용서하고 사신을 접대하는 책임을 내려달

라고 했다. 안동 김문은 꾸준한 인문적인 활동과 진정한 산거를 추구하는 탈속적 삶의 추구로 가문의 이미지를 구축했는데, 이는 이러한 삶을 실현할 수 있는 권력과 부 그리고 교육이 뒷받침되었기 때문이다.

누대에 걸쳐 형성된 안동 김문의 이미지는 문화정치를 표방한 정조가 자신이 사돈으로 맺을 조선 최고의 가문으로 주저 없이 안동 김문을 꼽은 배경이 되었다. 『이재난고頤齋亂藁』에 의하면 정조는 장남이었던 문효세자(1782~1786)가 생존해 있을 때에 이미 안동 김문의 김이중金履中 집안과 혼인하려 했다는 말이 돌았다고 한다. 그 이유는 안동 김문이 노론의 최고 명가였기 때문이었다.[15]

정조는 1785년에 김상헌을 언급하면서, 그는 바른 도학과 높은 절의로 우리나라에서 존경할 뿐만 아니라 청나라 사람들도 공경하고 복종했기에 자신이 김상헌을 말할 때에 옛 재상이라 하지 않고 선대의 현인인 선정先正이라 칭한다고 했다. 또한 형제의 쌍절雙節은 옛날에도 그와 견줄 만한 이가 없었다고 하면서, 김수항이 조부에게 부끄럽지 않음과 김수흥이 자기 동생에게 부끄럽지 않음 그리고 김창집의 충절과 농연農淵(김창협, 김창흡)의 경술 문장經術文章에 노포택老圃澤(김창업, 김창즙, 김창립)이 나란히 훌륭한 명성을 날렸으니 참으로 전후에 드문 명문가이고, 절의 있는 인물이 많기로는 덕수 이씨德水李氏와 연안 이씨延安李氏도 미치지 못한다고 하여 안동 김문이 조선 최고의 명가임을 공인했다. 정조는 이해에 김상헌의 자손인 김조순이 정시 문과에 급제한 것을 크게 기뻐하며 원래 김낙순이던 이름을 친히 김조순으로 개명해주었을 뿐만 아니라 '풍고楓皐'라는 호도 내려주었다. 여러 대에 걸쳐 내려온 집안의 명성에 힘입어 김조순은 정조에 의해 마침내 세자의 스승이자 국구로 선택되었다.

旭日未東出冊霞先照晨朝〻在峰上

縹緲遙〻可親

皷鍾〻聞野有寺人莫知雲氣未開曙

千峯皆可上起

雪下雲〻合雪後始一望嵒〻惟鳳首

皓色竟下上

乙卯仲夏下浣

金昌翕

「완화당팔영浣花堂八詠」, 김창흡, 종이에 먹, 28.2×45.2cm, 1675, 경남대박물관 데라우치문고.

浣花堂八詠

雨多秋水至巨野盜何濶舟楫周堂下

魚龍遊木末

細絲結我網淺瀨近我廬水揚石鑿

中見雙鯉魚

林臥不知春花發始開關誰言夜夜中

已復巘前山

東峯古松樹月出在高枝下有盤桓者

「김조순 초상」, 종이에 채색, 65.0×54.0cm, 19세기, 개인.

정조의 총애와 신임을 받았던 규장각 검서관 출신 이덕무는 김창협, 김창흡 두 선생의 도학과 문장이 우리나라의 표준이라고 칭송했다. 또한 그는 "청음 김상헌 선생 이후로 140~150년 동안 김씨의 문헌文獻이 우리나라의 으뜸이 된 것은 대대로 중국을 좋아하고 견문을 넓힌 데서 연유했다고 하지 않을 수 없다. 그 유풍 여운遺風餘韻이 오늘까지 없어지지 않고 있다"고 했다. 안동 김문은 18세기 말에 인문적 성과로 그야말로 '조선 최고의 가문'으로 재평가되었다.

안동 김씨의 세도정치, 그림으로 알리다

1800년 6월 정조가 갑작스럽게 승하하자 세자빈의 삼간택이 미뤄지다가 1802년(순조 2)에 선왕의 유지대로 김조순의 딸이 왕비로 책봉되었다. 당시 어린 순조를 대신해 수렴청정을 하고 있던 정순왕후는 1803년 12월에 수렴청정을 거두었고, 이에 순조가 친정하면서 안동 김문의 세도가 시작되었다. 그런데 바로 이 무렵에 김조순을 비롯한 안동 김문 일족은 100여 년 전에 송시열과 김수항 형제들이 주도했던 「고산구곡도」를 새롭게 모사했다. 1803년 가을에 제작된 총 12폭으로 구성된 「고산구곡시화병」의 1폭에는 이이의 시와 최립의 「고산구곡담기」가 적혀 있으며, 2폭에는 「구곡담총도」가, 3폭에서 11폭에 걸쳐서는 고산구곡이 그려져 있고 마지막 폭에는 김창흡의 시와 송시열의 5대손인 송환기(1728~1807)의 「석담도시발石潭圖詩跋」이 적혀 있다. 각 폭 상단에는 유한지俞漢芝의 전서체 표제가 있는데, 그 아래로는 이이의 「고산구곡가」와 송시열의 한역시 및 김수항 등 9인이 창작한 차운시가 차례로 쓰여 이 작품이 1688년에 발의된 「고산구곡도」를 잇고 있음을 말해준다.

송환기의 발문에 의하면 현부행이란 사람이 「고산구곡도」 한 본을 얻은 뒤 이를 모사할 계획으로 서울에 가져온 것을 화가와 서자_{庶子}들이 다투어 서로 완성하기를 도와 한 사람이 각 한 폭씩 그리고 한 사람이 각 한 폭씩 맡아 글씨를 썼다고 한다. 「고산구곡시화병」의 각 폭의 그림들은 당대의 대표적 화가들인 김이혁, 김홍도, 김득신, 이인문, 윤제홍, 오순, 이재로, 문경집, 김이승, 이의성 10인이 참여했고, 각 폭의 글씨는 김이영, 김조순, 김명순, 김희순, 김달순, 김학순, 김근순, 김가순, 김매순, 김이수가 참여해 안동 김문 일족만이 글씨를 담당했음을 알 수 있다. 현부행의 선조인 현징(1629~1702)은 김수항이 갑인예송으로 1675년 전라도 영암으로 유배되었을 때와 1689년의 기사환국으로 유배되었을 때 김수항을 돌봐주었던 전라도 영암의 유지였다. 선대부터 안동 김문과 깊은 관계를 맺었던 현부행은 김조순이 국구가 되자 17세기 말 노론의 정치적 입장이 강하게 반영된 「고산구곡도」의 제작을 환기시킨 것이다. 안동 김문 일족이 「고산구곡시화병」 제작에 적극적으로 참여했던 이유는 이것이 주자에서 이이와 송시열을 통해 안동 김문으로 흐르는 유교의 도통을 시각화한 상징물이었기 때문이다.

이 작품이 제작된 이듬해인 1804년에는 집안 서원에 있던 『곡운구곡도첩』이 손상된 것을 보고, 이 집안 인사들이 이를 화공에게 모사하게 하여 한 벌은 본가에 두고 개장한 원본은 곡운에 있는 영당影堂에 다시 가져다놓았다고 한다. 김근순은 1804년 맹하(4월)에 개첩에 대한 발문을 적었는데, 이 모든 것은 바로 안동 김문의 척족세도를 알리는 문화적 행위였다. 김수증이 1692년에 『곡운구곡도첩』에 집안 후손들만이 참여해 차운시를 짓게 함으로써 '구곡'으로 상징되는 도통의 맥이 안동 김문에 흐름을 시사한 것을 또다시 환기시켰던 것이다. 이제 순원왕후와

高山石潧記

高山九曲潧記

栗谷先生於余弱冠時友也 公歿為世大儒尊用於朝 不幸未究卒今二十五年矣 顧余一矣用栗谷先生托余弱冠歸友也...

右

簡易齋崔岦記

優學尹應大書

「고산구곡시화병」, 김홍도 등, 종이에 채색, 각 60.3×35.2cm, 국보 제237호, 1803, 개인.

九曲潭愗圖

高山九曲

右栗谷李文成公

高山九曲潭을 사람이 모르더니
誅茅卜居하니 벗이 다 오신다
아 武夷를 想像하고 學朱子를 하리라

亭山九曲

高山九曲

花隱
金履赫

五百天鐘地炳靈來翁宣
栗谷而淸高山九曲幽深
霞洞蘭寒流碎琴聲
右花隱先生
後學金履永書

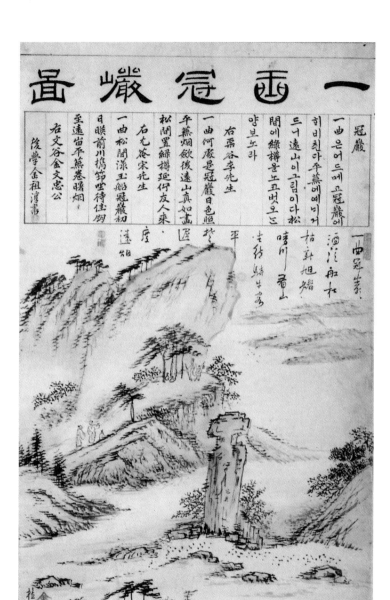

一西冠巖圖

冠巖

一曲은어드메고冠巖에
히日칠다平蕪에니기
드니遠山이그림이라松
關에綠樽을노코벗오는
양보노라

右栗谷李先生

一曲何處是冠巖日色照
平蕪烟歛後遠山真如畵
松間置綠樽延佇友人來

右尤菴宋先生

一曲松開漾玉船冠巖初
日暎前川橋節坐待佳朋
至遠當平蕪卷暗烟

右文谷金文忠公

後學金祖淳書

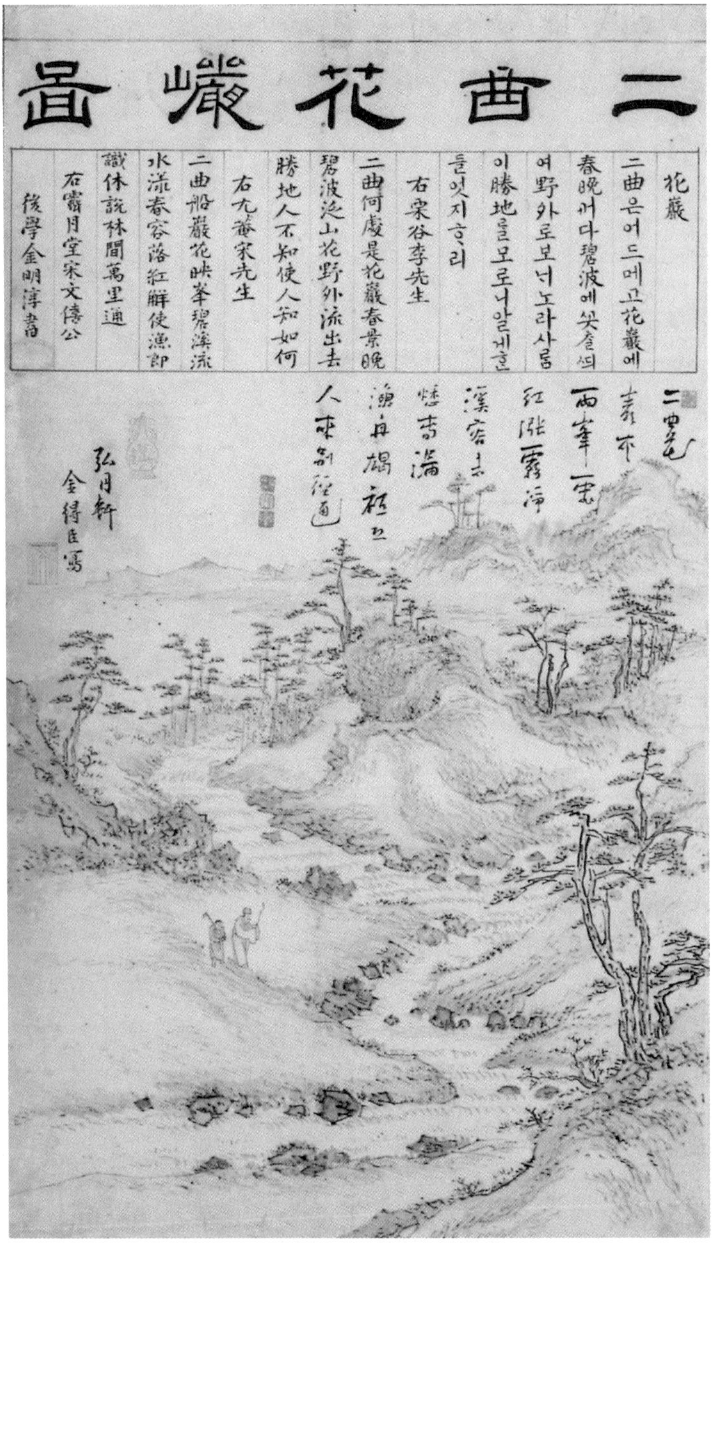
二曲花巖圖
花巖
二曲은어드메고花巖에
春晩거다碧波에꼿츨씌
여野外로보니노라사름
이勝地를모로니알게훈
들엇지ᄒᆞ리
右栗谷李先生
二曲何處是花巖春景晩
碧波泛山花野外流出去
勝地人不知使人知如何
右尤菴宋先生
二曲船巖花映峯碧溪流
水漾春容落紅觧使漁郎
識休說林間萬里通
右霽月堂宋文僖公
後學金明淳書
弘月軒
金得臣寫

三曲翠屏圖

四曲松厓圖

松厓

四曲은어드메오松厓에
히덤거다潭心岩影은온
갓빗치잠겨서라林泉이
김도록됴흐니興을계위
ᄒ노라

右宋谷李先生

四曲何處是松厓日西沈

潭心嚴影倒色霽鷰之

林泉漠更好幽興自難勝

右无廬宋先生

四曲松厓等文彩辭休

影昜亂帖情正玉出泳

雲空白山寺一巢浮

右睡村李文敬公

後學金逵淳書

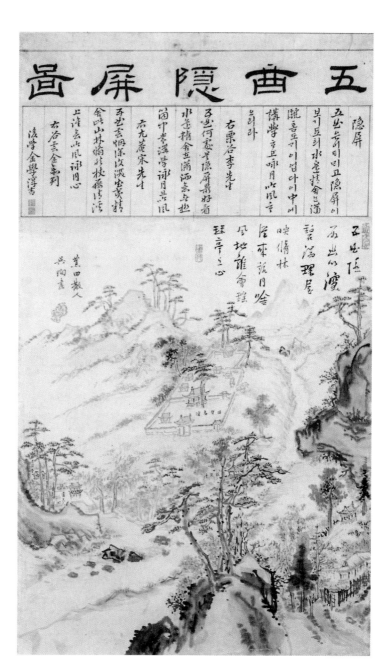

六曲釣峽圖

釣峽

六曲은어드메고釣峽에
믈이넙다사람이요고기
와뉘야더옥즐기는고黃
昏에낙대메고帶月歸를
호오리라

右栗谷李先生

六曲何處是釣峽水邊潭
不知人與魚其樂孰為多
黃麻荷竹箏卿且帶月歸
右尤菴宋先生

六曲烟礒浸綠灣一竿隨
意出松關從容坐到潭心
月魚躍人歌上下閒
右三淵金文康公

後學金近淳書

七酉楓巘圖

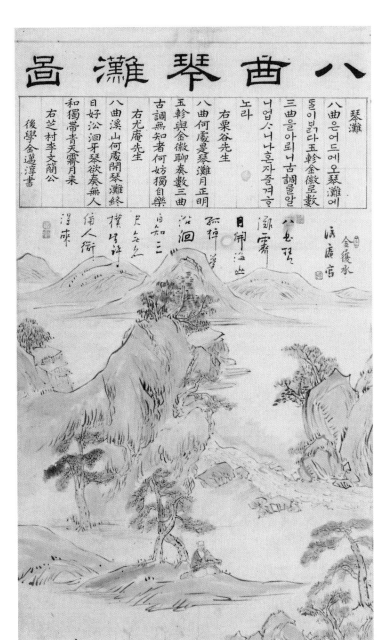

八曲琴灘圖

琴灘

八曲은어드메오琴灘에
둘이붉다玉軫金徽로數
三曲을아뢰니古調를알
니업스니나호자즐겨ᄒᆞ
노라

右栗谷先生

八曲何處是琴灘月正明
玉軫與金徽聊奏數三曲
古調無知者何妨獨自樂

右尤庵先生

八曲溪山何處開琴灘終
日好沿迴牙琴欲奏無人
和獨帶青天霽月来

右芝村李文簡公

後學金邁淳書

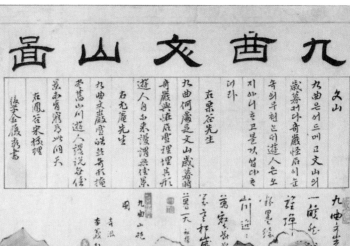

九酉文山畵

文山

九曲은 어드메오 文山의

歲暮에다 奇巖怪石이

...

右文谷先生

九曲何處是文山歲暮時

奇巖與雄屈盤理理其形

遊人自和柔讚謂與佳景

石九靈先生

九曲文巖靈臺勝奇形掩

老甚山川遊人讚說每佳

莊鳳谷來採理

石潭詩畫跋

九曲弓源舟備彦在徐邈
我来並術尋寬源或迷津
荒郊淺氣匍石門駐馬城
隱屏誘出視松崖抗嶂响
崇彙六自佳猶丝埋主人
將祀圃形揚不比茈雷身
先生作果爲蒲恨汲清塵
低徊僾忘蹄薈暎志辰晨
空院披短屏粉墨雲清出
綠繞松下道淑詫漸海濱
逕披則米眠九歌以暢神
餘額水濤々對岸蕭風橋

右

三淵先生詠石潭九曲
詩為　玄道源号

癸未秋松圃居士

此高山九曲圖芙其摠圖記跋所附爲十二幅而圖之
上面滕載歌冀詩歌則栗翁郎所作詩則无翁次武夷
權歌首章而以下九章乃當時諸賢繼成各一耳今
玄君溥行得此一本而愛玩冗數乃謀募出摧乃詿洛
下同志諸君子莫不挈覽而畫者爭相助成
一人各畫一幅一人多畫一幅遍及歌詩之作而便成
六之帖矣乂豈偶然我噫憶高山一區依然是武夷
九曲而栗翁之歌无翁之詩實準朱夫子權歌
之詞其淵源之的又可以觀於斯也覽者詎無其
興感之深于此不可與癖於書畫者論也玄君其
勉旃歟

崇禎後三癸亥仲秋上澣

김조순에 의해 『곡운구곡도첩』처럼 '낡아가던' 안동 김문의 가운이 새롭게 '개장'된 것이다.[16]

이 화첩은 1857년 계추(9월)에 다시 한번 김흥근金興根(1796~1870)에 의해 개장되는데, 이 시기는 순원왕후가 승하한 직후로, 순종의 묘호를 순조로 바꾸면서 순조의 묘호와 시호를 고쳐 쓰는 예법 및 절차가 활발히 논의되던 시기였다. 이때 김흥근은 빈전殯殿에도 존호를 추상追上해야 하는 처음 있는 전례典禮를 주도하고 있었다. 즉 이것은 곧 승하한 순원왕후를 높이는 것이자, 왕가王家와 동일시되던 자신의 가문을 높이는 일이기도 했다. 바로 이 시기에 김흥근은 『곡운구곡도첩』을 다시 한번 개첩한 것이다. 이렇듯 안동 김문은 지속적으로 문화예술을 후원하면서 이를 토대로 정치적으로 중요한 시기에는 '그림'을 사용했다.

김조순은 순조의 친정이 시작된 1804년에 장씨로부터 구입한 북악산 자락의 옥호산방에 별서를 조성하며 산거의 풍치를 누렸다. 김조순의 옥호정을 그린 「옥호정도玉壺亭圖」를 보면, 산자락 쪽 암벽에 붉은 글씨로 '옥호동천玉壺洞天'이라고 새겨 그곳이 별천지임을 명시했고, 그 옆 바위에는 1815년에 새긴 "乙亥壁 山光如邃古 石氣可長年"이라는 글자가 보인다. 김조순은 당경 시의 첫 구절을 차운한 "산빛은 태곳적과 같고, 바위의 기운은 가히 오랜 세월을 건더온 듯하다山光如邃古 石氣可長年"라는 시구를 새겨, 선대로부터 내려온 산거생활의 의취를 따르는 삶의 지향점을 드러냈다.

김조순의 옥호정 경영이 한창이던 무렵 나대경의 『학림옥로』 '산정일장'편을 주제로 한 「산정일장도」와 같은 그림들도 유행했다. 이것은 당시에 규장각 녹취재 화제畫題를 통해서도 알 수 있는데, 1813년 3월 30일의 녹취재에서는 '산거도'가 출제되었으며, 1815년 4월 2일에는 『시경』

「옥호정도」, 150.0×280.0cm,
19세기 전반, 개인.

「산정일장도」, 이인문, 비단에 엷은색, 각 110.7×42.2cm, 18~19세기, 국립중앙박물관.
원래 8폭이었을 것이지만 4폭만 전한다.

「형문衡門」의 첫 구절인 '오막살이 집일망정 다리 뻗고 살 만하다衡門之下可以棲遲'라는 화제가 출제되었다. 주자의『시경집전』에서는 이것이 은거하면서 스스로 즐거워하여 구함이 없는 사람의 말이라고 했다. 따라서 이 주제도 은거의 이상을 그린 산수인물화였을 것이다.[17] 이 녹취재에서 이인문의 성적이 가장 높았는데, 이인문은 이 시기에 「산정일장도」를 가장 활발하게 그린 화가였다. 국립중앙박물관 소장의 「산정일장병」 네 폭에는 나대경의『학림옥로』에서 취한 유한지의 화제가 적혀 있는데, 유한지와 교유했던 김조순이나 남공철 같은 경화거족들이 이러한 산거도의 소장가였을 것이다. 남공철은 이인문이 자신을 위해 그려준 「산거도」를 벽 위에 높이 걸어두었다고 했다.[18]

옥호산방은 김조순대뿐만 아니라 장남 김유근金逌根(1785~1840)과 외손 남병철南秉哲(1817~1863) 등 후손들대에도 시회와 문화적 교류가 활발히 이뤄지는 문화 공간이었다. 김유근은 천주교에 호의적이어서 세례를 받기도 했으며, 자신이 그린 괴석 그림을 김정희와 권돈인에게 선사하기도 했다. 남병철은 수학과 서양 과학에 뛰어난 지식을 보유했는데, 거처에 매화실梅花室을 지어 기이한 매화 품종 수백 그루를 소장하며 매화벽이 있었던 조희룡趙熙龍(1789~1866) 등과 교유했다.[19]

허련許鍊(1808~1893)은 1866년에 상경했을 때 창의문 밖에 위치한 김흥근의 별장인 삼계동三溪洞 산정山亭에 머물면서 그의 거처에서 매일 집안에 소장된 화축과 서첩을 보며 함께 품평하는 시간을 가졌다고 한다. 허련의 묘사에 따르면 김흥근의 별장은 깊숙하고 울창한 산속에 위치해 있었으며, 조각이 가득한 중층의 난간이 있는 중국식 집뿐 아니라 정자가 곳곳에 있었다고 한다. 작은 오솔길을 따라 올라가면 작은 정자가 물이 흐르는 곳에 떠 걸려 있는데, 시내의 근원을 더듬어 산으로 올라가니 바위를 파고 돌을 뚫어 만든 인공 도랑을 끌어들여 수각水閣 아래로 흐르게 한 것이었다고 한다. 허련은 거기에 들인 돈이 족히 수천 금은 되었으리라고 추정했다. 삼계동 별서의 당시 모습은 현재의 석파정을 통해 어느 정도 짐작해볼 수 있다. 허련은 별장의 서쪽 별관에 거처했는데, 이때 김흥근은 본집에 있던 화축과 시축까지 모두 가져와 허련이 실컷 감상하도록 배려했다. 또한 자신이 소장한 그림을 한 폭씩 내어 걸어놓고는 허련에게 상·중·하 삼품으로 구분하여 품평하게 했는데, 생각이 서로 다를 때에는 머리를 싸매며 함께 논평하면서 소장할 것과 버릴 것을 가렸다고 한다. 허련은 전해오던 유명한 화가들의 진품을 그곳에서 다 보았다고 하면서, 김흥근의 서화에 대해 안목은 당대 제일인자인 것 같다고 했다.[20] 이처럼 안동 김문은 방대한 소장품을 토대로 서화에 대해 높은 안목을 갖추고서 김홍도, 이인문, 김득신 등 당대 최고 화원 화가들뿐 아니라 윤제홍, 신위, 김정희 등 문인 서화가 및 조희룡, 허련 등의 중인 화가들과 폭넓은 교유 및 후원관계를 맺으며 19세기 문예계에 영향을 미쳤다.

그동안 세도정치기라는 부정적인 시각으로 인해 이 시기 안동 김문의 문화적 역할은 거의 주목받지 못했다. 그러나 그들이 제작한 그림의 의미를 섬세하게 읽고 이를 통해 당대 사회에 미친 문화적 영향력을 면밀히 살피려면 안동 김씨 가문의 인문적 활동과 문화 후원의 역사에 대한 이해가 필수다. 아니 17세기 이후 조선의 문화사는 안동 김문의 역사와 함께했다고도 할 수 있다. 이것이 조선의 수많은 명가 중 대표적인 메세나 가문으로 안동 김문을 주목한 이유이기도 하다.

4장

삶의 황폐함을
음률로 가꿔놓은
조선의 음악 후원자들

송지원

삶의 황폐함을 딛고
일어선 예술___

실생활의 풍파에서 벗어난 인간은 삶의 황폐함을 딛고 예술로 눈을 돌리곤 한다. 이것은 조선 시대에도 예외가 아니어서, 16세기 말에서 17세기 초에 이르는 동안 무려 네 차례의 전란을 겪은 조선은 혼란했지만 18세기에 접어들면서는 차츰 생활의 자리를 되찾아갔다. 새로운 농법을 들여와 잉어 농산물이 증가했고 노동생산성이 높아지면서 서울은 그 어떤 시기와 견주어도 더 풍요롭다 할 만한 시기를 누렸다. 이는 자연스레 예술에 대한 욕구를 부추겼고, 예술 향유층을 넓혀갔다. 서화, 골동 취미를 지닌 인물이 늘었으며 음악을 전문가 이상의 수준으로 연주하며 즐기는 사람도 많아졌다. 음악 마니아 집단도 생겨났다. 사람들의 안목은 향상되었고 그만큼 예술인들은 스스로의 경지를 높이고 폭넓은 걸음을 내딛고자 힘을 기울였다.

예술가의 수준이 높아진다면 자연히 예술을 즐기는 사람들의 실력도 향상된다. 좋은 그림을 자주 보는 이의 감각이 다듬어지고, 좋은 연주를 많이 듣는 이의 귀가 열리는 건 당연한 이치다. 예술의 발달은 어느 한편의 노력에 의해 이뤄지지 않는다. 그 분야에 몸담고 있는 전문인들과 이를 찾는 향유자들의 힘이 합쳐질 때 빛을 발한다. 예술 전문인들의 실력이 월등한 진보를 이뤄냈다 해도 이를 나눌 수 있는 자리가 마련되지 않으면 진정한 의미의 소통을 할 수 없다. 조선 후기 예술 소통의 현장은 활기를 띠었다. 예술가와 향유자의 눈과 귀는 그 어느 때보다도 더 크게 열려 있었다.

이러한 흐름의 한가운데에는 예술가의 활동에 대해 물질적, 정신적으로 지원해주는 인물들이 있었다. 작품활동만으로는 항산恒産을 유지할 수 없었던 예술가들에게 후원자들의 지원은 예술활동을 고취시키는 힘으로 작용했다. 특히 조선 후기 음악사회에서 두드러진 후원활동은 음악 장르의 개체적 발달을 이루어냈다. 이 글에서는 조선 후기의 재력가나 거대 권력, 문인들 가운데 예술 후원을 한 인물들을 조명해보려 한다.

심용, 서울의 음악인들 을 우뚝 세우다___

심용沈鏞(1711~1788)이라는 사람이 있다. 경상도 합천의 군수를 지낸 인물이다. 호걸스러운 기운이 뿜어져 나왔으며 풍채가 훤칠했고, 평소 풍류를 즐겨 여유로운 기품이 몸에 배어 있었다. 재력가인 그의 집안에는 연일 손님이 끊이지 않았다. 풍류를 아는 사람은 그를 더욱 좋아했다. 그의 주변에는 당대 최고의 예술가들이 자리했다. 노래 부르는 여성 음악가, 거문고를 연주하는 금객琴客, 시인들이 그 가까이에 있었다. 풍류를 좋아하는데다 부를 갖췄던 심용은 조선 후기 서울에서 뛰어난 음악 실력을 지닌 이들의 후원자 역할을 자청하며 살았다.

심용의 집 후원後園에는 어느 때라도 연주자들이 모이면 연습할 수 있는 공간이 마련되어 있었다. 당대 서울의 내로라하는 음악가들은 늘 그의 집을 드나들었다. 한자리에 모인 그들은 어느 때에 무슨 음악이든 연주할 수 있는 최고의 기량을 갖추기 위해 연마했다. 심용은 음악인들이 연습하는 자리에 곧잘 어울려 비평가 역할을 톡톡히 했다. 심용의 집은 음악 예술의 산실이 되었고, 그곳에 모인 이들은 점차 '준비된 연주자'의 모습을 갖추어갔다. 함께 모인 이들의 음악적 호흡은 나날이 깊어졌고 동지적 결속은 갈수록 더 단단해졌다. 그들의 음악에는 비범한 힘이 실렸고, 예술적 성취 또한 나날이 높아갔다.

심용은 자신이 후원하는 음악인들에게 다양한 음악활동을 펼칠 기회를 마련해주고자 했다. 어느 날은 평안 감사 회갑연에 참석해 음악 연주를 선보일 계획을 세웠다. 물론 회갑연에는 초대받지 못했지만, 자신의 비호 아래 있는 음악인들을 동반하고 길을 떠난다. 일종의 지방 원정 공연이었다. 이 여행에 함께한 음악인은 당시 각 분야에서 최고 실력을 갖춘 이들이었다. 여성 음악가 계섬, 가객歌客 이세춘, 금객 김철석, 기생 추월과 매월 등 당시 노래와 거문고, 춤으로 유명세를 떨쳤던 이들이다. 계섬의 노래 실력은 장안에 널리 알려진 터였고, 이세춘 역시 시조에 장단을 배열한 인물로 서울에서 이름을 떨쳤으며, 김철석은 거문고 연주로 유명했다. 평소 꾸준히 연습해둔 이들 음악인은 평양으로 발길을 해 타지역 음악인들과 문화 교류의 기회를 얻게 된다.

심용과 음악인들은 평안 감사의 회갑연이 벌어지는 대동강으로 향했다. 심용은 자신이 후원하는 음악인들의 실력을 그 유명하다는 평양의 음악가들과 겨뤄보고 싶었다. 평안 감사 회갑연 자리라면 평안도의 모든 수령이 모이는 자리가 아니던가. 평양에 도착한 다음 날, 드디어 대동강 위에서 회갑연이 열렸다. 심용 일행은 배 한 척을 빌려 위에는 청포 차일을 치고 좌우에는 주렴을 드리워놓았다. 여성 음악인들과 가객, 금객, 악기를 실은 배를 능라도綾羅島와 부벽루浮碧樓 사이에 숨겨두었다. 회갑연이 시작되자 풍악은 하늘을 울리고 수많은 배가 강물을 뒤덮었다. 주인공인 평안 감사는 누선 위 높은 자리에 앉아 있고 여러 지역의 수령들도 모두 모였다. 예술인들이 저마다 지니고 있는 기량을 마음껏 발휘해 맑은 노래, 신묘한 춤들이 이어졌다. 이들이 추는 춤으로 드리워진 그림자는 물결 위에서 너울거렸다. 특별한 잔치를 구경하느라 성의

「평안감사향연도」 중 '부벽루연회도', 전 김홍도, 종이에 채색, 71.2×196.6cm, 18세기, 국립중앙박물관.

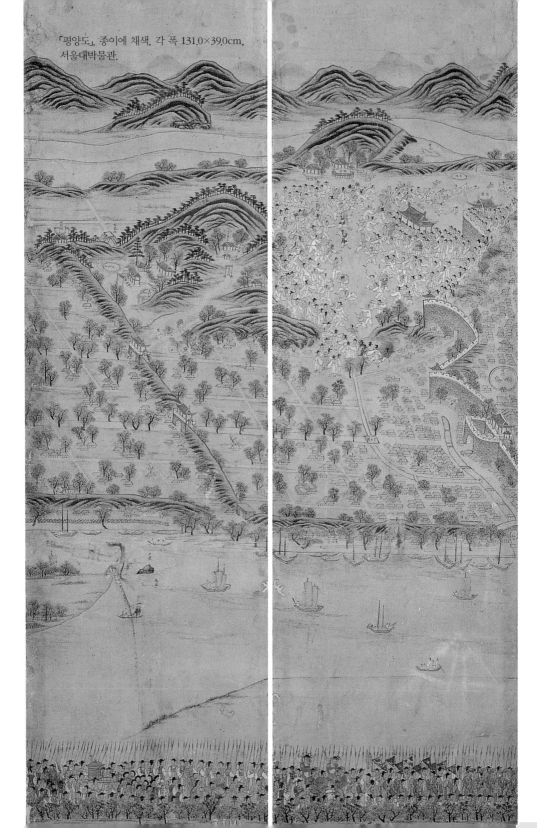

「평양도」, 종이에 채색, 각 폭 131.0×39.0cm,
서울대박물관.

「평안감사향연도」, 전 김홍도, 종이에 채색, 각 71.2×196.6cm, 18세기, 국립중앙박물관.

머리와 강둑은 인산인해를 이루었다.

능라도와 부벽루 사이에 숨어 있던 심용과 연주단의 배는 서서히 움직여 평안 감사의 배와 마주 보이는 곳까지 나아갔다. 저쪽 배에서 검무劍舞를 추면 이쪽 배에서도 검무를 추고, 저쪽 배에서 노래를 부르면 이쪽 배에서도 노래를 불렀다. 마치 흉내를 내듯, 공연을 따라했다. 그러자 평안 감사는 이들을 잡아오라고 명했다. 학창의鶴氅衣를 입고 머리에는 화양건華陽巾을 썼으며 손에는 백우선白羽扇을 든, 마치 신선과도 같은 심용과 음악인들이 탄 배는 마침내 그들에게 포위되어 잡혔다. 주렴을 걷고 얼굴을 보니 평안 감사가 알고 지내던 인물이었다. 심용과는 평소 친분이 깊은 사이였던 것이다. 예상치 못한 곳에서 심용을 만난 평안 감사는 매우 기뻐하며 회포를 풀었다. 이들 일행은 평안 감사 회갑연 자리에 함께 어울렸다.

심용이 후원하는 연주자들은 서울에서 최고 실력을 갖춘 자들이었다. 결국 회갑연은 탁월한 음악회로 탈바꿈했다. 심용의 후원 덕에 평소 예술적 기량을 충실히 닦았던 음악인들은 있는 힘껏 재주를 발휘했다. 조선 후기 평양의 음악은 둘째가라면 서러울 만큼 높은 수준을 구가했지만, 심용 일행이 연주하는 음악 앞에서는 무색해졌다. 서울에서 원정 온 연주단의 연주를 들은 평안 감사는 이들 일행에게 천금을 내렸다. 그 자리에 참석한 여러 벼슬아치도 제각각 상금을 내놓아 이들의 출연료는 만금에 가까웠다. 심용과 연주단은 평양에 열흘쯤 더 머물렀는데, 이때 평양의 음악인들과 교감을 나누었다. 심용의 후원으로 얻게 된 지방 원정 공연 기회는 이들 연주단 일행 한 명 한 명에게 매우 뜻깊은 경험으로 새겨졌다.

심용은 1788년(정조 12)에 생을 마감한다. 그가 죽은 뒤 그의 후원을 받던 가객과 금객들은 그의 장례를 치른 뒤 이렇게 이야기한다. "우리는 평생 심공의 풍류 가운데 사람들이었고, 심공은 우리의 지기知己이며 지음知音이었다. 이제 노랫소리 그치고 거문고 줄은 끊어졌도다. 우리는 장차 어디로 갈 것인가." 이렇게 읊은 그들은 마음을 다해 한바탕 노래와 거문고 연주를 한 뒤 돌아갔다.

이들 연주단은 심용을 물질적 후원자로만 생각하지 않았다. 그의 지지는 자신들의 음악이 새로운 경지로 나아가도록 이끌어주었다. 음악이 한 보 한 보 제 걸음을 내딛는 일이 어디 물질만으로 해결되는 일이던가. 그의 뒷받침은 이들에게 음악적 동력이 되었고, 그들이 열린 시선을 확보하는 데 큰 힘으로 작용했다.

김용겸, 음률을 꿰뚫고
풍류를 알다___

김용겸金用謙은 정조대에 장악원 제조를 지냈던 인물로 풍류를 아는 사람이었다. 1702년(숙종 28)에 태어나 1789년(정조 13)까지 여든여덟 해를 살았다. 1778년(정조 2) 이중호와 함께 장악원 제조로 활동했다. 김용겸의 자는 제대濟大, 호는 효효재嘐嘐齋로 김수항의 손자, 김창집의 아들로 태어났다. 그의 백부가 바로 김창집이다. 집안 대대로 학문이 깊었는데, 김용겸 역시 타고난 배경의 탁월함을 자기 몸에 속속들이 지닌 인물이었다. 특히 경서와 예설에 대해서는 여러 사람이 인정한 바었다.

김용겸은 1748년(영조 24)에 선공감 감역에 제수된 이후 몇몇 벼슬을 거친 뒤 1778년(정조 2) 우승지에 임명되었다. 이 무렵 김용겸은 이중호와 함께 장악원 제조로 일하게 된다. 김용겸이 음률에 밝다는 평가가 있었기에 정조가 그를 특별히 제조로 발탁한 듯하다.

정조는 1778년 10월 30일 김용겸을 희정당熙政堂으로 불러들였다. 김용겸이 김수항의 손자이고 김창집의 조카라는 점도 귀하다고 이야기하면서 말문을 열었다. 정조와 김용겸은 쉰 살의 나이 차가 있었으니, 스물일곱의 청년 정조 임금이 일흔일곱의 노회한 신하 김용겸을 앞에 두고 이런저런 이야기를 나눴던 셈이다.

정조는 김용겸에게 나이를 물으면서 "근력이 좋다"고 표현했다. 그러면서 경을 승지로 삼은 것은 '의견을 묻기 위해서'라는 점을 강조했다. 경험 많고 학덕 높은 원로의 의견을 듣는 일이 무엇보다 중요하다는 사실을 정조는 알고 있었다. 김용겸의 저술을 칭찬하기도 하고, 또 요즘에는 어떤 책들을 주로 공부하는지 묻기도 했다. 김용겸은 『예기禮記』를 주의 깊게 읽고 있다고 대답했다. 『예기』는 예나 지금이나 예를 공부하는 이들에게 가장 중요한 교과서 중 하나임을 알 수 있다.

정조는 계속해서 김용겸에게 음률을 아는지, 그리고 『율려신서律呂新書』라는 악서를 읽었는지 물었다. 그러자 김용겸은 『율려신서』를 보았다고 답하면서, 종과 석경의 소리를 듣는다면 높고 낮음 정도는 분별할 수 있다고 말했다. 아주 겸손한 태도였다.

정조는 이어 남양에서 경돌이 나고 해주에서 기장이 나는데, 그것으로 세종대에 처음 편경을 만들었던 사실을 알고 있는지 물었다. 음률에 관심이 깊은 김용겸이 그 사실을 모를 리 없었다. 그러자 정조는 김용겸에게 장악원 제조와 함께 음률을 바로잡는 일에 참여했으면 좋겠다는 의사를 전했다. 김용겸은 자신이 장악원의 관원도 아닌데 어떻게 같이 음률을 논하겠느냐며 사양했지만, 이 일 이후 김용겸은 장악원 제조로 임명된 듯 보인다. 결국 정조 2년 11월 어느 무렵에 김용겸은 장악원 제조가 되어 정조대의 예악 부흥을 위한 발을 내딛었다.

장악원 제조인, 7.7×7.7cm, 1494, 국립고궁박물관.

　예와 악을 밝게 하는 데 중요한 역할을 맡은 김용겸은 당시 궁중의
여러 의례에서 연주되던 의례음악 가운데 악현樂懸이 잘못되어 있는 것
을 바로잡는 일도 담당하게 되었다. 김용겸이 장악원 제조로 일하면서
정조대의 음악은 상당한 수준으로 정비될 수 있었다.

　김용겸이 장악원 제조가 되고 조금 지난 1778년 11월 29일, 정조는
장악원 관리와 악공 악생을 모두 불러 모았다. 악공과 악생에게는 각자
가 전공하는 악기를 지참하도록 했다. 여기에 김용겸도 함께했다. 악공
과 악생에게 이런저런 음악을 연주하도록 하고, 혹은 독주로 혹은 합주
로도 해볼 것을 권했다.

　당시 연주되었던 음악을 일찍이 들어봤고 음악성도 뛰어났던 정조가
이들의 연주에 대해 좋은 점수를 주기는 어려웠을 것이다. 정조는 곧
"음률을 제대로 이루지 못했다"는 평가를 내렸고, 이후 음악을 정비하
는 일에 심혈을 기울였는데, 바로 그 시점에 장악원 제조의 역할을 김
용겸에게 맡겼으니 이는 김용겸의 음률에 대한 이해가 심오했기 때문임

「이원기로회도(梨園耆老會圖)」, 종이에 채색, 34.0×48.5cm, 1730, 국립중앙박물관.
1730년 4월 13일 조선시대 궁중 음악을 관장한 장악원에서 열린 기로연을 기념하여 제작한 그림이다.

을 알 수 있다.

김용겸은 우리가 연암 그룹이라 알고 있는 구성원들과 자주 어울렸다. 연암 박지원, 담헌 홍대용, 경산 이한진, 석치 정철조, 강산 이서구 등이었다. 이들은 모두 김용겸보다 연하였다. 김용겸은 연암보다 서른다섯 살 위였고, 담헌보다는 스물아홉 살 위였지만 그런 나이 차에도 같이 어울릴 수 있었던 것은 김용겸이 열린 사고의 소유자였고, 고루하지 않은 인물이었기 때문일 것이다.

김용겸은 어느 날 담헌의 집에 몇몇 사람과 함께 모였다. 거문고 연주로 유명한 김억, 연암도 그 자리에 있었다. 홍대용이 양금으로 우리 음악을 연주할 수 있도록 잘 조율해놓은 뒤였다. 달빛이 교교하게 흐르는 어느 겨울 적막한 밤 시간이었다. 홍대용의 집으로 들어가니 생황과 양금 소리가 흘러나오고 있었다. 두 악기 소리는 또 얼마나 잘 어울렸던지. 그 소리를 들은 김용겸은 마음이 즐거워졌다. 마침 책상 위에 놓여 있는 구리 쟁반을 두드리며 가락을 맞췄다. 그러면서 『시경』「벌목」장을 노래로 읊었다. 이 노래는 친구들을 대접하기 위한 잔치에서 부르는 것으로 유명했기에 때마침 가장 적합한 노랫말을 찾아서 즉흥적으로 부른 셈이었다. 예악을 잘 아는 김용겸이었기에 가능한 일이었다.

「벌목」장은 이런 내용이다.

나무 베는 소리 정정하고	伐木丁丁
새들 우는 소리 앵앵하네.	鳥鳴嚶嚶
깊은 골짜기에서 훨훨 날아	出自幽谷
높은 나무에 옮겨 앉네.	遷于喬木
앵앵거리는 그 노래여	嚶其鳴矣

그의 벗을 부르는 소리로다.　　　　　　　　　求其友聲

저 새들을 보더라도　　　　　　　　　　　　相彼鳥矣

서로 벗을 부르는데　　　　　　　　　　　　猶求友聲

하물며 우리네 사람으로　　　　　　　　　　矧伊人矣

벗을 구하지 않을손가.　　　　　　　　　　不求友生

신령도 이 소리 들으시면　　　　　　　　　神之聽之

마침내 화평하고 편안하리라.　　　　　　　終和且平

　김용겸은 이 시구를 노래로 부르더니 슬그머니 어디론가 사라졌다. 한참이 지나도 돌아오지 않자 박지원과 홍대용이 그를 찾아 나섰다. 이들은 달빛을 받으며 김용겸의 집을 향해 걸었다. 수표교 앞에 이르니 큰 눈이 막 그쳐 달이 훤히 떠 있는 운치 있는 풍경이었다. 그런데 김용겸은 수표교 다리에서 무릎에 거문고를 비껴놓고 갓도 쓰지 않은 채 다리 위에 앉아 달을 바라보고 있는 게 아닌가. 그 광경을 본 박지원과 홍대용은 매우 기뻐하면서 술상과 악기를 그곳으로 옮겨와 함께 놀다가 흥이 다한 뒤에 헤어졌다.

　박지원은 언젠가 자신의 아들 박종채에게 수표교 다리 위의 사건을 이야기해주면서 "선생이 돌아가신 이후 다시는 이런 운치 있는 일이 없었다"고 회고했다. 박지원의 회고에 의하면 김용겸은 풍치를 돋우는 일이 있을 때면 늘 박지원을 불러 함께 즐겼다고 한다. 김용겸은 연암 그룹 중에서 가장 연장자였지만 그의 가슴만큼은 뜨거운 혈기로 끓었던, 가장 젊은이였다.

　김용겸이 이처럼 풍류를 알고 음악적 역량도 갖췄던 점은 당시 음악가들이 모인 장악원의 수장으로 일할 수 있는 조건이 되었을 것이다.

정조 치세 초반 음악을 정비하고자 했던 임금의 계획을 뒷받침해줄 인재였음은 물론이다. 김용겸은 장악원 제조로 일할 때 장악원 소속 음악인들을 풍류 모임에 끌어들이곤 했다. 전문가가 아닌 사람들로 구성된 이 모임에 음악적으로 훈련된 전문인이 함께하도록 한 것은 양쪽 집단에 모두 도움을 주기 위함이었다. 음악 전문가들은 문인들의 모임에 참여해 지적 자극을 받았으며, 문인들은 음악 전문가들에게 전문적 음악을 익혀 서로 고무되는 경험을 나눌 수 있었다. 이러한 것이 바로 조선후기 서울의 음악 분위기였다.

시·서·화·악을 갖춘 서상수, 음악인들을 후원하다___

조선 후기 음악사회는 다양한 사람에 의해 움직여졌다. 악기 연주로, 노래로 혹은 음악 정책이나 연구로 음악 발전에 제각기 기여했으며 이들의 노력은 활력을 더했다. 그런가 하면 당시 음악계가 작동하는 다양한 정보로 음악사회의 한 흐름을 주도하고, 다른 한편으로는 음악인의 후원활동까지 겸한 그런 인물들이 또 다른 중요한 축을 이루었다. 달성 서씨 서상수徐常修(1735~1793)가 바로 그런 사람 중 한 명이었다.

서상수는 지금의 종로3가에 있는 파고다 공원 부근에 살았다. 박지원, 이덕무, 이서구, 유득공, 박제가 등과 이웃해 살며 내밀하고도 활력 있는 문화활동을 펼쳤다. 생원시에 합격하고 나서 광흥창봉사를 지낸 그는 상당한 재력가였다. 경치가 빼어난 도봉산 서쪽에 '동장'이라는 별장을 소유했고 다양한 예술작품을 소장했으며, 예술인에 대한 후원에도 아낌없었다.

예술적 감각을 타고난 데다 다양한 예술품을 가까이에서 자주 접한 까닭에 그의 예술적 안목은 나날이 높아갔다. 친구들은 서상수의 감식안을 인정해주었다. 게다가 그는 뛰어났다. 특히 붓을 옆으로 해 쌀알 같은 점을 찍어가며 그리는 소미점小米點을 써서 산수화를 그리는 데 뛰어났다. 하지만 애석하게도 오늘날 그가 소미점을 써서 그린 그림은 전하지 않는다.

서상수는 미술뿐 아니라 음악에도 조예가 깊었다. 이론적 지식은 물론이고 좋은 귀를 타고나기도 했다. 한번은 서상수가 음률에 뛰어나니 그를 장악원 관리로 기용해 당시의 어긋난 음악을 바로잡도록 하자는 논의가 조정에서 일었다. 1779년(정조 3) 경연관으로 근무하던 송덕상宋德相은 서상수가 음률을 잘 아니 장악원으로 들여 음률을 정비하자고 정조에게 건의했다.

> 장악원에서 소장하고 있는 악기가 음률이 어긋나 맞지 않으니, 제조 김용겸을 시켜 상의하여 아뢰도록 하소서. 서상수라는 인물이 있는데 자못 음률을 아니, 따로 한 벼슬자리를 주어 음률을 바로잡게 하소서.

『정조실록』 1779년 7월 28일자 기사다. 이에 정조는 해당 부서에서 알아서 처리하라고 명했다. 그런데 송덕상이 청한 내용은 받아들여지지 않았다. 이름 없는 서류庶類에게 자리를 줄 수 없다는 여론이 들끓었기 때문이다.

민간인이 궁에 들어와 일하려면 어떤 관직이든 얻어야 기회가 주어졌다. 그런 까닭에 송덕상은 서상수에게 장악원의 관원 자리를 맡겨 음률을 정비하는 일을 시키고자 건의한 것이었다. 하지만 시대적·신분적 한계로 그를 쓰고자 하는 노력은 끝내 빛을 보지 못했다. 어쨌든 이러한 기록만으로도 그의 음악 실력이 어떠했는지를 가늠할 수 있다.

예술인의 위상이 폄하되던 시절, 그들은 경제적인 면에서도 대우를 받지 못했다. 조선시대에는 일정한 후원이 있어야만 예술활동에 전념하고 성과를 낼 수 있었기에 후원자의 역할은 매우 중요했다. 그러한 시기에 예술 전반에 대해 경험을 두루 갖춘 서상수는 후원자 역할을 충실히 해냈다.

서상수는 시·서·화·악에 두루 능한 인물이었다. 음악과 고전에 대한 교양도 깊었고 소해小楷를 잘 썼다. 그의 지우知友 이덕무는 서상수의 도움을 많이 받은 것으로 알려져 있다. 서상수는 조선시대 음악 제도를 잘 알고 있었다. 악기를 배우려면 좋은 선생을 찾아가 제대로 배워야 한다는 인식도 갖고 있었다.

서상수와 그룹을 이뤄 교류하던 유득공柳得恭이 지은 「유우춘전柳愚春傳」에도 서상수가 당시의 음악 제도에 대해 해박한 지식을 지녔었다는 내용이 전한다. "우리나라에는 두 갈래의 음악이 있는데, 하나는 아악이고 다른 하나는 속악이네. 아악은 옛날 음악이고 속악은 후대의 음악이라네. 사직·문묘는 아악을 쓰고, 종묘는 속악을 섞어 쓰는 법이니, 이게 이원의 법부라네." 장악원을 통해 전해지는 음악 제도에 대해 설명하고 있는데, 음악 계통에 대해 정확하게 파악하고 있음을 알 수 있다.

서상수는 해금 연주에도 일가견이 있었다. 한번은 해금 연주자 유우춘에 대해 쓴 「유우춘전」의 저자이자 서상수의 친구인 유득공이 어디선가 해금을 배워 서상수 앞에서 자랑 삼아 연주를 했다. 그런데 그 실력이 자랑할 만한 정도는 아니었던 듯하다. 서상수는 유득공의 연주를 들은 뒤 당시 유명한 음악인을 죽 열거하고는 왜 그들에게 배우지 않고

해금, 국립국악원.

엉터리로 배웠느냐며 면박을 주었다.

군문에서 쓰는 것은 세악細樂이니 용맹을 돋우고 개가를 울리는데, 완만하고 미묘한 소리까지 두루 구비치 않음이 없어 연회에서 이것이 쓰인다네. 여기에 철의 거문고, 안의 젓대, 동의 장구, 복의 피리가 있으며, 유우춘, 호궁기는 나란히 해금으로 유명하지 않던가. 자넨 어찌 이들을 찾아가서 배우지 않고 그 따위 거지의 깡깡이를 배워왔는가. 대개 거지들은 깡깡이를 가지고 남의 문전에서 영감 할멈 어린애 소리라든지 온갖 짐승이나 닭, 오리, 풀벌레 소리를 내다가 곡식 몇 움큼 받아들고 가지 않던가. 자네의 해금은 바로 그런 따위네.

서상수는 '거리의 음악'과 '진정한 음악'을 엄격히 구분했다. 지우에게 악기를 배우면서 훌륭한 스승을 찾지 않고 어디서 이상한 음악을 배워 왔느냐고 힐책한 것도 바로 그런 맥락에서였다. 유우춘이나 호궁기 같은 해금 연주인들이 있는데 그들의 음악을 본받지 않고 왜 이상한 소리를 내느냐는 지적이었다. 적어도 고뇌하는 지식인이라면 '진정한 음악'을 추구해야 한다는 것이 서상수의 주장이었다.

서상수는 누가 집에 찾아오면 술상을 벌이고, 거문고를 타거나 피리를 불어 주흥을 돋울 줄 아는 풍류 넘치는 인물이었다. 그의 음악 애호와 음악에 대한 이해는 당대 여러 음악인에게 지적 토대와 정보를 제공했다. 예술 후원자는 경제적 지원만 잘하면 되는 것이 아닐 터. 예술적 식견과 감식안을 갖추고 이를 바탕으로 체계적인 지원을 한다면 더욱 빛을 발할 것이며, 이는 분명 어느 때엔가 더 밝은 빛으로 우리에게 되돌아올 것이다.

효명세자, 정재를 만들고
가곡을 연행케 하다___ 효명세자는 1809년에 태어나 1830년까지 22년의 짧은 생애를 살았지만 19세기 조선 왕실에서 정재呈才가 폭넓어지는 데 큰 역할을 했던 인물로 예술사적으로 중요한 위치를 점한다. 효명세자 예제睿製의 궁중정재의 종류는 아주 많다. 망선문望仙門, 춘대옥촉春臺玉燭, 영지影池, 경풍도慶豐圖, 보상무寶相舞, 만수무萬壽舞, 헌천화獻天花, 무산향舞山香, 박접撲蝶, 춘앵전春鶯囀, 첩승무疊勝舞 등의 정재가 1828년의 『진작의궤進爵儀軌』에 보인다.

또 그전에 창작되었지만 순조대에 효명세자가 창사를 새로 지은 무고舞鼓정재와 아박牙拍정재, 장생보연지무長生寶宴之舞, 가인전목단佳人剪牧丹,

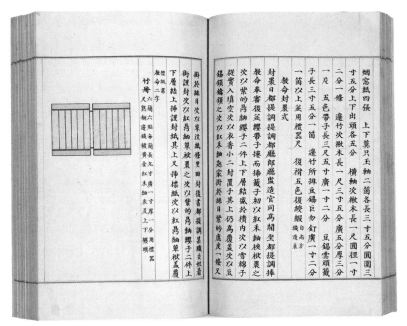

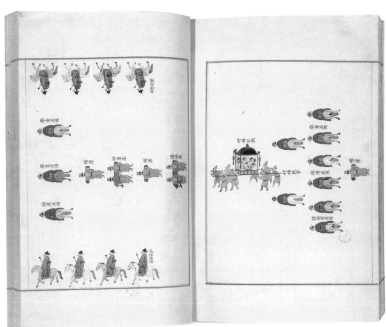

『효명세자책례도감의궤』, 45.8×31.8cm, 1812, 국립중앙박물관.
효명세자를 4세에 왕세자로 책봉한 과정을 기록한 의궤다.

舞鼓
무고

「임인진연도병」에 표현된
'장생보연지무',
비단에 채색,
각 폭 162.3×59.8cm,
1902, 국립국악원.

「신축진연도병」, 비단에 채색, 각 149.5×48.5cm, 1901, 연세대박물관.
왼쪽이 포구락, 오른쪽이 제수창 장면.

「신축진연도병」, 비단에 채색, 각 149.5×48.5cm, 1901, 연세대박물관.
위쪽이 보상무, 아래쪽이 첩상무 장면.

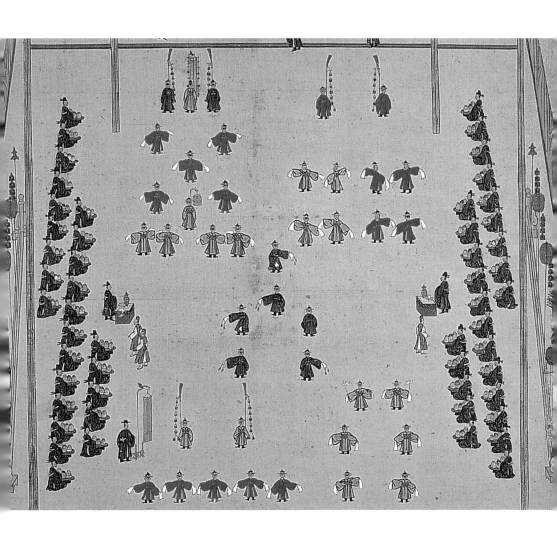

「임인진연도병」, 비단에 채색, 각 162.3×59.8cm, 1902, 국립국악원.
연백복지무가 정재되는 장면이다.

연백복지무演百福之舞, 제수창帝壽昌, 최화무催花舞 등에서는 효명세자의 문학적 재능이 한껏 발휘되고 있다.

효명세자가 다양한 궁중정재를 창제했던 의도와 의미, 또 그것의 예술사적 평가에 대해서는 여러 해석이 있고, 앞으로도 더 치밀한 해석이 이뤄져야 할 것이다. 그렇다 하더라도 그 결과물에 대한 예술사적 의미는 충분히 진단할 수 있다. 즉 효명세자의 궁중정재 창제가 조선시대 공연 문화를 풍성하게 만들었다는 데에는 이견의 여지가 없는 것이다. 이는 그가 문화예술 전반에 걸쳐 다양한 재능을 타고났기 때문이기도 하다. 현재 남아 있는 그의 문집이나 방금 언급한 정재를 예제한 사실이 이를 뒷받침해주고 있다.

효명세자의 정재 창제가 가능했던 것은 곧 그의 곁에 김창하金昌河라는 인물이 있었기 때문이다. 김창하 또한 효명세자의 후원으로 인해 자신의 음악적 역량을 충분히 발휘할 수 있었다. 김창하의 생몰연대는 알 수 없으나 정조대에 악사로 활동했던 김대건金大建의 차남이었다. 1816년(순조 16) 가전악假典樂에 임명되었고, 1827년(순조 27)에는 음악인으로서 최고의 지위인 전악典樂에 올랐다. 그의 음악성이 인정받았던 것이다.

김창하는 전악으로 활동할 당시 효명세자의 후원을 크게 받았던 듯하다. 효명세자의 예술성이 김창하의 예술성을 꿰뚫어봤기 때문에 19세기의 다양한 궁중정재가 만들어졌고 거기서 쓰이는 음악의 완성도가 높아질 수 있었다. 김창하는 효명세자의 명을 받들어 당시 음악인 가운데 실력이 뛰어난 사람을 모아 '구관九館'이라는 이름 아래 이들을 조직했고 주야로 궁중에 입직시켜 악무를 익히도록 했다. 다만 이들의 활동 내용에 관한 기록을 문헌에서 충분히 찾을 수 없어 구체적인 논의는 어렵지만, 이들은 아마도 효명세자와 김창하가 함께 만든 정재를 연행해

보고 더 낫게 만들기 위한 다양한 시도를 해보았을 것으로 추정된다.
요컨대 효명세자의 후원 아래 조직된 이들의 모임을 통해 19세기 궁중
정재의 전성기를 이뤄낼 수 있었다.

　김창하와 관련된 기록은 매우 드물지만 순조대에 제작된 여러 의궤
에서 그의 이름이 보인다. 1828년(순조 28) 무자년의 『진작의궤』와 1829
년 기축년의 『진찬의궤進饌儀軌』에 집박악사執拍樂師로 활동했던 기록이 보
인다. 또 그로부터 20여 년 뒤인 1848년(헌종 14)에는 집사악사執事樂師로
활동했던 기록이 남아 있다.

　이처럼 김창하의 활동에 대한 기록은 풍성한 편이 아니지만 그의 예
술성에는 의심의 여지가 없다. 부친이 음악인으로 활동했고 김창하 또

효명세자의 창작 악장집 『예제』(1829) 표지와 '가사歌詞' 부분, 한국학중앙연구원 장서각.

「임인진연도병」 제6폭에서 네 명의 민간 가객이 노래하는 장면. 국립국악원.

한 가야금과 정재에서 뛰어난 실력을 발휘했다. 그의 예술성은 대를 잇게 된다. 김창하는 철종대에 장악원의 전악, 대한제국 시기 교방사의 악사로 활동한 김종남의 숙부이며 역시 대한제국 시기 교방사의 전악과 이왕직아악부의 아악사장으로 활동한 김영제의 종조부라는 사실에서 음악 가계의 내력이 확인된다. 김창하의 도움으로 효명세자가 예제한 궁중정재에서 주목되는 것은 '정재를 연행할 때 수반되는 음악의 변화'와 관련된 내용으로, 즉 정재에서 가곡 선율을 연행하는 현상이다. 이는 '민간 음악의 궁중 진입', 나아가서는 '민간에 기반을 둔 음악인의 궁중 진입'이라는 코드로 설명할 수 있다. 이로써 19세기에 난만한 발달을 보이는 '가곡'이 어떤 현장에서 어떤 형태로 수용되었는지를 설명할 수 있으며, 동시에 거대 권력의 음악 후원이 그 모습을 드러낸다.

19세기 효명세자가 예제한 궁중정재에서 노래로 불린 '악장' 혹은 창사唱詞의 연행이 이전 시기와 달라진 특징은 앞서 언급했듯이 '가곡 선율의 채용'이다. 예컨대 '무애무無㝵舞'에서는 '산하만세사山河萬歲詞'와 '남산송백사南山松柏詞' '남극수성사南極壽星詞' 등의 악장을 편編 계통으로 노래했고, '경풍도慶豐圖'에서는 '올도 풍년豐年이요'로 시작되는 창사를 가곡 '편'으로 노래했으며, '만수무萬壽舞'에서는 '어져 만재萬載이여'로 시작되는 창사를 '편'으로 노래했다.

이처럼 19세기 궁중정재에서 노래로 불린 것은 가곡 중에서 '계락界樂'과 '편編'의 두 가지다. 가곡의 '악樂'과 '편'은 『청구영언靑丘永言』 시대, 즉 18세기 전반에 이미 형성된 것이다. 그러나 '악' 중에서 계면조로 된 '계락'은 19세기 전반에는 계락과 편락, 언락의 형태로 분화되었던 데 반해, 우조로 된 '우락羽樂'은 19세기 초에도 여전히 '우락' 선율 하나만 통용되고 있었다. 따라서 여러 파생곡을 형성한 계락의 인기가 같은 '악'

선율 가운데서도 더 높았음을 알 수 있고, 바로 그런 계락 선율이 궁중 정재의 창사로 쓰였다는 사실은 결코 우연이 아니다.

가곡 '편' 선율이 사용되는 정황은 '편' 중에서도 그것이 편삭대엽인지, 편락, 우편, 언편 중 어느 것인지 확언하기는 힘들지만 10박 편장단의 음악으로 연행했다는 사실까지는 확인된다. 노랫말의 자수가 많기 때문에 엮어 부르는 방식의 연주가 필요했을 것이고, 이와 아울러 '경사慶事'에 해당되는 잔치에서 연행하는 음악이 가곡 중에서도 후반부에 긴장을 좀 풀고 연주하는 음악인 '편' 계열의 선율을 채택한 것은 자연스러운 현상일 터이다.

정재에 수반되는 창사를 가곡 선율로 노래하는 것은 궁중에 소속된 악인樂人이 궁중 안에서 교육받은 커리큘럼으로는 소화할 수 없었다. 다시 말하면 19세기 궁중에서는 가곡을 가르치지 않았다. 이러한 정황은 궁중 밖, 즉 민간에 활동 기반을 두고 있는 가객들을 자연스럽게 궁중 안으로 끌어들여 민간의 노래와 궁중에서 연행되는 악무를 만나게 하는 합당한 조건이 되었다. 그 수순으로 볼 때 음악이 필요해서 가객을 불러들인 것인지, 아니면 가곡의 인기가 자연스레 가객을 궁중으로 불러들인 것인지 그 선후관계는 따져봐야겠지만, 결과적으로 민간에서 활동하는 가객들이 궁중의 주요 연향에서 노래한 것은 19세기의 일이고, 효명세자가 그들로 하여금 궁중에 진입해 노래할 수 있도록 후원했기에 가능했던 것이다.

대원군, 궁중과 민간의
담장을 허물어뜨리다___ 거대 권력으로서 예술 후원자로 두드러
진 인물을 꼽자면 흥선대원군 이하응李昰應

「이하응 초상」,
이창옥, 비단에 채색,
113.7×66.2cm,
보물 제1499호,
1880,
서울역사박물관.

『가곡원류』, 박효관, 30.0×21.3cm, 1876, 국립국악원.

(1820~1898)이 있다. 대원군은 정치적인 측면에서 여러 평가가 이뤄지는 한편, 예술가적 기질을 타고나 화가로도 정평이 나 있으며 음악에 조예가 깊어 음악인들을 후원하기도 했다. 대원군의 도움을 입은 음악가가 여럿 있지만 그 가운데 가곡 발달에 큰 공헌을 한 두 인물인 박효관 안민영을 통해 그의 후원이 어떻게 이뤄졌는지 살펴보자.

『가곡원류』의 저자로 잘 알려진 박효관의 '운애雲崖'라는 호는 대원군이 하사했다. 박효관에 대한 대원군의 후원은 아주 각별했던 듯하다. 또 박효관과 함께 가악歌樂활동을 했던 그의 제자 안민영의 호도 대원군이 내려준 것이다. 박효관과 안민영의 활동을 통해 19세기 거대 권력이 예술가 후원을 어떻게 했는지 일부나마 감지해볼 수 있다. 특히 안민영의 저술인『금옥총부金玉叢部』에는 대원군의 후원 정황이 잘 드러나 있다.

흥선대원군 가야금, 길이 162.0cm, 너비 25.8cm,
조선시대, 청주대박물관.

『금옥총부』, 안민영,
규장각한국학연구원.

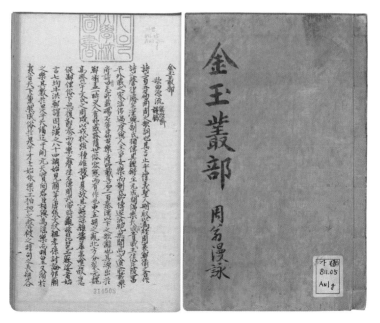

대원군은 풍류를 좋아했다. 그런 까닭에 음악인들에 대해 후원자 역할을 자처한 것은 자연스러운 일이었다. 안민영 등은 대원군의 거처인 운현궁을 비롯해 삼청동, 공덕리 등을 드나들면서 대원군을 위한 음악 연주를 자주 했던 듯하다. 『금옥총부』에 그러한 기록들이 보인다.

> 석파대로는 임신년(1872, 고종 9) 봄에 공덕리에서 휴식을 취하고 계시던 중, 하루는 석양이 질 무렵 문인門人 및 기공技工을 거느리고 높은 곳에 오르셔서 크게 풍악을 베풀며 환오歡娛했는데, 그 사이 해는 지고 달이 떠올랐다. 이에 탄식하며 말씀하시기를, '내 나이 이제 오십이 넘었으니 이제 여생이 얼마나 있는가. 우리가 내생來生에서도 한곳에 모여 금세에 미진한 연을 잇는 것 또한 가하지 않겠는가'라고 하니 무리가 모두 얼굴을 가리고 눈물을 머금었다.

1872년 대원군이 공덕리에서 휴식을 취하던 무렵 음악인들이 함께한 풍경이 그려져 있다. 대원군은 안민영을 특별히 비호한 것으로 알려져 있다. 공덕리 추수루秋水樓에서 그를 위해 잔치를 베풀어주었고 기악妓樂을 불러 종일 즐기도록 했던 적도 있다. 또 대원군의 장남인 완흥군完興君 이재면李載冕(1845~1912)도 박효관, 안민영을 비롯한 여러 음악인의 후원을 했던 양상이 『금옥총부』에 기록되어 전한다. 이처럼 음악 후원자 가운데 실권자나 거대 권력이 음악사에 두드러지게 노출되는 것은 19세기의 일로 여겨진다.

『금옥총부』에 나오는 음악인들의 활동에 대한 평가는 다양하다. 특히 거대 권력의 후원에 대한 음악가의 존립 양상이 잘 드러나는 까닭에 그 내용을 분석해보면 후원에 대한 부정적인 시선도 두드러진다. 그러나 19세기 가곡 발달에 주도적인 역할을 해『가곡원류』를 편찬한 박효관, 안민영이『금옥총부』편찬에 직접적인 역할을 했고, 또『금옥총부』의 내용 가운데 그들의 활동이 구체적으로 제시되어 있으며 음악적으로 다양한 활동을 펼쳤다는 사실을 고려하면, 이들에 대한 평가는 좀 더 세밀하게 이뤄져야 할 것이다.

『금옥총부』의 내용 가운데 우리가 간과하고 있는 것은 음악인들의 교류 양상이다. 특히 안민영의 활동 반경을 보면 대원군 주변에서 운현궁을 비롯한 궁이나 양주 직동의 조그마한 별장, 대원군의 휴식처인 창의문 밖 삼계동의 정자, 운현궁의 사랑, 후원의 산정 등 권력 주변에서 활동하며 시를 제작한 것은 물론 박효관의 운애산방雲崖山房, 영남지역 문경의 조령, 연풍의 산장, 해주의 부용당, 동래부, 밀양, 필운대, 연광정, 통영, 거제, 진주, 광주, 남원, 운봉, 전주, 금강산, 진양, 창원, 순창, 담양, 홍천 등 전국을 각기 다른 목적으로 거쳐가면서 각 지역의 음악인들을 만나고 교유했다. 이러한 폭넓은 행동은 한 음악가 개인의 물적 토대로는 불가능한 것이었으며, 여기에는 권력의 뒷받침이 있었다. 안민영은 실제 전국을 두루 다니며 가는 곳마다 음악인들의 활동 현황, 활용 가능한 인력 등에 대해서도 조사를 했던 것으로 보인다. 이로써 궁중 소속이 아닌 민간에 기반을 둔 음악인들이 궁중을 드나들며 활동을 펼치는 새로운 모습을 볼 수 있다. 18세기 궁중 음악의 연행이 주로 장악원 악인을 중심으로 치러졌던 현실과 크게 대별되는 점이다.

대원군의 후원은 19세기의 가곡이 다른 어떤 시기보다 더 크게 발달할 수 있는 힘이 되었다. 대원군의 후원을 입은 가객들에 대해서는 "권력 주변에서 맴돌며 아첨하는 양상을 띠었다"라는 부정적인 평가도 있지만, 후원의 결과로서 드러나는 가곡이라는 음악의 발달은 부정할 수 없을 것이다.

안민영은 스승 박효관과 『가곡원류』를 편찬했고, 그의 음악활동은 국내 전 지역에 걸쳐 활발하게 펼쳐졌으며 그가 교유한 음악인들은 가객을 비롯해 판소리 명창, 기악 부분의 명인들까지 아우르고 있다. 안민영, 박효관, 대원군, 그리고 대원군의 아들 이재면이 이들의 거대 후원자였다는 사실은 19세기 가곡이나 가객의 궁중 출입을 자연스럽게 하도록 했음이 분명하다. 이는 '궁중 음악' '민간 음악'이라는 도식을 약화시키는 역할을 했을 것이고, 나아가 좀더 완성도 높은 음악이 연주되는 무대가 바로 중앙(궁중)이 될 수 있다는 의미가 된다. 19세기 궁중 안에 들어와 있던 음악 가운데에는 지방 관아에서 연행되는 정재도 있었고 (검무가 대표적이다), 또 민간에서 연행되는 가곡도 그 한 자리를 차지하게 되었다. 이는 거꾸로 그 이전 시기 궁중에서 연행되던 보허자, 여민락과 같은 음악이 이미 민간으로 나아가 현악기 위주의 방중房中에서 연주되는 음악으로 화化했던 것과 더불어 궁중과 민간 음악 교유의 한 현상으로 기록될 것이다.

신재효, 여성 판소리
명창을 길러내다___ 19세기 한국 음악사에서 반드시 주목해야 할 메세나인이 있다. 오늘날 많은 사람의 애호를 받고 있는 성악 음악, '판소리' 발달에 큰 공헌을 한 인물인 동리桐里 신재효申在孝(1812~1884)다. 신재효는 판소리의 사설을 집대성했고 그 이론적 기반을 다진 인물이자 판소리 교육자이며 음악 후원자였다. 그런가 하면 남성들이 주도했던 판소리 세계에 여성이 진입해 활동할 수 있는 계기를 마련해주었다.

場唱客歌

「판소리」, 김준근, 26.5×18.0cm, 19세기, 숭실대박물관.

　　신재효의 부친은 경기도 고양에 살았는데, 한성부에서 직장直長을 지낸 뒤 터전을 고창으로 옮겨 관약방官藥房을 운영하며 부를 축적했다. 부유한 집안에서 태어난 신재효는 풍족한 환경에서 자랐다. 아버지에게 수학한 것으로 알려져 있고 35세 이후 아전이 되었다. 아전은 중인中人 신분에 속한다. 중인이란 조선 후기에 새로운 신분으로 형성된 기술직 중인, 서리(아전), 서얼 등을 모두 포함한 계층을 말한다. 조선 후기로 갈수록 몰락한 양반이 늘어나는 것과 반대로 실력을 갖춘 중인층이 형성되었는데, 아전 집단 역시 양반을 보좌하면서 일선 행정에 능통하고 이재에 밝아 부를 쌓는 사람이 많았다. 조선 후기 예술계에서 중인 신분의 활약상은 이미 논증된 바 있다. 중인층은 축적된 재력을 바탕으로 문화예술 활동을 활발하게 펼쳤으며 특정 장르의 음악이 발달하는 데 큰 공헌을 세우기도 했다. 조선 후기 가곡의 발달이 중인 서리층에 의해 주도되었음은 주지의 사실이다. 이 또한 부의 축적과 밀접한 관련이 있다.

　　신재효가 19세기 메세나인으로 활약할 수 있었던 것도 그에게 재산이 있었기 때문이다. 그는 고창에서 아전 일을 하면서 부를 쌓았지만 생활은 매우 검소하고 질박했던 것으로 알려져 있다. 군자적 덕성을 갖춘 그는 평생토록 사람들에게 베푸는 삶을 살았다. 흉년이 들면 반드시 창고를 열어 구휼활동을 펼쳤다. 사람들이 곡식을 구하고자 할 때 무언가 바꿀 물건을 가져오면 그것을 열어보지도 않고 조건 없이 곡식을 내주었다. 가난한 이들의 자존심을 배려한 것이었다. 신재효의 구휼활동이 비단 흉년 때만 이뤄진 것은 아니었다. 형편이 어려운 사람의 소식을 들으면 어김없이 그들을 찾아 도움을 주었다. 1876년(고종 13) 삼남三南지역에 가뭄이 들었을 때 한재민旱災民을 구제한 공을 인정받아 정3품 통정대부를 제수받았고 이후 절충장군, 가선대부, 호조참판 겸 동지중추부사에 임명되기도 했다.

신재효는 음률에 정통하고 시문에 능했다. 그는 자기 주변에 모여든 음악인들에게 문자를 가르치고 음률을 바르게 노래할 수 있도록 지도했다. 또한 판소리 창자들이 부르는 노랫말 가운데 지나치게 비루한 것은 다시 고쳐 익히도록 했다. 그리하여 잘못된 사설이 그의 손을 거쳐가면서 많이 교정되었다. 당시 판소리를 배우려는 이라면 누구나 그의 문하에 들어가길 원했고, 신재효는 자신을 찾아온 이들을 재우고 먹이면서 가르치기를 아끼지 않았다. 그의 집에서는 항상 음악 소리가 끊이지 않았다.

신재효가 판소리 창자들에게 문자를 가르치려고 한 것은 판소리 사설이 제대로 전승되지 않던 현실을 우려해서였다. 신재효는 판소리 광대 대부분이 문자를 모르는 탓에 사설이 왜곡되는 것을 음악 현장에서 목도했다. 문자에 능통했던 신재효는 그런 현실을 간과하지 않았다. 음악만이 아닌 문자까지 가르치는 선생을 자처했고 그 결과 여러 판소리 창자가 제대로 된 사설을 구사할 수 있었다.

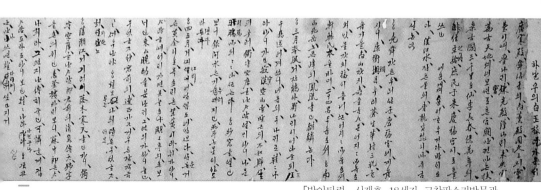

「방아타령」, 신재효, 18세기, 고창판소리박물관.

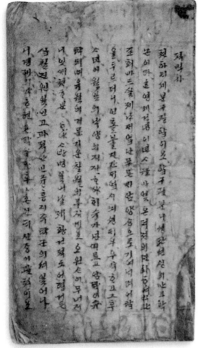

신재효 판소리 사설집, 25.0×18.0cm, 근대, 고창판소리박물관.

한번은 신재효가 김해 부사로 있는 정현석에게 편지를 받은 적이 있다. 정현석은 『교방가요』라는 책을 지을 정도로 음률에 능통한 사람이었다. 지역 원로를 모셔 양로연을 여는데, 신재효의 제자 이경석을 보내달라는 내용이었다. 그 지역민들에게 진정한 소리를 들려주고 싶다는 이유에서였다. 신재효는 이경석에게 편지 한 장을 들려 그곳으로 보냈다. 판소리 광대들을 가르칠 때 도움이 될 만한 조언을 구한 것이었다. 정현석은 세세한 내용을 편지에 적었다. 광대를 선발할 때 단정한 용모, 우렁찬 목소리를 갖춘 자를 선발하고, 판소리를 할 때 노랫말을 완전하게 외워 마치 말하는 것처럼 자연스럽게 노래하도록 가르쳐야 한다고 했다. 또 소리의 특성을 살려 느낌이 잘 전달되도록 해야 하고, 단정한 몸가짐으로 격조 있게 표현하도록 주문했다. 이는 자신의 생각과 일치하는 것이었다.

정현석의 조언은 마침내 「광대가」를 만드는 데 중요한 역할을 했다. 신재효는 「광대가」에서 판소리 광대가 되기 위한 조건을 이야기하고 있는데, 제일은 인물치레, 둘째는 사설치레, 그다음은 득음得音, 그다음은 너름새라고 했다. 이는 요즘 판소리를 가르치는 사람들도 중요한 조건으로 여기는 것들이다. 19세기 판소리 중흥기 구가는 신재효의 이러한 노력과 무관치 않다. 치열한 전문 의식이 있었기에 가능한 일이었다.

신재효가 남긴 업적 가운데 주목되는 것은 여성 판소리 명창을 배출한 사실이다. 신재효의 후원을 받아 배출된 여성 명창은 고창지역에서만 80여 명에 달했던 것으로 알려져 있는데 그 가운데 가장 중요한 인물은 진채선陳彩仙이다. 그녀는 신재효에게 가르침을 받아 판소리에 능해졌으며 성음이 웅장하고 기량이 뛰어나 당시 남성 명창의 실력을 뛰어넘어 명창 대열에 들기에 충분한 것으로 평가되었다. 신재효는 진채선을 1867년 경복궁 경회루의 낙성연에 보냈다. 진채선은 그 자리에서 판소리를 훌륭하게 불렀고 음악을 좋아하는 대원군의 애호를 받게 되었다. 진채선은 춘향가와 심청가에 능했는데, 특히 춘향가 중 기생점고 대목은 전설적으로 회자되고 있다.

진채선은 이후 1872년에는 부안, 영광 등지에서 공연을 했고 여러 지역으로부터 잇단 초청을 받아 판소리를 선보였다. 이 무렵은 진채선 외에도 신재효의 제자인 여성 음악가들이 여러 지역의 초청으로 판소리 활동을 펼친 시기였다. 신재효가 길러낸 여성 판소리꾼들의 활동이 이즈음 활짝 꽃을 피워냈던 사실을 알 수 있다. 당시 여성들이 판소리 전문인으로 활동하자 그들에 대한 새로운 호칭이 생겨나기도 했다. '가녀歌女'가 그것이다. 이는 기녀의 신분으로 노래하는 사람들을 가기歌妓라고 불렀던 전통을 이어 만들어진 호칭이라 생각되는데, 신재효에게 판소리를 배우고자 했던 여성들 중 '가기' 신분도 포함되어 있었기 때문이다.

신재효는 여성 음악인으로서 어렵게 살아가는 제자들을 위해 무엇을 할 수 있을까 고민을 많이 했던 듯하다. 그들을 가르치는 것은 물론이고 이들이 음악 현장에 나가서 활동을 하도록 돕는 것 또한 중요한 일로 여겼기 때문이다. 그는 평소 안면이 있던 향리들에게 여성 제자들이 판소리를 연행할 수 있는 무대를 마련해줄 것을 요청하기도 했다. 진채선을 서울에 보낸 것도 그러한 맥락이었고, 1879년 진채선을 영광에 보내 공연하도록 한 것도 같은 흐름이었다. 영광에서 공연한 진채선은 당시 영광읍을 흔들어놓을 정도로 큰 반향을 불러일으켰다고 한다.

한 음악 장르의 개체적 발달은 저절로 이뤄지지 않는다. 그 음악이 발달하려면 토양이 비옥해지도록 가꿔야 하고 무엇보다 음악을 담당하고 있는 사람들을 키워내야 한다. 이때 음악 전문인 개개인의 노력은 기본이며, 그 음악 행위를 할 수 있도록 후원해주는 일 또한 매우 중요하다. 경제적 주체가 되기 어려웠던 조선시대 음악인들의 활동은 후원 시스템이 마련되지 않았을 때 위축되었다. 이러한 현실을 잘 알았던 신재효는 판소리를 전문으로 하는 이들을 위해 많은 노력을 쏟았다. 그의 노력은 결코 헛되지 않아 19세기를 판소리 중흥기로 만들었다. 그의 말년에 판소리 「춘향가」 「심청가」 「박타령」 「토별가」 「적벽가」 「변강쇠가」의 여섯 바탕의 사설을 개작하고 탄탄한 구성을 갖추도록 한 노력은 판소리사에서 매우 중요한 업적으로 꼽힌다. 그는 사람을 키웠고 음악을 키웠다. 그의 음악 후원활동에서 우리는 현대사회에서 이뤄지는 메세나 활동의 바람직한 이상을 읽어낼 수 있다.

5장

상업의 터전 위에서 꽃피운
개성상인의
문화재 수호

양정필

문화재의 숲을 일군
3인방___

국보, 지정문화재를 포함한 고려시대 이래의 값
진 자기류와 조선조 때의 명필, 유명 화가들의
서화, 신라 때 이래의 불상, 금속공예품 등 개인 수장 문화재 4000
여 점이 국가에 헌납됐다. 값을 따질 수도 없을 만큼 다양하고 값진
문화재를 몽땅 국가에 내놓은 헌납자는 지난 10월 작고한 문화재
수집가 동원東垣 이홍근李洪根 선생(81)의 장남 이상룡 씨. 이씨는 22
일 오전 부친의 유지에 따라 유족을 대표해서 이들 문화재를 헌납
한다는 헌납 증서를 이광표 문공부장관에게 제출, 국립중앙박물관
이 이를 인수키로 했다.

고 이홍근 선생은 50년간 막대한 재력을 투입해가며 이들 문화재를
수집, 심혈을 기울여 손질하고 보관해오면서 민족 문화재의 보존과
선양을 위해 이를 모두 국가에 헌납하는 방안을 강구해오던 중 지
난 10월 13일 노환으로 별세했다. 이 같은 개인 수장 문화재의 국가
헌납은 지난 74년 고 박병래朴秉來 선생이 조선시대 도자기 362점을
국립박물관에 기증한 이래 처음 있는 일. (…) 이 같은 헌납은 질과
양 면에서 능히 하나의 독립된 박물관으로 활용할 만한 것일 뿐 아
니라 대부분이 미공개품이므로 이의 공개를 통해 우리 고미술품의
새로운 측면을 연구할 수 있는 계기가 될 것으로 보고 있다.(동국대
박물관장 황수영黃壽永 박사)

위의 글은 1981년 12월 22일자 『동아일보』에 실린 기사의 일부다. 50
년 동안 문화재를 수집해온 동원 이홍근이 세상을 뜨자 유족이 그의
유지를 받들어 수집 문화재를 국립중앙박물관에 기증했다는 내용이다.

기증 유물의 경제적 가치를 정확히 산출할 수는 없지만, 당시 시가로
300억 원대라는 말이 있었다. 이들 문화재는 지금도 국립중앙박물관 2
층 기증관에 상설 전시되고 있어 박물관에서 언제든 감상할 수 있다.

인물은 바뀌었지만 비슷한 내용의 기사가 2005년 6월 10일자 『동아
일보』에 실렸다.

> 한 원로 기업인이 평생 모은 수백억 원대의 문화재와 미술관을 사회
> 에 기증한다. 동양제철화학 이회림(88) 명예회장은 조선시대 겸재 정
> 선의 '노송영지도老松靈芝圖'와 고려청자 등 50여 년간 수집한 문화재
> 8400여 점과 이를 보관 전시하고 있는 송암미술관(인천 남구 학익동)
> 을 인천시에 기증하기로 했다. 이번에 기증하는 8400여 점은 국내
> 문화재 기증사상 가장 많은 양. 특히 미술관 건물과 땅까지 함께 기
> 증하는 것은 매우 이례적인 일이다. 시가로 환산할 경우, 건물과 땅
> 이 약 150억 원을 넘고 문화재까지 합하면 수백억 원에 이른다. 이
> 회장은 9일 "나이를 먹어가면서 얻은 것을 사회에 돌려줘야 한다고
> 생각해왔다"며 "동양화학이 인천에서 성장한 기업이기 때문에 인천
> 시에 기증하기로 했다"고 밝혔다.

인천에 기반을 두고 사업활동을 한 이회림이 평생 수집한 문화재는
물론 미술관 건물 및 부지까지 인천시에 기증한다는 기사의 일부다. 기
증 문화재 수량이 엄청날 뿐 아니라 미술관 등 부동산까지 내놓은 사실
이 특히 눈길을 끈다. 지금은 인천광역시립박물관 산하의 송암미술관
으로 개편되어 일반에게 공개되고 있다. 이회림 역시 평생 모은 문화재
를 사회에 기증했다는 점에서 이홍근과 같은 길을 걸었다.

문화재의 사회 환원을 실천한 사람으로 주목할 이가 한 명 더 있다.

한국을 대표하는 삼성미술관 리움 및 간송미술관과 함께 3대 사립 박물관으로 꼽히는 호림박물관의 설립 30주년 기념행사를 전하는 기사에서 그 설립자 윤장섭 이사장이 국보 8건, 보물 46건 등 평생 수집한 문화재를 사재와 함께 호림박물관에 기증해온 사실을 전하고 있다.

이홍근, 이회림, 윤장섭. 이 세 사람은 일생 동안 우리 문화재를 수집했고, 나아가 그것을 사회에 기증했다는 공통점을 갖고 있다. 그런데 세 사람은 문화재 수집가라는 점 외에 또 하나 중요한 배경을 공유하고 있다. 바로 고향이 개성으로, 셋은 모두 개성상인이라는 사실이다.

언론에서도 주요하게 다룬 개성상인 출신 문화재 수집가 3인에 대한 기사를 접하고 우리는 몇 가지 의문을 품을 수 있다. 우선 역사 교과서에나 나오는 개성상인이 지금도 존재하는지, 또 개성상인들은 문화재 수집에 처음부터 커다란 관심을 가졌는지, 그리고 약속이나 한 듯이 문화재를 사회에 환원한 이유는 무엇인지……. 이에 대해 미리 답을 말하자면, 개성상인은 지금도 활동하고 있으며, 특히 유수한 기업을 세워 훌륭하게 경영하는 사례도 적지 않다(예컨대 OCI·유니드·삼광글라스, 대한유화공업, 아모레퍼시픽, 녹십자, 한일시멘트, 신도리코, 서흥캅셀, 유화증권·성보화학, 삼정펄프, 한국화장품, 한국빠이롯드 등). 또한 개성상인이 처음부터 사회사업에 관심을 가졌던 것은 아니다. 그러나 시대의 변화를 인지하면서 사회사업은 물론 문화재 수집 및 사회 환원이라는 메세나 활동에 관심을 갖고 이를 실천에 옮겼다. 이 글에서는 이홍근, 이회림, 윤장섭으로 대표되는 개성상인의 메세나 활동을 살펴볼 것이다.

개성상인이 조선 제일의
상인이 된 비결___

조선 최고의 상인집단으로 활약했던 개성상인이 상업에 투신하게 된 계기는, 조선 건국과 한양 천도로 인한 고려 수도 개경의 몰락에서 찾아야 할 것이다. 고려가 망하고 조선이 들어서던 혼란한 시기에 개경 사람들은 조선을 새로운 국가로 받아들일 것인지, 아니면 고려 왕조에 대한 지조를 지킬 것인지를 택해야 할 기로에 섰다. 개성에 살던 사람들 중 일부는 조선 정부를 따라 한양으로 옮겨갔다. 그러나 '불사이군不事二君'의 지조를 지킨 이들은 새 왕조를 좇아 한양으로 갈 수 없었다. 그들 중 어떤 이들은 낙향을 선택했고 그렇지 않은 사람들은 개성에 그대로 남아 살았다.

개성에 남은 이들은 한두 세대가 지나면서 개성이 더 이상 수도가 아님을 깨달았다. 이는 수도였을 때와는 다른 생활 방식을 꾸려가야 함을 뜻했다. 그러나 '사농공상' 가운데 '사농'의 길을 걷기는 어려웠다. 우선 조선 정부는 1470년대까지 개성에서 과거를 시행하지 않았다. 그 배경을 살펴보면, 태조 이성계가 개성에 남은 사람들을 회유하기 위해 그들만을 위한 특별 과거를 실시했지만 응시자가 한 사람도 없었다. 그리하여 한 번 더 특별 과거를 시행했지만 역시 응시자가 없었다고 한다. 이

『송도기행첩』, 강세황, 종이에 엷은색, 32.8×53.4cm, 1757, 이홍근 기증, 국립중앙박물관.

에 분노한 이성계가 개성에서의 과거 실시를 금지시켰던 것이다. 1470년 대 이후 개성에서도 과거가 치러졌지만 여전히 차별은 존재했다. 개성 출신 과거 합격자는 지방관으로 임명될 뿐 중앙의 주요 관직에 임명되는 일은 거의 없었던 것이다.

개성 사람들이 농업으로 생계를 유지하는 일 역시 쉽지 않았다. 개성의 지형은 사방이 산으로 둘러싸인 분지이고 그 면적도 넓지 않아 농경지가 극히 적었다. 개성은 도시로서 3만 명 내외가 거주했는데, 그들이 농업에 종사하기에는 농경지가 크게 부족했던 것이다. 이처럼 '사농공상' 가운데 '사농'으로의 진출이 어려워지자 그들이 나아갈 수 있었던 길은 천시받던 수공업과 상업뿐이었다. 결국 한양 천도 이후 2~3세대가 지난 15세기 중후반부터 개성에 남은 사람들은 상업 방면으로 본격적으로 진출하기 시작했다.

개성 사람들이 장사를 하면서 택한 방식은 고려 수도 개경의 것과는 많이 달랐다. 개경은 수도로서 전국적인 유통의 중심지였고, 또 왕족이나 관료 등 생산활동에 종사하지 않으면서 소비로 생활하는 인구가 많아 상업이 발달하기에 매우 유리한 조건을 갖췄다. 이에 개경상인들은 개경에 앉아서 개경을 중심으로 상업활동을 펼치는 것만으로 충분했다. 반면 조선시대의 개성상인은 수도라는 좋은 조건을 더 이상 누릴수 없었다. 즉 조선의 개성은 더는 규모 있는 유통 중심지도, 큰 소비시장도 아니었다. 이는 개성에 앉아서 개성을 중심으로 장사하는 방식을 고수할 수 없었음을 의미한다. 이에 장사를 시작한 개성상인들은 새로운 상업 방식을 고민하지 않을 수 없었고, 오랜 세월 시행착오를 겪으면서 그들만의 독특한 상업 방식과 문화를 발전시켜갔다.

개성상인의 중요한 상업 문화로는 '지방출상' '주인–차인 제도' '송도

「송도」, 「해동지도」,
종이에 채색, 47.0×30.5cm, 보물 제1591호, 1750년대, 규장각한국학연구원.

사개치부법松都四介治簿法' '시변時邊제도' 등을 들 수 있다. '지방출상'이란 개성에서 장사하기에는 밑천이 부족한 이들이 개성을 떠나 전국 방방곡곡으로 진출해 그곳에 정착해서 장사하는 방식을 말한다. 시장 규모가 크게 줄어든 개성은 장사하려는 그 많은 사람을 모두 수용할 수 없었다. 이에 대개 밑천이 부족한 이들은 다른 곳으로 떠나 장사를 시작했던 것이다. '지방출상'은 개성상인이 상업에 투신한 15세기 후반부터 그 기록이 보인다. 이는 '지방출상'이 개성상인의 형성과 밀접한 관련이 있고 그런 만큼 개성상인의 가장 특징적인 상업 방식임을 뜻한다.

'주인-차인 제도'는 일종의 사업 자금 대차貸借 제도다. 그러나 이는 요즘의 투자와는 많이 다르다. 어떤 젊은 개성상인이 장사를 시작하려고 할 때 밑천이 없다면 돈 있는 개성 사람에게 빌리게 된다. 자금을 빌리고 빌려주는 일은 동서고금을 막론하고 분쟁의 씨앗이다. 초창기 개성상인 사회도 다르지 않았다. 15~16세기에는 부자들이 장사 밑천을 빌려주고 돌려받지 못해 관청에 소송을 제기하는 일이 빈발했다. 대차 관계를 둘러싼 분쟁을 해결하지 못하면 개성상인의 정상적인 발전을 기대하기 힘들었다. 어떻게든 갈등을 해결해야 했다. 이때 개성상인이 찾은 해법은 장사해서 성공 가능성이 높은 사람에게 밑천을 투자하는 것이었다. 성공 확률이 높은 사람을 가려내기 위해 개성 부자들은 남자아이들을 어려서부터 가까이 데리고 있으면서 장사의 기본기를 가르치고 또 평소 생활 태도에서 상인으로서의 잠재력을 지켜본 뒤 투자를 결정했던 것이다.

개성에서 태어난 남자아이는 열 살 전후에 상점에 사환으로 들어가 장사를 배웠는데, 주인은 사환의 생활 태도를 꼼꼼히 뜯어보면서 상인으로서의 자질을 가늠했다. 이들은 20대 전후가 되어 장사 밑천을 빌

高麗人蔘廣信商會

朝鮮開城府池町六五八番地

主任 朴成鉉

신용을 제일로 여겼던 개성의 고려 인삼 상회.

려 전국 각지로 떠났다. 이때 빌려주는 이를 '주인', 그 돈으로 장사하는 이를 '차인'이라고 불렀다. 그리고 둘의 관계를 '주인–차인 제도' 혹은 '주차동사主借同事'라고 했다. 이런 방식이 점차 자리를 잡자 투자한 밑천을 둘러싼 분쟁은 거의 사라졌다. 임진왜란 이후의 기록에서는 개성이 분쟁 많은 곳이라는 내용을 찾기 어려운데, 이를 통해 대차관계를 둘러싼 갈등이 성공적으로 해결되었음을 알 수 있다.

'송도사개치부법'이란 상업활동을 기록하는 부기법이다. 그 기원은 정확하지 않지만, 가장 오래된 것으로 18세기 초반 치부책이 있었다. 이를 보면 그 이전부터 활용된 부기법임을 알 수 있다. 모든 상업활동을 일목요연하게 정리할 수 있는 부기법으로 현대의 복식부기와 완전히 일치하지는 않지만, 전근대의 부기법으로는 매우 높은 수준을 보여준다. '시변제도'는 개성상인 내부의 일종의 신용제도다. 이 역시 언제부터 이어져왔는지 그 기원을 정확히 알 수는 없지만, 19세기 전후이거나 그 이전부터 활용되었던 것으로 추정된다. 시변의 가장 큰 특징은 무담보 신용대출이었다는 점이다. 그런 만큼 개성상인 누구나 참여할 수 있었던 것은 아니고 상당한 자산가들만이 시변을 이용할 수 있었다. 무담보였지만 결산이 제대로 이뤄지지 않은 불상사는 거의 없었다고 할 정도로 개성상인의 신용을 잘 보여주는 제도이기도 하다.

개성상인이 15세기 중후반 상업에 투신했을 때 그들을 둘러싼 여건은 결코 녹록지 않았다. 그러나 이들은 숱한 시행착오를 겪으며 자신들에게 맞는 상업 문화를 발전시킴으로써 불리한 조건을 극복해갔다. 일단 형성된 높은 수준의 상업 문화는 개성상인의 자생력을 한층 더 강화시켰다. 이는 개항 이후 외세의 경제적 침투, 한국전쟁 이후 고향 상실에도 불구하고 개성상인이 현재까지 명맥을 유지하는 동력이 되었다.

개항 이후 외국 상인과 자본의 침투가 본격화되었을 때 서울 상인을 비롯한 대부분의 전통 상인은 경제력을 지키지 못하고 몰락하거나 주변화되었다. 그러나 개성상인만큼은 위축됨 없이 세력을 유지했고 개성의 상권도 지켜냈다. 또 한국전쟁 이후 고향 개성을 잃고 실향민이 되었지만, 그들은 상업 전통에 힘입어 유수한 대기업을 세우고 현재까지 경영 일선에 서 있다.

요컨대 개성에서 태어난 남자아이는 10대 초반까지 기본적인 공부를 한 뒤 사환생활을 통해 장사의 기초를 배웠다. 그리고 스무 살쯤 되면 전국 각지로 장사를 떠났다. 그곳이 어디가 되었든 성공할 때까지는 개성으로 돌아오지 않겠다는 각오로 임했다. 그렇게 수년 혹은 십수 년 장사를 하면 적잖은 재산을 모을 수 있었다. 대부분의 상인은 이런 과정을 거쳐 경제적 성공을 거두었다. 이 시스템이 일제강점기까지 작동되면서 유구한 개성상인의 역사가 수백 년 동안 지속될 수 있었던 것이다.

개성상인,
"인색의 색채를 띤 깍쟁이들"___개성상인의 상업 전통은 일제강점기에도 유지되었다. 그들은 일제강점기에도 여전히 전국 각지로 뻗어나가 상업에 종사했고 대부분 성공 가도를 달렸다. 꾸준히 부를 축적한 상인을 배출할 수 있었기에 개성상인은 일본인의 경제적 침투를 막아내고 개성에서 한국인 상권을 유지해냈다. 일제강점기 대도시의 상권은 모두 일본인이 장악했던 사실을 떠올리면 개성상인의 저력은 대단한 것이었다.

개성의 상권을 한국인이 장악했던 사실을 당시 기록으로 살펴보자.

다음 글은 1918년 개성군수였던 김연상이 잡지 『반도시론』에 투고한 내용 가운데 일부다.

　　당지의 상업이 조선인 측은 매우 발전되나 내지인[일본인] 측은 그리 발전되지 아니하오. 그는 조선인은 반드시 조선인끼리만 거래하는 고로 그러하지요. 그러므로 내지인은 해마다 감소해가지요. 지나인이란 별로 없으나 고력苦力이 얼마간 있을 뿐이지요.

　　개성 사람들이란 특종의 인물들이지요. 일차一次 고향을 떠나 타향에 발을 들여놓으면 다시 성공한 후에야 돌아오지요. 매년 말이면 반드시 고향 되는 당지로 돌아오지요. 연말 정거장 조사에 의하면 1800인은 되지요. 요컨대 매년 3000인은 타지에 나가 있는 모양이지요.

　위 글을 통해 일제강점기 개성에서 일본인이 세력을 전혀 확장하지 못하고 있는 상황, 그리고 여전히 지방출상이라는 전통적인 상업 방식을 통해 부를 축적하던 개성상인의 활동상을 확인할 수 있다. 일제강점기에도 개성에는 한국인 상권이 유지되었다고 하는데, 대체 그 부력富力은 어느 정도였고 부자는 얼마나 되었을까. 아래 글을 통해 확인해보자.

　　그 부력은 경성의 대표적 부호와 같이 1인이 수백만 내지 수천만 원을 유有한 자가 아니나, 100만 원으로 50만, 20만 전후의 자산가가 다수하여 사회 중축이 되고 1인도 빈곤한 자 무無하여 조선은 물론이요, 내지內地 기타 구미 각국에 비하여도 양두讓頭할바 무無히 우량

한 사회 상태를 정모한다.

개성인은 100만 원 이하 10만 원 이상의 부호가 백여 가百餘家요, 만 원 수천 원의 소부小富는 불계기수不計其數이며, 뿐만 아니라 개성의 주민 8000여 호가 전부 생활난을 규叫하는 자가 1인도 무無하고 겸하여 월세 가옥을 차거借居한 자는 1호도 무하니, 그 실력이 여사如斯히 균일한 지방은 개성에서 갱무更無하다 할진즉, 개성은 과연 부富의 개성이라 관觀할지라.

첫 번째 글은 1918년 당시 개성 경찰서의 일본인 서장이 잡지에 투고한 내용 중 일부다. 그는 소수의 거대 자산가가 있는 한편으로 빈곤

일제강점기 개성평야서점에서 발행한 개성 남대문의 모습.

한 사람이 많은 경성에 견줘 개성에는 거대 자산가가 없지만 대자산가로부터 중소 규모의 자산가까지 폭넓게 분포해 있고, 빈곤한 자가 거의 없음을 꿰뚫고 있다. 개성 주민 사이에서 보이는 이러한 부의 강한 균등성은 일본은 물론 미국, 유럽에서도 보기 힘든 우수한 상태임을 강조하고 있다. 이어지는 글은 좀더 구체적으로 10만 원 이상 부호가 100여 호, 수천 원~만 원의 소부는 부지기수임과 부의 균일함에 대해 다시 한번 강조하고 있다. 실제 개성의 부력은 1910년대에 이미 1억 원 이상으로 평가되었고, 1930년대 중반 이후에는 1억5000만 원 이상으로 평가되었다. 일제강점기 개성은 경제적으로 볼 때 조선의 다른 지역과는 확연히 구별되는 도시였다.

이처럼 경제력을 지닌 그들이었지만 1920년대까지 사회활동이나 메세나 활동에 대한 인식은 미약했다. 1910년대 개성과 개성상인에 대해 글을 쓴 사람들은 공통되게 그들의 단점으로 지나친 이기주의를 꼽았다. 개성 사람들은 자기에게 이익이 되지 않으면 어떤 일에도 응하지 않고, 이利가 아니면 교제가 없으며 이利가 아니면 활동이 없다는 것이다. 즉 이기주의에 빠져 있고 생리生利에 여념 없는 사람이 되어서 인색의 색채가 없지 않으며, 이러한 이기적인 사상과 인색함으로 인해 그들은 공동심이 결핍되어 있다는 것이다. 좀더 직접적으로 개성상인이 사회사업이나 공익 방면에서는 지나치게 수면 상태에 있고 이기심에 취해 깍쟁이 소리를 들어도 그저 가만히 있다는 비판도 제기되었다.

사실 1920년대까지 개성 내에서도 개성상인에 의한 공익사업은 변변치 못했고, 이에 대해서는 유광렬이 신랄하게 비판한 글이 있어 당시 상황을 짐작케 한다.

(…) 생활 정도에 비하야 그들의 사회사업은 아주 보잘 것이 없다. 송도고등보통학교와 부속보통학교, 호수돈여학교와 부속보통학교, 고려여자관, 청년회관 등은 모다 서양인의 경영이요 개성학당 상업학교는 일본인의 경영이요 개성상업학교 집을 개성인의 손으로 지었다 하나 경기도의 경영이요 정화여학교의 경비도 태반이 평양 부인의 부담이요 순전히 개성인의 손으로 경영하는 공익기관으로는 한 손가락을 꼽지 못하겠다.

재력이 없어 그러냐? 아니다. 다른 지방에 비하야 재력은 나을지언정 못하지는 않다. 모처의 조사를 보면 몇십만 원의 재산을 가진 사람이 십여 인이라 하며 부호 김원배 씨는 조선에서 굴지하는 재산가라 한다. 그러나 나는 그 재산가들이 무엇을 하여놓았는지 얼른 수긍할 만큼 눈에 띄는 것이 없다. 도대체가 피등彼等은 공익에 냉담하지 아니한가 한다.

위 글은 『동아일보』 1923년 11월 4일자 기사의 일부다. 이 기사에서 유광렬은 송도고보, 호수돈여고보, 상업학교와 같은 개성의 핵심 교육기관이 개성 사람이 아닌 선교사와 일본인에 의해 설립·운영되는 사실을 꼬집고 있다. 실제로 송도고보와 호수돈여고보는 남감리교회에서 세운 미션 스쿨이었다. 상업학교는 사정이 조금 다른데, 이를 세울 때 개성의 몇몇 유지가 적지 않은 돈을 내놓았고 이를 기반으로 학교 건물이 세워졌다. 그러나 돈을 내놓은 개성 유지들은 상업학교 설립 이후 어떤 권리도 갖지 못하고 일본인의 수중에 넘어가고 말았다. 상업학교 설립에 의연한 사실 자체는 개성상인이 공익사업에 눈을 떠가는 과정으로 주목할 만하지만, 돈만 내놓고 실속은 챙기지 못한 결과에서 사회사업에 대한 개성상인의 미숙한 모습을 볼 수 있다. 어쨌든 유광렬은 개성에 부자가 많음에도 불구하고 교육기관을 비롯해 변변한 공익기관이 없음을 지적하면서, 이는 개성상인이 공익에 냉담하기 때문이라는 비판을 가하고 있다. 이처럼 1920년대까지 개성상인은 사회사업에 대한 관심이 적었고 당시 여론은 그것을 개성상인의 단점으로 지적했다.

개성상인, 사회사업의
싹을 틔우다___

개성상인이 사회사업에 눈을 뜨기 시작한 때는 1930년대부터였다. 여기에는 신진 지식인의 등장, 김정혜의 활동, 개성박물관 건립 등이 큰 영향을 끼쳤다.

1920년대까지 개성상인은 메세나 활동에 무관심했는데 여기에는 그들의 인색함도 어느 정도 작용했지만, 좀더 들어가보면 시대적 한계가 내재해 있었다. 1920년대까지 개성사회를 이끈 주도층은 한말부터 활동해온 장년층이었다. 당시 근대적인 교육기관이 미비했기 때문에 그들은 근대 교육을 받을 기회를 거의 누릴 수 없었다. 또 당시까지 메세나 활동에 대한 사회적 관심이나 이해가 그리 높지 못했던 것이 사실이다. 전통적인 방식대로 서당 등에서 기초적인 한문을 익힌 뒤 어려서부터 장사를 배워 돈을 버는 데는 타의 추종을 불허하는 능력을 지녔지만, 장사 외에는 별다른 관심을 갖지 않았던 한계, 그리고 공익사업에 대한 사회의 관심과 이해 부족이라는 시대적 한계를 뛰어넘을 수 없었던 것이다.

그런데 1930년대에 접어들어 개성사회에 변화의 싹이 텄다. 신진 엘리트들이 본격적으로 등장해 활동하기 시작한 것이다. 1900년 이후 태어난 개성의 젊은이들 가운데 유복한 집안의 자제들 중 서울이나 일본,

더 나아가 유럽과 미국 등지로 유학해 근대적인 학문을 배우는 이가 많아졌다. 그들은 1930년대에 학업을 마친 뒤 속속 개성으로 돌아왔고, 일군의 집단을 형성했다. 그 중심에는 1950년대 농림부 장관을 지낸 공진항이 있었다. 그들은 어려서부터 장사를 배워 장사 외에는 별반 흥미를 보이지 않았던 부모 세대와는 달랐고, 개성사회를 주도하고 있던 부모 세대에게서 개성의 미래를 기대할 수 없다고 판단했다. 그래서 자신들이 배운 근대적인 학문과 가치관에 기반하여 개성사회를 바꾸고 싶어했다. 그 일환으로『고려시보』라는 신문을 창간해 개성사회의 여론을 주도하려고 했다.『고려시보』는 1933년부터 1941년까지 발간되었고, 개성사회에 새로운 분위기를 불어넣는 데 큰 역할을 했다. 뿐만 아니라 사회사업과 관련해서도『고려시보』는 그 취지와 필요성 등을 역설했고, 혹 공익적 활동을 실천한 사람이 나타나면 특집으로 이를 상세히 소개해 공익사업과 사회사업의 필요성을 개성상인들에게 알려갔다.

김정혜 여사의 활동은 사회사업의 솔선수범으로서 개성상인들에게 깊은 영향을 끼쳤다. 김정혜는 1868년 개성에서 태어났다. 본명은 양정혜다. 할아버지는 적성현감을 지냈고 아버지는 해주에서 무역업으로 큰돈을 벌어 유복한 가정에서 자랐다. 열한 살 때 개성에 사는 열네 살 김영종에게 출가했다. 김영종 집안 역시 할아버지가 군수를 지냈고, 당시 송도에서 제일가는 재산가였다고 한다. 부잣집 막내딸로 태어나 부잣집 외아들에게 시집을 갔으니 남부러울 것이 없는 생활이었다. 그러나 결혼한 지 2년 만에 시아버지가 별세하고 다시 1년 뒤엔 남편이 요절해 열네 살 때 청상과부가 되었다. 시어머니는 남편과 아들을 잃은 충격에 정신착란 증세를 보여 어린 소녀 과부는 막중한 생활의 짐을 꾸려나가야 했다.

7년 뒤 시할머니와 시어머니까지 별세하자, 그녀는 남편의 재산을 정리해 새로운 삶을 계획했다. 20대 초반에는 인생을 즐기기도 해 주변에는 같은 처지의 동년배 과부들이 모여들었다. 그러던 중 기독교를 접하면서 교육사업에 대한 관심이 싹텄다. 개성에서는 1897년에 미국 남감리회 선교사가 선교를 시작했고 1899년에는 개성남부교회가 설립되었다. 1904년에는 여선교사 캐럴에 의해 여학교가 발을 내딛었고(호수돈여고보) 1906년에는 윤치호에 의해 한영서원이 운영되기 시작했다(송도고보의 전신). 그즈음 김정혜도 기독교 신자가 되었는데, 기독교 교육사업에 자극을 받아 1908년에 자기 집에서 여성들을 위한 교육을 시작했다.

주변의 도움으로 이 학교는 1910년 학부로부터 정식 사립학교 인가를 받아, 정화여학교를 설립했다. 이해 정식 교인이 되었고 이후 미국식으로 친정 성인 양씨를 버리고 시댁 성인 김씨로 바꿔서 김정혜로 알려졌다. 정화여학교는 개성에서 견실한 발전을 이룬다. 한편 김정혜는 1921년 개성여자교육회를 창설해 개성 여자들의 교육을 위해 헌신했다. 1932년 12월 눈을 감을 때까지 꾸준한 활동으로 여성 교육에 지울 수 없는 발자취를 남겼다.

김정혜의 사회활동은 생전에도 큰 영향을 끼쳤지만, 사후에도 개성상인이 사회사업에 눈을 뜨게 하는 데 공헌했다. 그것은 그의 동상 제막과 전기 편찬 사업을 통해 이뤄졌다. 김정혜 사후 개성의 뜻있는 사람들은 그녀의 활동을 기리기 위해 동상 제막과 전기 편찬을 추진했고, 1938년 그 사업은 결실을 맺었다. 김정혜의 사회사업에 대한 개성사회의 추모는 개성상인들에게 사회사업의 중요성을 각인시키는 계기가 되었다.

　　개성상인이 문화예술 지원이라는 메세나 활동에 눈을 뜨게 된 직접적인 계기는 개성박물관의 개관이었다. 개성박물관은 개성이 부府로 승격된 것을 기념하기 위해 신임 부윤 김병태의 제의로 세워졌다. 그에 따르면 개성은 고려의 수도이며 찬란한 고려 문화의 발상지로서 연구자가 다수 찾아왔다. 그들은 옛 기물器物과 미술공예품 등이 개인 소유로 되어 있어 자유로운 연구가 어려운 점을 유감으로 여겼다. 이 문제를 해결하려면 대표적인 옛 기물 등을 한 건물에 수집하여 전시하는 박물관을 세우는 것이 절실했다. 또 박물관은 개성 사람들에게 고려 문화를 추억할 기회를 제공한다는 점에서도 의미를 찾을 수 있었다.

　　부윤은 언급하지 않았지만, 개성박물관 설립은 당시 일본인들의 무차별적인 고려청자 등의 문화재 도굴과 약탈을 막고, 우리 문화재에 대

개성평야서점에서 발행된 '개성 고려 왕릉' 엽서.

한 관심을 제고시키는 데 큰 역할을 했다고 볼 수 있다. 사실 개성에서
일본인들의 고려청자 등 문화재 약탈은 극심했고, 이로 인해 개성 사람
들은 일본인에 대해 강한 반감을 갖게 되었다. 1918년 『반도시론』에 실
린 기사는 저간의 사정을 잘 보여준다.

> 나라, 교토의 교외처럼 개성 부근의 아름다운 숲은 모두 개성인의
> 선조 묘지라. 이토(히로부미)와 이왕직박물관에서 진보로 매입한 것
> 을 생각하면 고려자기의 발굴을 장려한 감도 없지 아니하나, 그 근
> 본은 불량한 일본인이 조선인으로 하여금 묘지를 몰래 파내어 배를
> 채운 바이다. 개성인의 풍습은 실업에 성공하면 제일 먼저 조상의
> 제사를 극진히 모시는 데 힘을 쓴다. 그런데 그 이상 막중한 것이 없
> 다고 생각하는 묘지를 발굴하고 관 속에 넣은 기물을 꺼내어 시장
> 에 판매함에 이르러서는 비분을 토하게 된다. 일본인은 하나의 골동
> 품으로 고려자기를 진중히 하는 것이지만, 개성인에게는 둘도 없는
> 모욕으로 느껴지는 바이다.

위 글을 통해 당시 개성에서 일본인 주도의 도굴이 광범하게 자행된
사실을 확인할 수 있다. 그리고 누구보다도 조상 모시기를 지극히 하는
개성상인에게, 일본인들이 조상의 묘를 파헤치고 관까지 열어서 고려자
기 등을 도둑질해 시장에 판매하는 행태는 큰 모욕감을 안겨줬다. 이런
상황에서 개성박물관 건립은 일본인에 의한 문화재 도굴 및 약탈을 저
지하고, 개성 사람들에게 우리 문화재 수호에 대한 경각심을 일깨우는
역할을 했던 것이다.

박물관 건립에는 3만4000원의 경비가 소요되었는데, 그 대부분은

개성 유지들 및 개성 관련 기업이 내놓은 의연금으로 충당되었다. 구체적으로 보면 개성 유지 22명이 1만6500원을 부담했다. 그리고 기업체로는 미쓰이물산이 1만 원, 식산은행 개성지점이 1000원, 한성은행 개성지점이 500원을 내놓았다. 나머지 6000원은 지방비 보조 4000원과 부비府費 2000원으로 충당되었다. 이를 보면 개성박물관 설립 비용의 49퍼센트를 개성 유지들이 갹출하여 마련했음을 알 수 있다.

미쓰이물산에서 1만 원을 내놓은 것이 눈길을 끄는데, 이는 미쓰이가 개성과 경제적으로 밀접한 관계를 맺고 있었기 때문이다. 개성은 조선 최대의 인삼 산지였다. 개성상인이 투자하여 수확한 인삼 중 품질이 좋은 것은 총독부 전매국에서 매입해 홍삼으로 가공한 뒤 중국에 수출했다. 총독부는 홍삼 수출을 직접 담당하지 않고 기업에 위탁했는데, 일제강점기 홍삼 수출권을 갖고 있던 기업이 바로 미쓰이였다. 미쓰이는 홍삼 수출 대행으로 큰돈을 벌었다. 미쓰이가 개성과 이러한 경제적 관계를 맺고 있었으므로 박물관 건립에 1만 원을 내놓았던 것이다. 미쓰이의 부담률은 약 30퍼센트였다.

건설비 부담액을 보면 개성 유지들이 박물관 설립에 가장 큰 공헌을 했음을 알 수 있다. 그들의 박물관 건립비 의연은 문화예술 활동에 대한 지원의 성격을 띠므로 일종의 메세나 활동으로 볼 수 있다. 그러나 온전한 메세나 활동으로서는 아직은 한계가 있었다. 가장 많은 비용을 부담했던 그들이었건만, 그들은 박물관 경영에 개입하진 못했다. 박물관이 부립으로 운영되었던 것이다. 이에 대해 개성박물관 관장을 역임한 고유섭은 큰 아쉬움을 표한 바 있다.

개성에 박물관이 설립된 이전과 이후 개성의 성망盛望은 외지에서

실로 월등한 차이가 있습니다. 그러나 일단 '그 설립자가 누구냐' '경영자가 누구냐' 하고 묻는다면 개성부 당국자라 하겠습니다. 물론 개성 유지 중 수천 원, 수백 원이란 거금의 의연이 있습니다. 그러나 의연은 타인의 효과를 조성하는 데 그치고 자신들의 공功은 되지 않는 것입니다. 더욱이 이번 의연금은 모두 건물에 소비되고 말아서 마치 부 청사 건축, 파출소 건축 기금 등에 의연한 것과 동일한 의미에 그치고 말게 되었습니다. 그러고 보니 박물관이란 위대한 내면적 가치 존재의 설립 공덕, 경영 공덕 등 실질적 공덕은 개성부 당사자에게 견실見失되고 허화虛華로운 기부 공덕만 부민 제씨에게 가게 되었습니다. 실로 개성 부민 제씨를 위하여 천추의 한스러운 일이라 하겠습니다.

고유섭은 개성 유지들이 가장 많은 비용을 의연했음에도 불구하고 설립자의 공덕이나 경영의 공덕은 전혀 누리지 못하는 상황을 안타까워했다. 이처럼 개성박물관은 개성상인들의 적극적인 재정 지원으로 문을 열 수 있었지만, 개성상인의 역할은 거기까지였고 그 이상의 경영 참여는 할 수 없었다. 그러나 개성박물관은 개성 출신 관련 연구자와 문화재 수집가를 다수 배출함으로써 개성 유지들의 한계를 발전적으로 극복하는 데 기여했다고 평가할 수 있다.

고유섭과 개성 삼인방,
미술사학계의 거목들___개항 이후 일본인들로부터 무차별적인 도굴을 당할 수밖에 없었던 개성 사람들은 박물관 설립을 계기로 문화재 연구와 그 수호 및 보존에 큰 관심을 기

개성박물관 관장을 역임했던 고유섭.

울였다. 당시 이러한 관심을 환기시키는 데 커다란 공헌을 한 인물은 개성박물관 관장으로 재직했던 고유섭(1905~1944)이다.

한국 미술사학의 개척자, 선구자라는 평가를 받는 고유섭은 인천 출신으로 보성고등학교 재학 때 이강국과 1~2등을 다투는 수재였다. 보성 졸업생 59명 중 12명이 경성제국대학에 응시했지만 단 2명만 합격했는데, 그중 한 사람이 고유섭이다. 경성제대에서는 미학·미술사를 전공했는데, 한국인으로는 유일했다. 졸업 후 경성제대 미학연구실 조수로 연구활동을 시작했다. 특히 탑 연구에 정열을 쏟아서 일본 어용학자들의 오류를 많이 바로잡았다. 한 예로 익산 미륵사지 석탑을 일본인들은 통일신라시대에 건립되었다고 주장했는데, 그는 탑의 양식과 역사적 사실을 근거로 백제 무왕 때 세워졌고 한국에서 현존하는 가장 오래된 석탑이라고 반박했다.

　　1933년에 스물여덟 살의 나이로 개성박물관 관장으로 부임해 세상을 뜰 때까지 10년 넘게 재직했다. 조선총독부박물관 분관의 장長에는 일본인을 임명하는 것이 관례였는데, 한국인 고유섭이 개성박물관 관장으로 부임했던 데에는 특별한 배경이 있었다고 한다. 개성상인이 상권을 확실하게 장악한 개성은 일본인들에게는 매우 까다로운 곳으로 경찰서장을 제외한 모든 기관장에 조선인이 앉지 않으면 개성 사람들은 협력을 하지 않았다. 이에 부윤부터 은행장을 비롯해 일본인 출자 기관의 장까지도 대부분 조선인이 차지했고, 박물관장도 그 관례에 따라 고유섭이 발탁되었다는 것이다. 일제강점기 미학·미술사 분야에서 정규 대학 과정을 마친 유일한 한국인이었던 고유섭은 개성박물관 관장으로서는 최적의 인물이었다. 재임 시기에 그는 한국 미술사의 개척자로서 왕성한 활동을 펼쳤다. 이 기간에 60여 편에 달하는 논문을 발표했고, 진단학회 창립 때 발기인으로 참여하며 해당 학회지에 탑파에 관한 연구를 발표했다.

　　고유섭은 정력을 한곳에 모아서 앉으면 생각하며 쓰고, 괴로우면 술 한 잔으로 달랬다고 하는데, 이러한 과음 탓이었던지 해방되기 1년 전 마흔 살의 젊은 나이로 세상을 떴다. 당시 개성 사람들 사이에서는 개성 소주 때문에 세상을 떴다는 소문이 있었는데, 그의 사인이 간경화임을 생각하면 전혀 근거 없는 말도 아닌 듯하다. 그가 술을 찾게 된 이유를 시국과 연계해서 보기도 한다. 일제가 패망이 다가올수록 단말마적 조작으로 조선어학회 사건이니 무어니 하여 애국지사, 학자, 청년들을 수없이 감옥으로 집어넣을 때 고유섭이 평안히 서재에서 연구할 수는 없었을 것이라는 추정이다.

　　고유섭은 박물관장이자 연구자로서 많은 업적을 남겼는데, 특히 제자들에게 끼친 영향을 강조하지 않을 수 없다. 그는 강사로서 대학에서 강의한 적은 있지만, 전임 교원이 아니었기 때문에 정규 교육을 통해 제자를 키울 수는 없었다. 그러나 개성 출신 젊은이들 가운데 고유섭의 영향으로 미술사학에 발을 들여놓은 이들이 배출되었고, 그들은 해방 후 한국 미술사학계와 고고학계를 주도하면서 큰 족적을 남겼다. 즉 동국대 총장, 동국대 박물관장, 국립중앙박물관장을 역임한 황수영, 이화여대 교수 겸 이화여대 박물관장을 역임한 진홍섭, 국립중앙박물관장을 역임한 최순우가 그들로, 세상에서는 이들을 일러 고유섭의 '제자 삼걸' 혹은 '개성 삼걸' '개성 삼인방'이라고 불렀다.

황수영은 1918년생으로, 할아버지가 인삼업으로 자수성가하여 경제적으로 비교적 안정된 집안에서 자랐다. 특히 할아버지가 교육에 큰 관심을 기울여 직계가족뿐 아니라 일가친척을 모두 외국에 유학 보냈다고 한다. 집안의 지원 속에서 황수영은 경성제2고보(현 경복고)와 도쿄제국대학 경제학부를 졸업했다. 집안에서는 고등문관시험을 치를 것을 바랐지만, 황수영은 역사를 좋아해서 타협책으로 경제학부를 선택했다. 그러나 경제학은 그의 흥미를 끌지 못했다. 경제학도인 그가 한국 미술사에 뜻을 두게 된 계기에 대해서 황수영은, 고유섭 선생님을 만나고 또 그가 일찍 세상을 뜨셨기 때문인 것 같다고 회고한 적이 있다.

황수영은 고등학생 때 소개장도 없이 박물관 사무실로 고유섭을 찾아가 첫 만남을 가졌고, 이후 박물관을 자주 찾았다. 유학할 때는 방학해서 고향에 오면 고유섭과 함께 송도 고적을 답사하곤 했다. 또 학술 발표회나 박물관 회의가 있어 고유섭이 도쿄에 올 때도 함께했다. 특히 고유섭이 세상을 뜨기 직전 두 달 정도는 일본에서 귀국 후 다른 일자리를 준비하던 시기로, 선생을 자주 찾아 뵈었다. 병석에 누운 고유섭은 황수영의 진로를 걱정하면서도 미술사를 공부하라는 말은 하지 않았다고 한다. 오히려 일찍 세상을 뜨지 않았다면 미술사 공부를 말렸을 것이고 그 자신도 미술사로 전환하지 않았을 것이라고 한다. 그러나 고유섭 사후 그가 남긴 원고 정리를 황수영이 맡게 되었는데, 이것이 미술사로 진로를 바꾸는 결정적인 계기가 되었다. 해방 후 본격적으로 시작된 유고 정리 작업 과정에서 황수영은 한국 미술사에 발을 들여놓던 것이다.

또 해방 후 이희승의 주선으로 박물관에 취직하게 되는데, 이 역시 미술사를 평생의 학문으로 받아들이는 계기가 되었다. 이희승과 고유섭은 경성제대 동기로, 둘은 막역한 사이였다. 특히 이희승은 고유섭의 요절을 매우 안타까워했는데, 그의 영향을 받은 황수영과 진홍섭의 박물관 취직을 주선함으로써 고유섭의 제자가 학계에서 자리잡고 업적을 남기는 데 큰 역할을 했다. 세상에 알려진 국보급 문화재 가운데 황수영의 자취가 깃들지 않은 것이 거의 없다고 할 만큼 문화재 수습과 보존에 큰 자취를 남겼다.

진홍섭 역시 1918년생으로 황수영과 동갑이며, 둘은 어려서부터 절친한 사이였다. 그는 개성에서도 손꼽히는 부유한 집안에서 태어나 어렸을 때부터 귀하게 자랐다. 어머니의 모성애로 인해 서울 유학은 관뒀지만, 일본 유학만은 포기할 수 없어 결국 아버지의 승낙을 얻어 황수영과 함께 유학길에 올랐다. 진홍섭도 메이지明治 대학에서 경제학을 전공했다. 그 역시 경제학이 적성에 맞지 않았지만, 집안과 타협하지 않을 수 없었던 것이다.

방학 때 고향에 돌아와 황수영과 함께 자주 박물관에 놀러 가곤 했고, 고유섭과 유적을 답사하면서 또는 박물관에서 이런저런 이야기를 나누면서 깊은 감명을 받았다. 특히 대학 졸업 후 제2차 세계대전으로 폐교 위기에 처한 호수돈여고보에 약간의 재정 지원을 했는데, 이에 대해서 고유섭은 "평범한 일을 했군"이라고 말하며 호수돈여고보 교사로 취직하는 데 반대한 일이 있었다. 그런 일은 돈만 있으면 아무나 할 수 있는 일이고, 너는 더 근본적인 일을 해야 할 것이 아니냐는 뜻으로 받아들인 진홍섭에게 이는 적잖은 충격이었다. 그리고 고유섭의 아호인 급월당汲月堂에서 '급월'의 뜻을 통해 학문이 어떤 것인지를 생각하게 되었다. 원숭이가 못 가운데 비친 달을 길으러 밤새 물을 떠올렸으나 날이 새도 달은 여전히 못 속에 있었다는 우화는 학문의 심원함을 암시하는 내용인데, 이를 아호로 삼은 고유섭의 학문에 대한 외경과 아울러 정진의 심정을 깊이 깨달을 수 있었던 것이다. 이러한 일련의 충격과 자극은 진홍섭에게 평생 잊지 못할 교훈으로 남았다.

귀국 후 1942년부터 일제 패망까지 호수돈여고보에서 교사로 재직했다. 일제 말기 교사로서 학생들을 인솔해 황국신민의 서사를 외우고 신사를 참배하는 일을 마다할 수 없었고 해방 후 자의가 아니었더라도 이러한 처신에 자책을 느껴 교사직을 내놓았다. 마침 개성박물관이 국립박물관 개성분관으로 개편되었는데, 초대 국립박물관장을 지낸 김재원과 이희승의 권유로 진홍섭은 개성분관의 관장직을 맡게 되었다. 이는 진홍섭이 미술사학계로 본격적으로 투신하는 계기가 되었다. 1952년까지 개성분관장을 역임했고, 분단 이후에는 경주분관장으로 1952년부터 1961년까지 재직했다. 1964년부터 1983년까지는 이화여대 사학과 교수 겸 박물관장으로서 미술사학계와 박물관학계에 큰 발자취를 남겼다.

진홍섭이 분관장으로 부임했을 때 박물관 직원으로 최순우가 있었다. 최순우는 개풍군 출신으로 송도고등보통학교를 졸업한 뒤 개성부

청에 취직했는데, 박물관으로 발령이 나면서 박물관과의 인연이 시작되었다. 최순우는 해방 직후 개성분관에서 국립박물관으로 자리를 옮겼고 이후 그곳에서 평생을 보냈다. 1974년에 국립박물관장이 되었고 10년 동안 관장으로 재직하다가 1984년에 관장의 직을 지닌 채 운명을 달리했다.

미술사학계의 개성 3인방은 해방 이후 고유섭의 뒤를 이어 한국 미술사학계를 이끌었다. 그리고 돈을 많이 번 선후배 개성상인들에게 국외로 유출되는 문화재 수집의 중요성을 일깨워 그들이 문화재 수집 및 보존에 나서게 하는 견인차 역할을 했다.

이홍근, 대수장가이자
연구자의 탁월함을 갖추다___ 이홍근은 1900년 개성에서 태어났다. 개성에서 간이 상업학교를 졸업한 뒤 상인의 길로 들어섰다. 기록에 의하면 장사를 위해 열네 살 때 고향을 떠나 함경도 성진으로 갔다고 하는데, 나이를 감안하면 사환으로서 일정한 수련 과정을 거쳤을 것으로 짐작된다. 그가 상인으로 독립한 시기는 스물여섯 살 때였다고 한다. 열네 살 때부터 터를 잡은 성진에서 개풍상회라는 종합물산상회를 운영하기 시작했다. 30대에는 양조회사 등에도 투자해 임원으로 활약했고, 인삼 경작에도 투자해 소리 소문 없이 거부를 쌓았다. 이선근은 이홍근에 대해 "매우 단아하고 조용한 인품의 소유자이면서 큰 재산을 모으는 데도 소문 없이 오직 근검절약과 침착한 이재理財로 일관했던 것 같다"고 회고했다. 전하는 말에 따르면 일제강점 말기 이홍근은 조선에서 30위권 안에 드는 거부로 성장했다고 한다.

그러나 일제강점기에 쌓은 재산은 한국전쟁으로 신기루처럼 사라졌고 결국 월남 이후 새롭게 사업을 펼쳐 또다시 거부를 모았다. 그 재력을 바탕으로 이홍근은 문화재 수집에 나설 수 있었다.

이홍근의 고서화 수집은 스물여덟 살 때 시작되었다. 그 동기에 대해 이홍근은 이렇게 말했다. "난 그땐 돈 버느라고 누깔이 선했는데 (⋯) 아 일본 놈들은 시시한 놈들도 차완 하나쯤은 즐길 줄 안단 말야……." 일본인의 고미술품 감상에 영향을 받아 취미생활로 고서화를 수집하기 시작했던 것이다.

이홍근이 수집 대상을 서화에서 고미술품으로 확대한 시기는 한국전쟁 이후였다. 그리고 더 적극적으로 그 일에 열중한 데에는 또 다른 동기가 있었다. 당시 상황을 이홍근은 이렇게 털어놓은 적이 있다. "그놈을 잊으려면 뭔가에 미쳐야겠는데 주색이나 노름에 미치게 되면 몸이 축나겠고……." 여기서 말한 '그놈'은 바로 그의 장남을 가리키는데, 전쟁 중 장남 일가를 개성에 두고 와서 생이별을 했고 장남 일가에 대한 애절한 그리움을 주색이 아닌 문화재 수집으로 달랬던 것이다.

전쟁 중에 200만 원에 팔린 '황자'(청자가 누렇게 변색된 것) 화병이 한 개 있다는 말을 듣고 그것을 사달라고 했다. 1000만 원 내라는 것을 200만 원밖에 없다고 해서 그 값으로 샀다. 그런데 단골 행상이 그 황자를 보더니 20만 원이면 살 수 있는 물건이라고 했다. 결국 "내 돈 주고 병신 구실한 게" 되었다. 그러나 이를 계기로 "그런 값이면 도자기를 좀더 사달라"고 그 행상에게 부탁했다. 모아온 서화에 20~30점의 도자기를 곁들이려는 것이 처음 뜻이었다. 그러자 도자기가 밀려들기 시작했다. 달러를 사는 셈치고 사 모았고 가짜도 샀다. 그래야 더 진짜를 가져온다는 논리였다.

「도원행주도桃源行舟圖」,
안중식, 비단에 채색, 143.5×50.7cm, 1915, 이홍근 기증, 국립중앙박물관.

「임거추경도林居秋景圖」.
강세황, 종이에 엷은색, 15.8×40.0cm, 18세기, 이홍근 기증, 국립중앙박물관.

態相傳通
傻于植每
花皆必傾
傚其倒今
寫揚州若

歸寒之虫
壇石不出
追想風韻
阿凍寫山
尚不失其
古烏也恨

無薛此八
筆法派畫
禳袒六鶴
于右右所庸金壽門畫梅題此

撰漫人

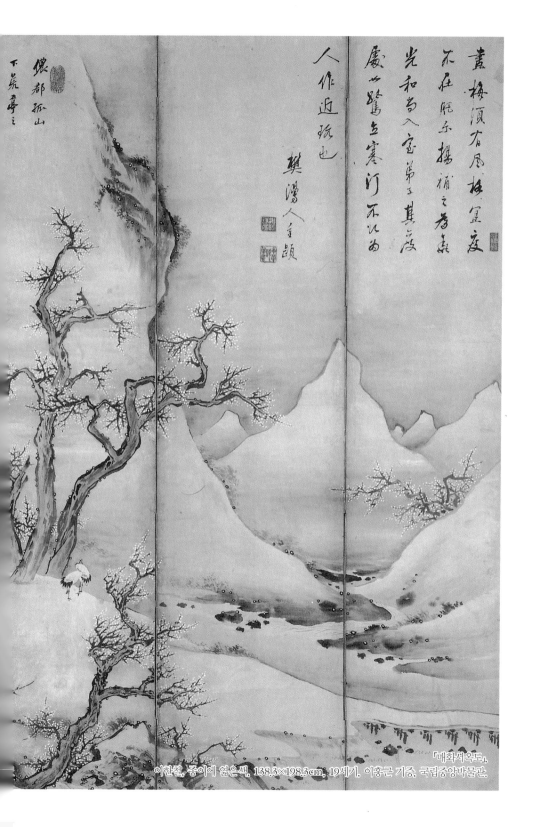

畫梅須有風格宜庚
不在匣手揚補之為是
光和尚入室第二其庚
屬必驚と塞行不似当

人作近孤也

樊渢人全題

銀都孤山
下庭再之

「매화서옥도」,
이한철, 종이에 엷은색, 138.3×198.3cm, 19세기, 이홍근 기증, 국립중앙박물관.

골동품 전문 상인의 회고에 따르면 자유당 시절에는 삼성의 이병철과 동원 이홍근을 제외하면 문화재를 살 만한 사람은 손에 꼽을 정도로 드물었다고 한다. 이홍근은 전형필과 비슷한 시기에 골동을 수집해 상당한 양을 수장했고, 그와의 거래는 항상 현금으로 이뤄져 상인들에겐 최고의 고객이었다고 한다. 그는 수집가로서 대단한 열의를 보이는 한편 연구에도 깊은 관심을 갖고 공부해 골동계에서는 드물게 여겼다.

이홍근의 문화재 수집은 대부분 내자동 자택에서 이뤄졌다. 가끔 자택으로 최순우, 황수영, 진홍섭 등 몇몇 사람을 불러 그동안 수집한 미술품을 감상하는 기회를 가졌고 새로운 미술품이 있을 때면 그 가치를 자문하기도 했다.

대수장가로서 이홍근의 진면목을 보여주는 일화로 도요지 출토 청자 파편 수집을 들 수 있다. 문화재 수집을 투자의 방편이나 개인 취향만으로 하는 사람이라면 깨진 사금파리에 정성을 기울일 일이 거의 없다.

분청사기 물고기무늬 장군, 높이 17.6cm, 15세기, 이홍근 기증, 국립중앙박물관.

'임신'이 새겨진 구름 학무늬 대접, 높이 5.6cm, 지름 16.9cm, 1332, 이홍근 기증, 국립중앙박물관.

즉 자기 파편은 연구 자료로는 매우 귀중하지만 골동품으로서는 쓸모 없는 물건이다. 그러나 이홍근은 그 파편들을 입수한 뒤 진홍섭을 불러 매우 만족스러워하며 자랑한 적이 있다고 한다. 이는 수집 대상을 연구 자료에도 두어야 한다는 생각에서 연유한 것이라 한다.

문화재 수집과 관련된 일화 몇 가지를 살펴보자.

그는 지방 어느 곳에 좋은 물건이 있는데 여비가 없어 갈 수 없다는 말을 들으면 차비까지 내주곤 했고, 그의 집 다락방에는 언제나 현금이 가득 쌓여 있어서 급하면 밤에도 물건을 들고 찾아가는 사람이 있었다고 한다. 심지어 물건과 돈을 똑같은 높이로 쌓아놓고 둘 중 한 가지를 택하라고 했다는 이야기도 전해온다. 또 언젠가 일본의 재벌급 인사 한 명이 찾아와서 토기 대접 조그마한 것을 팔라고 했다. 그러나 이홍근은 딱 잘라 거절했다. 그러자 그 일본인은 자기 나라의 국보급 자기와 맞바꾸자고 다시 제의해왔다. 하지만 자존심이 강한 이홍근은 역정을 내면서 "그대의 나라에서 자랑하는 호류 사法隆寺 불상과도 바꿀 수 없다"며 박차버렸다고 한다. 우리 문화재 수호에 쏟은 이홍근의 관심과 애정을 짐작케 하는 대목이다.

1960년대에 이미 이홍근은 수집 문화재의 사회 환원에 대해 고민하기 시작했다. 최순우의 회고에 따르면 어느 날 저녁 이홍근은 황수영, 진홍섭, 최순우를 자택으로 초대한 적이 있다. 그 자리에는 아들도 함께 있었는데 다음과 같이 말했다고 한다.

내가 이 세상에 와서 돈 버는 일밖에 더 한 일이 있느냐. 그중에 그래도 보람 있는 일을 했다면 문화재를 모은 일일 것이다. 그러나 내 수집 문화재는 자식들한테는 단 한 점도 상속할 생각이 없다. 장차

내 수집 문화재에 대한 문화사업을 세 분한테 맡길 테니 밥을 짓든
죽을 쑤든 세 분이 맡아서 마음대로 해주시오.

그 자리에서 그 운영과 기본 재산 문제를 비롯한 여러 얘기가 오갔는
데, 이는 수집 문화재를 모두 사회에 환원하겠다는 이홍근의 첫 의사
표시였다고 한다.

20여 년의 세월이 흐른 1980년 5월에 이홍근은 막내아들을 최순우
에게 보내 수장 문화재의 처리 관계, 즉 재단법인을 만드는 일 또는 국
가에 기증하는 일 등에 대한 의견을 고루 알아오도록 지시했다고 한다.
그리고 그해 10월 이홍근은 홀연히 작고했다. 최순우가 조문을 마치고
돌아오려고 할 때 맏상주는 최순우에게 문화재 일체를 국가에 기증할
계획이니 될 수 있는 대로 급속히 추진되도록 도와달라는 말을 전한다.
이홍근이 평생 수집한 문화재의 사회 환원이 결정되는 순간이었다.

이홍근은 수집 문화재만 사회에 환원한 것이 아니었다. 거액의 기금
도 함께 내놓아서 미술사학, 고고학을 연구하는 젊은 연구자들에게 그
혜택이 돌아가게 했다. 미술사학과 고고학은 꼭 필요하지만 당시만 해

'계축년'이 새겨진 발, 높이 8.3cm, 지름 25.1cm, 1193, 이홍근 기증, 국립중앙박물관.

도 배고픈 학문이어서 이홍근의 기금 출연은 커다란 촉진제가 되었다.

최순우는 이홍근의 문화재 사회 환원에 대해 다음과 같이 평했다.

참다운 수장가는 유물을 재산으로 보지 않으며, 살 수 있는 것과 사서는 안 될 것을 잘 가려야 될 뿐 아니라 수장품 내용이 체계가 있어서 무엇인가 학계 문화계에 사회적인 공헌을 할 수 있어야 된다. 그리고 수집에 평생을 즐기고 나서는 나라나 시(市)와 같은 공공 기관에 내놓을 줄 아는 것이 참다운 대수장가의 윤리다. 동원 선생은 그러한 대수장가의 윤리를 투철하게 체득하고 끝까지 실천한 분이었다.

이회림, 박물관을 기부하고
젊은 예술인을 지원하다___이회림은 1917년 개성 만월동에서 태어났다. 그 역시 당시 개성의 일반적인 남자아이들처럼 어려서부터 상인의 길을 택했다. 한학을 3년간 공부하고 여덟 살 때 송도보통학교에 입학한 뒤 1930년 열네 살 때 졸업했다. 이회림은 졸업 후 상급 학교 진학을 포기하고 사회 진출을 결심했다. 그전해 아버지가 돌아가신 상황에서 2남3녀의 장남인 이회림은 홀어머니의 고생을 보고만 있을 수 없다고 생각했던 것이다. 그는 가계에 보탬이 되고 싶은 마음에, 입사하면서부터 월급을 주는 서점에 취직하려고 했다. 그러나 어머니는 당장 월급 몇 푼 받는 것보다 장래를 내다볼 때 장사를 배우고 익히는 것이 더 중요하다고 여겨 서점 취직을 반대하고 큰상점에 사환으로 들어가 장사를 제대로 배우기를 원했다. 결국 이회림은 잡화 도매상에 취직했고, 그곳에서 상인의 기본 자질을 배운다.

사환으로서 이회림은 아침 7시 이전에 일어나 상점 문을 열고 아침 식사를 한 뒤에는 지방에서 오는 상인들에게 물건을 권했으며, 매매가 이뤄지면 짐을 꾸렸다. 물건 배달도 사환의 주요한 일 가운데 하나였다. 사환생활 중에 주인의 인정을 받으면 직접 주문을 받으러 다녔는데, 이회림은 아주 일찍부터 주인에게 인정을 받아서 입사 1년도 채 안 되었을 때 주문 받으러 다니는 일을 했다. 처음에는 개성 시내를 일주하며 소매상에게서 주문 받는 일부터 시작한다. 경험이 쌓이면 1박2일 혹은 2박3일 일정으로 황해도 등 개성 인근 지역으로, 더 멀리는 함경도 등 전국을 무대로 다녔다. 주문을 받으러 나가지 않을 때는 상점에서 밤늦도록 장부를 기록했다. 사환생활을 통해 장사의 기본 원칙과 방법, 상인으로 대성하려면 사고력, 즉 판단력과 책임감이 우선한다는 사실은 물론 상인으로서 갖춰야 할 성실성, 신용 등의 덕목을 체득하게 된다.

7년여 간의 사환생활을 마치고 이회림은 독립해 본격적으로 사업을 시작했다. 전국에 잘 아는 중소상인이 여럿 있어서 판매에는 자신이 있었다고 한다. 문제는 물건을 사는 일이었는데, 서울에 유명한 중개인을 알고 있어서 많은 물건을 입수해 판매함으로써 얼마간 돈을 모을 수 있었다. 그러나 일제강점 말기 물자 통제령으로 장사를 하는 게 여의치 않았다. 그동안 벌어놓은 돈을 전부 소진할 무렵 해방을 맞았다. 나라를 되찾았다는 소식을 들은 이회림은 일제 경찰의 감시와 눈총 없이 본격적으로 장사를 해보리라 마음먹었다고 한다.

해방 후 이회림은 개풍상사를 설립해 무역업을 시작했고 이를 통해 적지 않은 부를 모을 수 있었다. 이어 1955년에 대한탄광을 인수하고 1956년에는 대한양회를 세우는 등 기업인으로서 본격적인 활동을 펼쳤다. 1968년에는 인천 남구 학익동 앞 바다를 매립해 공단 부지를 조성하고 소다회 공장을 지었으며, 이후 화학산업에 매진했다. OCI로 회사 이름을 바꾼 동양제철화학, 유니드, 삼광글라스 등의 회사를 세웠고, 이를 통해 대기업가로 성장할 수 있었다.

이회림이 문화재 수집에 관심을 갖게 된 데에는 고려 수도 개경에서 유년 시절을 보낸 경험과 일본인의 문화재 약탈에 대한 반발, 그리고 개성 삼인방의 영향이 컸다. 한 신문과의 인터뷰에서 이회림은 "만월대, 선죽교…… 고려의 문화유산이 참 많은 곳이죠. 고려청자를 보고 자라며 '나도 한번 고려청자를 모아봐야지' 이런 생각을 했죠. 그리고 가게 점원으로 일하며 전국 방방곡곡을 다녀보니 일본인들이 빼가는 우리 문화재가 너무 많아요. 이러면 안 되겠다 싶었죠." 이처럼 개성에서 자란 이회림은 어려서부터 고려청자에 익숙했고, 일제강점기 일본인들의 문화재 약탈을 목격하고 들으면서 문화재를 지켜야 한다는 의식을 갖게 되었는데, 이는 이후 문화재 수집에 본격적으로 뛰어드는 계기가 되었다.

이회림이 문화재를 수집하기 시작한 것은 한국전쟁 때 동대문시장에서였다고 한다. "전쟁 때라 돈이 궁한 사람들이 종종 문화재를 들고 나오더군요. 평소 가격의 20~30퍼센트만 줘도 살 수 있었습니다. 그때 산 것이 겸재 그림과 도자기였는데, 얼마나 기분이 좋았던지 이리저리 뜯어보느라 밤을 꼬박 새웠지요."

그러나 본격적인 문화재 수집에는 이홍근을 비롯한 개성 삼인방의 영향이 컸다. 1960년대 들어 이회림은 당대 최고의 문화재 컬렉터였던 이홍근의 집을 드나들었고, 1970년대에는 최순우와 교유하면서 문화재를 열심히 배우고 또 열심히 구입했다고 회고했다. 소장품이 늘자 1989년 종로구 수송동에 송암미술관을 세웠고, 1992년에는 인천에 건물을

「노송영지도」, 정선, 종이에 채색,
147.0×103.0cm, 1755,
인천광역시립박물관 송암미술관.

「화조도」, 장승업,
173.2×48.6cm,
19세기,
인천광역시립박물관
송암미술관.

「진묵법경眞默法經」, 김정희, 19세기, 인천광역시립박물관 송암미술관.

새로 지어 미술관을 옮겼다. 이것이 바로 인천시에 기증한 인천 송암미술관이다.

송암미술관에는 국보급인 겸재 정선의 그림 「노송영지도老松靈芝圖」를 비롯해 엄청난 제작비를 들여 실물을 복원한 광개토대왕릉비가 있다. 그리고 단원 김홍도의 그림, 추사 김정희의 글씨, 흥선대원군의 묵란도, 오원 장승업의 그림, 안중식, 변관식, 이응노, 김기창 등의 명품이 망라되어 있다. 특히 송암미술관에는 구한말과 일제강점기를 거치면서 해외로 유출된 문화유산이 상당수 있는데, 이는 이회림이 사업차 해외 출장을 다닐 때마다 세계 각지에서 발견한 우리 문화유산을 틈틈이 사모은 것이다. 송암미술관은 수천 점에 달하는 도자기를 비롯한 문화재를 소장하고 있고 미술관으로서 완벽한 시설을 갖추고 있다. 소중한 문화재를 수집해 국가기관이나 공공기관에 기증하는 일은 종종 있지만 박물관과 소장 문화재 및 그 재산 일체를 공공기관에 기증한 예는 세계적으로도 유례를 찾기 어렵다.

이회림이 송암미술관을 인천시에 기증한 뒤 미술관 소장 유물의 진품 여부에 대한 논란이 있었다. 이에 인천시에서는 전문가들로 평가위

「궁녀」. 김은호. 20세기.
인천광역시립박물관
송암미술관.

원회를 구성해 미술품과 유물에 대한 조사를 벌였다. 2006년 1월 23일 현재 기증 총 유물 8450점 중 조사를 마친 4873점 가운데 47퍼센트 정도가 모조품이거나 복제품이고 40퍼센트 정도가 진품이었다고 한다. 한편 2012년 송암미술관 유물에 대한 가격이 매겨졌다. 유물에 가격을 매기는 것은 별 의미가 없지만 인천시에서는 보험에 들기 위해 불가피하게 가격을 책정할 수밖에 없었다. 인천시립박물관 소장 유물 9917점에 대한 보험가액은 138억여 원이었다. 반면 송암미술관 소장 유물 8450점의 유물 금액은 282억여 원으로 평가되었다. 서화류 127억여 원, 도자·공예류 156억여 원이었다. 진위 논란에도 불구하고 이회림은 280억 원의 문화재를 사회에 환원했던 것이다. 미술관과 그 부지 가격이 2005년 당시 150억 원 정도로 평가되었으니 그가 사회에 기증한 총액은 430억 원을 훨씬 웃도는 셈이다.

이회림이 송암미술관을 인천에 세울 당시 사람들은 왜 하필 인천에 그런 문화기관을 세우느냐, 서울에 세워야 빛을 보지 않겠느냐고 물은 적이 있다. 이에 대해 그는 "내가 인천에서 뜻있는 사업을 시작했고, 거기서 성장해 지금에 이르렀는데 인천에 미술관을 세우는 것이 마땅한 일이며 이것이 나를 키우고 지금을 있게 한 인천 시민에 대하여 보답하는 길이다"라고 말했다. 그리고 인천시에 박물관과 문화재 일체를 기증하는 것과 관련해서도, "나이를 먹어가면서 얻은 것을 사회에 돌려줘야 한다고 생각해왔고, 동양화학이 인천에서 성장한 기업이기 때문에 인천시에 기증하기로 했다"며 사회 환원의 깊은 뜻을 밝히고 있다.

이회림 집안에서는 송암미술관 기증 이후 별도로 OCI미술관을 운영하고 있는데, 이는 고서화 및 도자기·공예품 중심의 송암미술관과는 달리 현대 미술의 전시 및 젊은 작가에 대한 지원을 주요 사업으로 하고 있다. 특히 메세나 활동과 관련하여 주목되는 것은 젊은 예술인에 대한 지원이다. OCI미술관에서는 2010년부터 매년 젊은 작가 10여 명을 선정해 각각 1000만 원의 창작 지원금과 전시 공간을 제공하고 있다. 두 세대에 걸쳐 예술 지원이 이뤄지고 있는 것이다.

윤장섭, 광복 이후
문화재 지킴이가 되다___ 윤장섭은 1922년 개성에서 태어나 개성공립상업학교, 보성전문학교를 졸업했다. 서울 종로에서 실 장사로 사업을 시작해 쏠쏠한 재미를 봤으나 전쟁으로 인해 쌓은 것들을 잃어버렸다. 그런 와중에 피란생활을 하면서도 부산에서 직물 원자재를 사 대구에서 팔기도 했다. 30대 중반에 무역회사 성보실업을 세워 운영했고, 이후 유화증권에 이어 서울농약까지 인수해 사업을 확장하는 등 기업인으로 활약했다.

기업활동에 매진하던 그가 문화재와 인연을 맺게 된 데에는 역시 개성 3걸의 역할이 컸다. 개성상업학교 재학 당시 개성박물관 관장 고유섭의 특강을 듣고 미술사학과 민족문화에 눈을 뜨기 시작한 그의 문화재 수집 인생에는 언제나 개성 3걸이 함께했다. 그 직접적인 계기는 학술지 간행비 지원이었다. 1969년 그가 운영하던 소공동의 성보실업에 최순우와 황수영 선생이 찾아왔다. 두 사람은 월간 『고고미술』 발간 비용 문제로 곤경에 처하자 돈 좀 번 고향 후배를 떠올렸던 것이다. 그때 흔쾌히 잡지 후원을 맡은 것이 고미술 수집 인연으로 연결되었다. 특히 "소중한 우리 문화 자산이 몰래 외국으로 빠져나가게 해서는 안 된다"는 선배들의 외침은 가슴에 여운으로 남아 그를 문화재 수집으로 이끌었다.

1971년 고미술 중개상을 통해 고려청자 주전자를 250만 원에 구입하면서 그의 문화재 수집이 시작되었는데, 개성 3인방은 초보 수집가의 '족집게 과외 선생' 역할을 마다하지 않았다. 특히 최순우와는 1971년부터 1977년까지 200통 가까이 되는 편지를 주고받으며 자문을 구했다. 윤장섭의 회고에 의하면, 언젠가 고마움의 정표로 수집품 하나를 최순우에게 드린 적이 있는데 그는 그것을 기증했고, 기증자의 이름을 윤장섭으로 했다고 한다. 그만큼 사심이 없었다.

세금청구서 등이 날아오면 알맹이는 버리고 봉투는 차곡차곡 모아서 거기에 손주들 세뱃돈을 넣어줄 정도로 평소 생활에서는 알뜰하기로 유명했지만 문화재 구입에서만큼은 통이 컸다. 그의 문화재 구입에는 일정한 원칙이 있었다. 우선 소장가가 값을 부르면 절대 낮추지 않았다고 한다. 중간상인과는 흥정을 하지만 가격을 지나치게 깎지는 않았다고 한다. 물건을 싸게만 사려고 하지 않았던 것이다. 왜냐하면 적당한 가격을 쳐주어야 좋은 물건이 생겼을 때 먼저 연락을 받을 수 있었기 때문이다. 그래서인지 지금도 중간상인들은 귀한 물건이 나오면 호림박물관을 찾는다고 한다. 한편 능력이 닿지 않는다고 생각되는 물건은 깨끗이 포기했다.

그의 43년 문화재 수집 인생에 흥미 있는 일화 몇 가지를 소개해본다.

그 수많은 문화재 가운데 그가 가장 애착을 느끼는 물건은 고려 사경인 「백지묵서묘법연화경白紙墨書妙法蓮華經」(국보 제211호)이라고 한다. 이 사경은 고려 말인 1377년(우왕 3) 하덕란이란 사람이 죽은 어머니의 명복과 아버지의 장수를 빌고자 발원해서 만든 것으로, 전체 7권7책이 온전하게 남아 있는 완질이다. 재일동포 소장가가 한국으로 돌려줘야 할 물건이니 황수영 선생이 정한 사람한테 팔라고 유언했고, 황수영이 윤

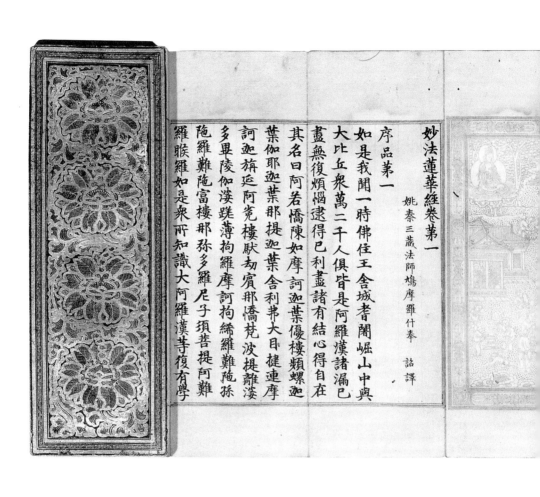

妙法蓮華經卷第一

姚秦三藏法師鳩摩羅什奉　詔譯

序品第一

如是我聞一時佛住王舍城耆闍崛山中與
大比丘眾萬二千人俱皆是阿羅漢諸漏已
盡無復煩惱逮得已利盡諸有結心得自在
其名曰阿若憍陳如摩訶迦葉優樓頻螺迦
葉伽耶迦葉那提迦葉舍利弗大目揵連摩
訶迦旃延阿㝹樓馱劫賓那憍梵波提離婆
多畢陵伽婆蹉薄拘羅摩訶拘絺羅難陀孫
陀羅難陀富樓那彌多羅尼子須菩提阿難
羅睺羅如是眾所知識大阿羅漢等復有學

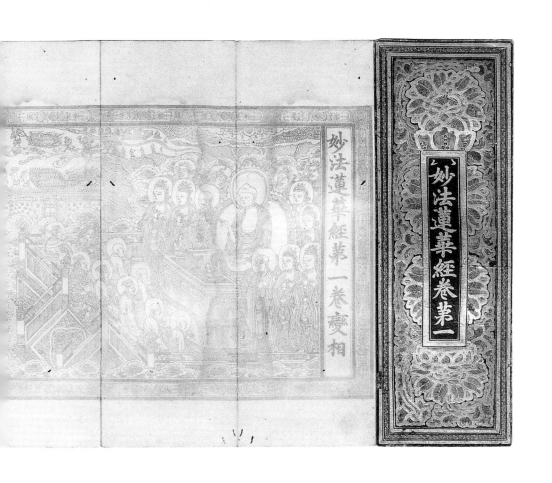

「백지묵서묘법연화경」(권1~7), 각 31.8×10.9cm, 국보 제211호, 1377, 호림박물관.

「백지묵서묘법연화경」 권2(위)와 권3에 실린 변상도變相圖.

장섭에게 반드시 사야 한다고 권유했던 작품이다. 윤장섭은 임진왜란 때 일본이 약탈한 물건으로, 해외에 유출되었던 귀중한 우리 문화유산을 되찾았다는 점에서 각별히 자랑스럽다고 했다.

가장 비싸게 산 유물은 1974년에 역시 고향 선배인 최순우가 극찬했던 '백자 청화매죽문 유개항아리'(국보 제222호)다. 최순우는 이 작품을 감정하고는 "이건 중국 것과 다르다. 조선의 맛이 있다. 꼭 사셔야 한다"고 말했다. 중간상인이 분위기를 눈치 채고 4000만 원을 불렀다. 당시 종로에서 4~5층 빌딩 한 채를 살 수 있었던 금액인데, 두말 않고 값을 치렀다고 한다. 신문 인터뷰에서 당시를 회고하며 다음과 같이 말했다. "그때 내가 정신이 좀 그랬어(웃음). 그런데 놓칠 수가 없었지요. 꼭 사야만 했어." 이 백자는 15세기에 제작된 고청화古靑華로 전체적인 모양과 색깔, 문양의 필제 등이 찾아보기 힘든 최고 수준을 자랑한다.

1974년에 구입한 '백자 청화오족용문 대호'는 높이가 56.9센티미터나 되는 장대한 몸체에 발가락이 다섯 달린 용이 꿈틀대는 형상인데, 왕실에서만 쓰인다는 이른바 오족용준五足龍樽이다. 발가락이 네 개였다면 10만 원 내외로 살 수 있었는데, 다섯 개여서 고민을 하다가 710만 원을 주고 샀다고 한다. 조금 과하다는 생각이 들었지만, 지금은 이런 작품을 아예 볼 수조차 없다고 한다.

횡재한 경우로는 '분청사기 상감연당초문[공안] 대접'이 대표적이다. 이 상감분청 사기는 품새가 별로 정교하지 못해 내키지 않았는데, 중간상인이 하도 애원해 어쩔 수 없이 샀다고 한다. 그런데 알고 보니 대단한 가치를 지닌 물건이었다. '공안恭安'이라는 글자 덕분이다. 조선 초기에 설치되었던 관청 '공안부'에서 제작된 것으로 제작 연대를 정확히 알수 있어 자료적 가치가 컸던 것이다. 공안부는 잠시 나타났다가 사라진

백자 청화매죽문 유개항아리, 높이 29.2cm, 국보 제222호, 조선시대, 호림박물관.

백자 청화오족용문 대호, 높이 56.9cm, 18세기, 호림박물관.

분청사기 상감연당초문[공안] 대접, 높이 6.0cm, 15세기, 호림박물관.

관청으로 학계에서는 그 존재에 대해 궁금해하던 차에 유물로 그 관청의 실존이 확인되었던 것이다. 당시 300만 원도 안 주고 샀는데 매득買得한 셈이다. 매득이란 시가보다 싸게 산 것을 말한다.

윤장섭은 늘어나는 소장품을 보면서 자신이 세상을 뜬 뒤에도 유물을 지켜내려면 어떻게 해야 할지를 고민하기 시작했다. 문화재는 개인 재산이 아니며 공공의 자산으로 후손들에게 길이 전해지기를 바랐던 그는 1981년 사재를 출연해 성보문화재단을 설립하고 유물의 소유권을 넘겼다. 그리고 이듬해인 1982년 강남구 대치동의 한 상가 건물에 호림박물관을 개관했고, 1999년에는 신림동으로 확장 이전하며, 2009년에 신사동 분관을 개관하기에 이른다. 박물관은 문을 연 이후가 더 중요하다고 말한다. 유물을 꾸준히 구입해야 하고 연구뿐 아니라 전시를 기획해야 하며 공간도 관리해야 하기 때문이다. 이 작업에는 모두 돈이 들어간다. 윤장섭은 안정적인 운영과 재원 확보를 위해 성보문화재단에 유물 소유권을 모두 넘기고 부동산과 유가증권 같은 개인 재산을 기부하여 자급자족이 가능한 재정 시스템을 마련했다.

지금의 호림박물관은 국보 8점, 보물 46점, 서울시 지정 유형문화재 9건 등 유물 1만5000점을 보유한 박물관으로 성장했다. 호림박물관은 대기업이 아닌 중견 기업인 반열에서 각종 유물 수집과 기금을 출연해 국내 최고급 사립 박물관으로 개관했다는 사실에서 주목을 끈다. 호림박물관은 수준 높은 소장품으로 문화계로부터 높은 평가를 받지만 대중적으로는 잘 알려지지 않았다. 설립자의 홍보 수단으로 이용하지 않았기 때문이라고 한다. 한 신문은 간송 전형필을 아는 사람이라면 호림 윤장섭을 알아야 한다고 썼다. 간송이 일제강점기에 사재를 털어 문화재 유출을 막았다면 호림은 광복 이후 그 바통을 이어받아 문화재 지킴이 노릇을 했다.

철저한 검약정신이 몸에 밴 개성상인 윤장섭은, 좋은 의복을 입거나 좋은 음식 먹는 걸 삼가고 기업 이윤의 사회 환원을 실천해보자 생각하고 그대로 한번 해본 것이라고 말했다.

개성상인, 메세나의
모범으로 우뚝 서다___개성상인은 500년이 넘는 역사를 자랑하는 우리나라 최고의 상인이다. 그들은 불리한 조건을 극복하고 수준 높은 상업 문화를 발전시켰다. 이는 그 후손들이 근대 이후 일제의 경제적 침투와 한국전쟁으로 인한 실향에도 불구하고 현재까지 명맥을 유지하는 동력이 되었다. 개성상인의 상업 문화 속에서 자란 개성의 남자아이들은 어려서부터 상인으로 키워졌고, 어디에 가더라도 장사로 성공할 수 있는 능력을 지녔다. 실제로 그들은 돈 버는 데에는 타의 추종을 불허했고 개성은 조선에서도 부자가 많기로 유명했다.

그러나 개성상인은 1920년대까지는 재산의 사회 환원이라는 메세나 활동에 대한 관심이 미미했다. 이는 장사만 하면서 살아온 그들의 삶이 갖는 한계였으며 아울러 메세나 활동에 대한 사회적 인식이 약했던 시대적인 한계로 인한 것이었다. 그러나 개성 사람들은 1930년대 들어 다양한 계기로 재산의 사회 환원에 대해 관심을 갖게 된다. 일제강점기까지는 주로 학교 설립 등 공익사업에서 두각을 나타냈다.

개성상인이 메세나 활동을 본격적으로 실천에 옮긴 것은 해방 이후였다. 여기에는 1931년에 설립된 개성박물관과 그 관장이었던 고유섭의 힘이 컸다. 특히 고유섭의 영향으로 최순우, 진홍섭, 황수영이라는 걸출한 미술사학자가 배출되었는데, 이들은 고향의 선후배 개성상인들에게 외국으로 유출되는 우리 문화재를 수집해야 한다고 강조했다. 이 세 사람의 주장을 받아들여 문화재 수집에 나선 대표적인 개성상인이 바로 이홍근, 이회림, 윤장섭이었다.

그들은 사업을 통해 번 돈으로 수많은 문화재를 수집했다. 그들이 문화재 수집에 나선 것은 단순히 재산 증식이나 개인의 취미활동으로서가 아니라, 우리 문화재를 지켜야 한다는 개성 삼인방의 호소를 몸소 실천하기 위해서였다. 그리고 그들은 수집한 문화재를 개인의 재산이 아닌 공공의 재산으로 여겼다. 그래서 수집 유물들을 국립박물관에 기증하기도 하고, 유물을 포함해 미술관 일체를 지자체에 기증하기도 했으며, 사재를 출연해 건실한 박물관을 설립·운영하기도 했던 것이다. 개성상인의 이러한 실천은 오랜 역사를 배경으로 하고 있다는 점에서, 또 철저한 사회 환원이라는 점에서 모범적인 메세나 활동으로 평가할 수 있을 것이다.

6장

간송, 탁월한 심미안으로
우리 문화의 정수를
지켜내다

정병삼

한 나라의 질적인 가치는 그 문화에서 나타난다. 문화를 지키고 보존하며 가꾸는 민족은 그 나라에 대한 사랑과 자긍심을 품고 앞으로 열린 시대를 맞이할 수 있지만, 그렇지 못한 나라는 자신의 근원과 본질에 대한 확신을 갖지 못해 미래에 대한 희망이 굳건하지 못할 따름이다. 우리가 오늘날 자랑스럽게 생각하는 우리 전통문화의 정수는 그저 절로 확보된 것이 아니다. 특히 혹심한 민족말살 정책을 강행했던 일제강점기를 겪은 우리 문화재 보존은 민족문화를 지키겠다는 열정으로 넘쳤던 선각자들의 눈물어린 노력으로 이뤄진 것이다. 문화 수호는 문화재에 대한 애정과 안목, 경제적 능력, 일단의 문화 애호 그룹과 같은 여러 조건이 갖춰져야 가능한 일이다. 풍부한 재력을 바탕으로 민족문화 수호의 의지를 세우고 문예인들을 지원하며 익힌 빼어난 감식안으로 우리 문화재의 정수를 수집 보존하는 데 온 힘을 쏟아 문화보국文化保國의 신념을 실천한 간송澗松 전형필全鎣弼(1906~1962)의 삶은 오늘날에 진정 되새겨볼 의미가 있다.

일제의 문화재 침탈을
직시하며 감식안을 연마하다___ 간송은 1906년 서울에서 태어났다. 러일전쟁 후 미국과 영국의 양해 아래 조선에 대한 침략 의도로 우리 외교권을 박탈한 을사조약을 강압적으로 맺은 이듬해였다. 우리 국권이 이미 기울어가고 이에 대항하여 의병운동과 구국계몽운동이 전개되던 때였다. 간송은 배오개(종로4가) 상권을 장악하여 왕십리, 송파 일대와 황해도 연안, 충청도 공주 일대의 농지를 소유한 대지주 집안 전계훈의 손자이자 전영기全泳基(1865~1929)의 2남4녀 중 막내아들로 태어났다. 중추원 의관을 지낸 부

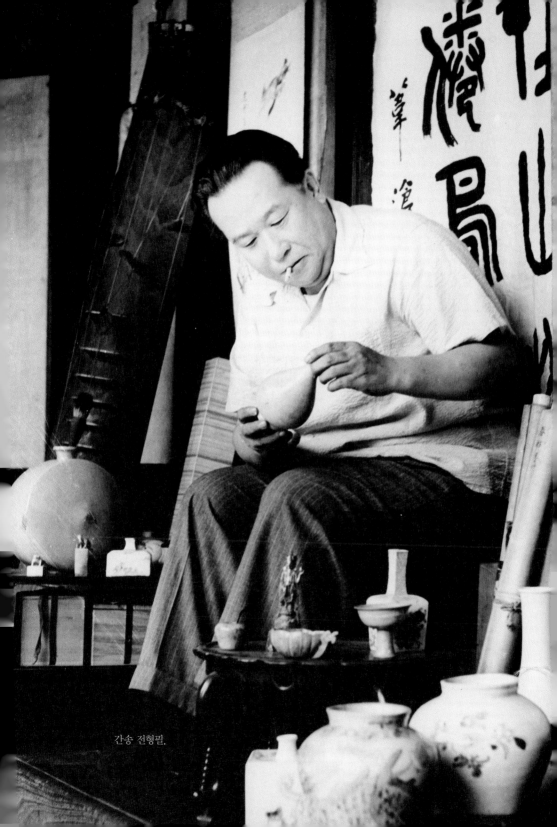
간송 전형필.

친 전영기와 궁내부 참서관을 지낸 숙부 전명기全命基 형제는 함께 높은 벼슬도 지내고 종로 일대의 상권을 장악한 수만 석의 갑부였다. 조부 때부터 두 형제는 대문만 따로 내고 나란히 붙은 집에서 사는 우애 좋은 사이였다. 간송은 태어나자마자 아들을 두지 못했던 숙부의 양자로 들어갔다.

간송은 나면서부터 남다른 데가 많았다고 전한다. 유복한 집안 환경은 이미 갖추고 난 데다 이목구비가 준수하고 신체가 단아해 보름달처럼 환하게 돋보이는 용모가 유달리 빼어났다. 성품은 온화하고 말수가 적었으나 총명하고 책 읽기를 좋아했으며 특히 아름다운 것을 극진히 사랑하여 항상 곁에 두고자 했다. 이처럼 탁월한 감성과 이성을 타고 났던 간송은 어릴 때부터 남다른 행동거지로 사람들의 사랑을 한 몸에 받았다.

간송이 훗날 문화유산을 지키고 보존함으로써 유구한 민족문화 전통을 이어갈 수 있게 해주는 일을 이뤄낸 데에는 이런 천품이 큰 바탕이 되었다. 간송은 글을 배우면서부터는 책과 필묵을 매우 좋아해 항상 곁에 두고 지냈으며, 정결하게 사용하고 갈무리도 잘해서 칭송이 자자했다. 자라나면서 차차 서화의 아름다움을 알게 되자 이에 대한 사랑이 극진했다. 그림을 벽에 걸기도 하고 잘 거두어두기도 했는데 그 정성이 유달랐다.

1917년 열두 살에 어의동공립보통학교(지금의 효제초등학교)에 입학한 간송은 3년 만에 양부의 타계를 겪었다. 이에 열네 살밖에 안 된 간송은 상주가 되어 양부의 후사를 계승하게 되었다. 그런데 이로부터 보름도 되지 않아 유일한 친형인 전형설이 28세의 나이로 갑자기 세상을 떴다. 이로써 간송은 생가와 양가의 유일한 적손이 되었고, 두 집 재산을 아우른 십만 석 거부의 유일한 상속자로 지목되었다. 집안의 큰일을 한 꺼번에 거푸 겪은 간송은 더욱 과묵하고 매사를 심사숙고하는 신중한 젊은이로 성장했다. 이해 1919년은 고종 황제가 돌아가셔서 그 장례를 계기로 3·1운동이 일어나 국권을 되찾으려는 독립운동이 전국에 메아 리치던 바로 그때였다. 간송은 조국과 가문이 연이어 맞은 슬픔 속에서 자신과 조국의 장래를 더 깊이 되새겼을 것이다.

이후 간송은 인생에 대해 숙고하고 자신과 가족의 장래에 대해서도 골똘히 생각했다. 가족을 잃은 슬픔에 잠길 겨를은 그리 오래 주어지 지 않았다. 고종 황제의 서거 이후 망국을 피부로 느끼며 국가와 민족 의 앞날에 관한 생각을 놓을 수 없었기 때문이다. 이제 온갖 복을 두루 갖춘 장안 갑부가의 귀공자로만 지낼 수는 없었다. 간송은 장차 어떻게 처신하며 무엇을 하고 살아가야 할지를 고민했다.

1921년 보통학교를 졸업한 간송은 휘문고등보통학교에 진학하여 본 격적인 신식 교육을 받았다. 집안의 유일한 계승자가 된 그는 양부의 삼년상이 끝나자 17세쯤에 고성 이씨固城 李氏와 혼인한 것으로 짐작된다. 그러나 결혼한 지 몇 달이 안 되어 부인이 갑자기 돌아갔고, 1년 뒤에 김점순金點順(1905~1988)을 재취로 맞아들였다.

간송은 휘문고보 시절 학업에 충실한 한편, 야구부에서 열심히 활동 하는 등 운동과 예능에 심취한 청년으로 지냈다. 그런 학교생활 중에 가졌던 또 하나의 취미는 책 읽기를 좋아하고 서적을 사 모으는 것이었 다. 아름다운 것을 보면 지나칠 수 없었던 탁월한 심미안이 만든 습성 의 하나였다. 간송은 훗날 「수서만록蒐書漫錄」이라는 수필에서 책을 좋아 하던 이 시절의 분위기를 술회하고 있다. 이때 시작된 책 모으는 취미 는 장차 간송이 우리 문화재를 정열적으로 수집해 들이는 단초를 열게 했다.

1926년 스물한 살의 간송은 고보를 졸업하고 식민통치자 일본의 심장부를 직접 보고자 와세다대학 법과에 진학하여 도쿄로 유학을 떠났다. 이해는 조선의 마지막 임금인 순종 황제가 돌아가고 그 장례식에 전국에서 6·10만세 운동이 전개되어 독립운동의 물결이 다시 크게 일었던 때다. 그러나 일제의 침략통치는 더 강화되어 총독부 건물이 경복궁 관문에 들어섰다.

와세다 대학 시절에 간송은 일제강점기의 앞길을 예측할 수 없는 상황에서 어떻게 해야 할지를 고민했다. 본국에서 신간회의 독립운동이 전개되고 상해의 임시정부 활동이 활발하게 펼쳐지던 이때 간송은 가장 문화적인 방법으로 우리의 문화적 우수성을 증명하려는 생각을 떠올렸고, 그 방법을 그의 취미이기도 했던 장서 수집에서 찾으려 했다. 이 역시 훗날의 회고에서 분명히 밝히고 있다.

간송은 방학이 되어 고국에 돌아오면 독립의 기약이 없는 어둠을 벗어날 방도를 찾아 뜻있는 선배나 친지를 만났는데, 그중 가장 자주 보며 울분을 털어놓았던 이가 휘문고보 시절 미술교사였던 춘곡春谷 고희동高羲東(1886~1965)이었다. 춘곡은 도쿄미술학교에서 서양화를 전공하고 돌아와 전통 동양화로 전향했던 항일정신이 투철한 신지식층이었다. 춘곡은 간송의 탁월한 감성을 일찍이 간파하고 그의 생각에 가장 깊이 공감하며 이끌어주었다. 춘곡과의 만남을 통해 간송은 일제 암흑시대를 밝힐 수 있는 유일한 빛은 민족 문화재 수호라는 것을 깨닫고 장차 나아갈 방향을 분명하게 정한 것으로 보인다. 흰 두루마기를 단정하게 차려입은 청년 간송으로 남긴 이 시절의 모습이 이를 대변해준다.

이즈음에 이런 방향을 평생 이끌어줄 또 다른 이가 나타났으니 바로

「고희동 자화상」, 캔버스에 유채, 73.0×53.5cm, 1915, 도쿄예술대학 대학미술관.

위창葦滄 오세창吳世昌(1864~1953)이었다. 조선 왕조 말기에 개화를 선도하여 서구 문명을 받아들이는 데 앞장섰고, 국망 후에는 천도교 지도자로 3·1운동을 주도했던 위창은 추사학파의 정통을 잇는 고증학자로서 학식과 견문이 넓고 깊었으며 서화 감식안과 고증이 탁월했던 당대 예원의 제일인자였다. 간송이 위창을 찾아가 뵈었던 1928년 간송의 나이 23세 때 위창은 우리 역대 서화사를 총정리한 역저『근역서화징槿域書畫徵』을 5권1책의 방대한 분량으로 편찬하느라 눈코 뜰 새 없이 바빴다.

간송은 이미 환갑이 지난 노인이 이와 같은 열정을 품고 저술에 골몰하던 모습에서 크나큰 감명과 확신을 얻었던 듯하다. 위창이 자료로 쓰고 있던 엄청난 분량의 우리 문화유산에 대해서 본능적인 애착과 자긍심이 가슴 깊은 곳에서 용솟음쳐 올라와, 간송의 가슴을 희망과 열정으로 가득 채워놓았다. 23세의 청년 간송은 65세의 노대가 위창을 찾아 그 문하에 드나들며 고증학을 익히고 감식안을 키워나가며 서법과 화법을 수련하게 된 것이다.

「위창선생옥조葦滄先生玉照」, 정종여, 23.0×52.5cm, 1941.

간송이 위창을 만나 웅지의 나래를 펴는 토대를 닦고 있을 때 돌아
간 형 집안에 양자로 보냈던 간송의 장자가 두 살에 세상을 뜨고 이듬
해에 간송의 생부마저 돌아갔다. 이제 간송은 생가와 양가에 남은 유일
한 적손으로 두 집안의 모든 재산을 상속받아 십만 석을 일컫는 최대
지주가 되었다. 간송이 대학 졸업반인 불과 24세 때의 일이었다.

그러나 세상은 더욱 어지럽게 돌아가고 있었다. 일제는 1931년에 만
주사변을 일으켜 중국에 대한 침략을 개시하고 전쟁에 돌입했다. 이듬
해에 윤봉길 의사는 상하이 홍커우공원에서 일본군 사령관 일행을 단
죄하는 의거를 일으켜 민족정기를 되살렸다. 1931년에 개성의 부호들
은 사비를 모아 개성박물관을 짓고 민족 문화재를 수집·보호하려는 운
동을 전개했다. 간송은 자신이 뜻하던 민족문화의 수호 분위기에 크게
고무되었을 것이다. 간송의 본격적인 문화재 수집은 이런 가운데 1930
년 무렵부터 시작되었다.

> 각설却說 이상은 내 자신의 학생 때부터 손수 한 권 두 권 책을 수
> 집하던 이야기이거니와 그 후 뜻있는 선배와 친우들이 그대가 기왕
> 꽤 많은 서적을 모았으니 한 걸음 더 나아가서 지금 그대가 열심히
> 하고 있는 고미술품 수집의 일부분으로 나날이 흩어져가는 우리나
> 라 서적도 함께 수집하되, 그대는 문외한이니 고서적에 밝은 전문인
> 들의 협력을 얻어서 좋은 문고를 하나 만들어보라는 간곡한 권고를
> 받았다.¹

도서 수집으로 시작된 전통문화에 대한 애정이 자연스럽게 고미술품
수집으로 확대되었던 사정에 대한 간송의 회고다. 오랫동안 생각해왔

던 우리 문화 수호에 대한 확고한 의지가 구체적인 활동으로 나타난 것이다.

그러나 일제의 침략 야욕은 더 심해져 1934년 푸이溥儀를 황제로 옹립하고 일제 괴뢰국가 만주국을 세웠다. 이에 우리 지식인들은 장차 일제가 우리 문화 말살정책을 강행하리라 예감하고 우리 역사와 언어, 문학, 미술 등을 연구하는 진단학회震檀學會를 결성했다.

간송은 이들보다는 위창과 춘곡을 비롯해서 주로 성당惺堂 김돈희金敦熙, 석정石丁 안종원安鐘元, 관재貫齋 이도영李道榮 등 원로 서화가들과 어울려 지냈다. 민족문화를 보존하려는 목표가 분명했기에 그와 관련된 인사들과 교유가 깊을 수밖에 없었고, 여기에 간송의 고문화 애호 취미와 세련된 풍류기가 더해져 노대가들과 지내는 쪽을 택하게 되었던 것으로 생각된다.

이즈음에 제작된 이들의 서화작품이 간송미술관에 많이 수장된 것으로 보아, 간송은 이들을 음으로 양으로 지원하며 전통 예술의 올바른 계승을 후원하고 장려했던 듯하다.

그런 과정에서 뜻 맞는 사람들이 모여들었다. 당시 최고의 금석학자 위창을 비롯하여 우리나라 최초의 서양미술가 고희동, 우리나라 최초의 서구식 건축가 박길룡, 최고의 거간 이순황李淳璜, 유명 예술인 청전 이상범 등이 간송 주위에 모여들었다. 얼마 후 박길룡의 손을 통해 당대 최고의 박물관이자 최초의 사립박물관인 보화각 건물이 건축되는 것도 그런 배경에서였다.

한남서림을 인수하고
고서화를 수집하다___ 1930년 들어 간송은 문화재 수집에 점점 더 힘을 기울였다. 여기에 도움을 주었던 이가 거간 이순황이었다. 서화를 수집하기 시작하면서 이순황은 고서뿐만 아니라 서화 수집에도 큰 역할을 했다. 이순황이 좋은 서화골동을 모아오면 위창이 감정하고 이 가운데 정품이면 이를 사들이는 모양새였다. 간송은 이렇게 문화재에 대한 안목을 높이고 수장을 키워갔다.

간송이 문화재를 수집하는 데 적잖은 역할을 했던 것이 인사동에 있었던 한남서림翰南書林이다. 한남서림은 조선 말기부터 백두용이라는 이가 당시 석학들의 후원을 얻어 수십 년 동안 경영하던 오래된 서점 중 하나였다. 간송은 백노인을 이어 경영하던 유족에게서 서점을 인수했다. 한남서림에서 오랫동안 업무를 맡았던 김동규와 서화 거간인 이순황 및 화산서림 주인인 이성의 등 고서적에 밝은 몇몇 사람이 협력하여 우리나라의 자랑이 될 만한 알뜰한 문고를 하나 만들어보자는 간송의 뜻에 찬동하고 새로운 포부와 의도 하에 새롭게 문을 연 것이 한남서림이었다고 간송은 술회했다. 몇 년 뒤 간송은 이순황에게 한남서림의 운영을 맡겼다.

이순황은 정직하고 틀림없는 사람이었다고 한다. 서화골동의 거간을 하면서도 누가 물건을 팔아달라고 맡기면 그 판 돈을 고스란히 부탁한 사람에게 갖다주고, 약속을 하면 시일을 정확하게 지키는 것은 물론 계산이 분명해 실수한 적이 없었다. 이에 간송이 몇 번 거래한 다음에는 전적으로 신임해 문화재 수집 일체를 그가 도맡아 하도록 했다.

간송은 문화재를 수집할 때 금액을 깎지 않았으며 제값 아닌 값으로 사지 않았다. 간송이 우수한 문화재를 잘 모을 수 있었던 것은 이순황처럼 한 번 믿은 사람을 철저히 신뢰해 추호도 의심하지 않고, 값에도 바른 대인의 금도를 보였기 때문이었다.

　이렇게 하여 서화골동을 취급하는 모든 사람은 좋은 물건을 구하기
만 하면 앞 다투어 간송에게 갖다 보여주었고, 천하의 일급 문화재들이
간송의 비장秘藏으로 속속 들어왔다. 이런 골동계의 수집 분위기에서
간송이 겸재의 명작 『해악전신첩海嶽傳神帖』을 수장하게 되었음을 당시 이
름난 골동계 거간 장형수張亨秀의 회고를 통해 잘 알 수 있다.

　1933년 무렵 용인의 송병준 집을 구경하게 되었다. 일제 매국노로 이
　름난 이 집이 얼마나 잘사는지 호기심에 들어가 주인을 만나게 되었
　다. 마침 친절하게 안내해서 사랑방에서 보여주는 장승업의 산수화
　병풍과 고려자기 향합 같은 골동품을 보게 되었고, 밤은 깊어 그 집
　에 묵고 가게 되었다. 자다가 일어나 변소에 가다가 군불을 때는 머
　슴을 보니 문서 뭉치를 아궁이에 마구 넣고 있었다. 그중에 눈에 띄
　는 초록색 비단으로 꾸민 책이 있어, 거간의 예민한 감각으로 이를
　알아차리고 좀 보자고 했더니 다름 아닌 겸재의 화첩이었다. 금강
　산 그림이 21폭에 그림마다 붙인 화제를 합해 모두 42폭으로 된 당
　당한 화첩이었다. 귀중한 화첩에 흥분하여 한참 보다 그걸 들고 주
　인에게 보이며 위기일발의 상황을 말했지만 그저 그랬느냐는 반응
　일 뿐이었다. 이왕 불타 없어질 뻔했던 거니 팔라고 하자 주인은 순
　순히 그러자는 거였다. 값을 얼마나 드릴까 하고 물었더니 생각해서
　내라고 했다. 그래서 몇 마디 시세 얘기를 하다가 20원을 지불했다.
　다음 날 용인에서 겸재화첩을 갖고 서울에 올라와 이순황 씨를 만
　나 적당한 곳에 팔아달라고 부탁했다. 겸재화첩을 본 이순황 씨는
　인사도 할 겸 같이 간송에게 가자고 했다. 그 바람에 간송댁을 방문
　해서 처음으로 뵙게 되었는데, 듣던 대로 아주 부드럽고 따뜻하며

늘 미소를 짓는 인상이었다. 나보다 나이가 대여섯 살 아래인 청년이
었는데 아주 품위가 있어 첫눈에 반했다.

간송은 위창 선생에게도 권농동엔가에 집을 사드렸던 걸로 알고 있
다. 간송께서는 처음에 위창 선생 댁에 자주 찾아다니며 민족 문화
재의 수집 보호라는 사명감을 깊이 깨달았던 줄로 안다. 처음에는
주로 귀한 고서를 수집하다가 차차 서화에도 손을 댔다고 한다. 간
송이 이순황 씨에게 한남서림을 사준 것도 귀한 책을 입수하려는 배
려에서였다. 그런 인연으로 이순황 씨는 간송의 가장 가까운 수집
협력자였다.[2]

이 회고담에서 말하는 겸재화첩이 간송미술관에 비장된 겸재 72세
의 불후의 명작 『해악전신첩』이다. 아직 우리 문화재 수호에 대한 관심
이 일어나기 전의 골동계 상황을 보여주는 한 일화다. 『해악전신첩』은
진경산수의 문호를 연 조선 문화의 중핵 겸재의 대표작 중 하나로 평가
받는 명품이다. 이 시절에 눈 밝고 발 빠른 거간들이 방방곡곡에서 명
품을 찾아냈고 또 이들 명작은 시절 인연을 따라 간송의 수장으로 모였
다. 그리고 그 바탕에는 간송의 사람 보는 안목과 신뢰가 있었다.

한남서림은 서화 수집의 중요한 통로이기도 했지만, 이름 그대로 고
서를 모으는 일이 또 다른 주된 사업이었다. 한남서림을 통해 수집한
수많은 전적은 장차 설립하는 보화각의 문화재들을 체계적으로 연구하
는 데 토대가 되었다. 간송이 문화재의 체계적인 수집과 보존 및 연구
를 위해 폭넓은 안목으로 모은 서화와 전적이 우리 전통문화를 바르게
파악하는 소중한 디딤돌이 된 것이다.

姑射冰雪之容能伐神
堯喪天下登兹嶺而斷
其髮尔雲云是教

「단발령망금강」,『해악전신첩』, 정선, 비단에 엷은색, 49.5×32.5cm, 1747, 간송미술관.

북단장을 개설하고
예술인을 지원하다___1934년 29세의 간송은 문화재 수집을 본격화
하면서 이를 수장하고 연구할 수 있는 시설을
마련했다. 프랑스식 건물이 있던 지금의 성북동 요지 3만5000여 제곱
미터를 사들였고, 위창은 이곳이 선잠단 북쪽에 위치했다 하여 북단장
北壇莊이라고 이름 지었다.

서화 수련과 문화재 수장 과정에서의 감식안 연마 등을 통해 위창은
간송의 든든한 후견인이 되었다. 위창은 서화에 뛰어난 예술가이자 당
대 최고의 감식안을 지녔고, 그에 앞서 민족정기를 간직한 투철한 애국
지사였다. 위창은 간송과 거의 매일 상종하며 서화를 논하던 중에 민족
의 운명과 미래를 상의하곤 했을 것이다. 앞서 장형수의 회고에서 본 것
처럼 간송은 위창에게 권농동의 집을 마련해주었다. 물론 간송의 관련
기록에 이런 사실이 나오지는 않는다. 간송의 인품으로 보아 자신이 존
경하던 선생을 위해 베푼 호의를 남에게 드러낼 리 만무하며, 당시 문
화계에 널리 알려졌던 미담을 전한 것이라고 봐야 할 터이다. 위창을 비
롯한 원로 서화가들의 이 시기 작품이 집중적으로 간송에게 수장된 것
이 그들에 대한 배려였던 것과 같은 상황으로 이해해야 할 일이다.

간송이 위창의 문화재와 민족의식에 대해 어느 정도 공감했는가를
알려주는 유물이 있다. 간송이 정갈한 해서로 써서 남긴 독립선언서獨
立宣言書다. 이것은 민족대표 33인의 1인이었던 위창이 직접 쓴 독립선언
서를 임서한 것이다. 민족적 자존감이 투철했던 간송은 이를 정성스럽
게 써서 보관했고, 광복 이후에는 자신이 운영하던 보성중고등학교 졸업
식에서 항상 독립선언서를 낭독했다. 그때 낭독해 지금까지 잘 보존되고
있는 간송 친필의 이 독립선언서는 간송의 삶과 생각을 잘 보여준다.

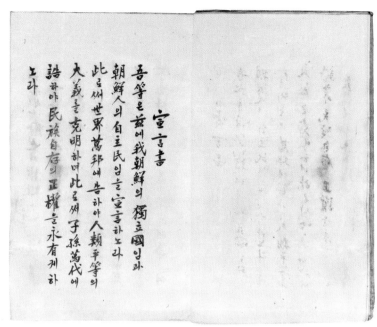

宣言書

吾等은 茲에 我朝鮮의 獨立國임과
朝鮮人의 自主民임을 宣言하노라
此로써 世界萬邦에 告하야 人類平等의
大義를 克明하며 此로써 子孫萬代에
誥하야 民族自存의 正權을 永有케 하
노라

『독립선언서』, 간송, 종이에 먹, 35.0×22.5cm, 간송미술관.

간송이 일본인 대수장가들로부터 우리 문화재를 회수해오는 데 힘을
더하기 위해 확보한 거간이 일본인 골동상 신보 기조新保喜三였다. 신보
기조 또한 간송의 인품과 열성에 감복해 간송에게 끝까지 의리를 지키
며 갖은 노력을 기울여 최상의 우리 문화재가 간송의 품안에 돌아오도
록 했다.

간송은 신보 기조를 내세워 참여한 경성미술구락부京城美術俱樂部의 골
동품 경매에서 수많은 문화재를 확보했다. 이즈음 개최된 와타나베渡邊
집안 소장품 경매에서 석호石虎 1쌍을 집 한 채 값의 거금으로 사들인
것이 그런 예다. 청자 상감운학문 유개대발靑磁象嵌雲文有蓋大鉢을 비롯
한 다수의 청자와 백자 희준白磁犧尊이나 백자 청화동채투각운룡문 슬

청자 상감운학문 유개대발, 높이 19.0cm, 13세기, 간송미술관.

백자 청화동채투각운룡문 슬형연적, 높이 11.0cm, 19세기, 간송미술관.

백자 희준, 높이 17.0cm, 17세기, 간송미술관.

형연적白磁靑畫銅彩透刻雲龍文膝形硯滴 등이 이때 수장되었다. 이 시기의 수장
품 중 상당수는 이렇듯 경매라든가 그 수집 과정이 명확하게 기록으
로 남아 있다.

　간송은 북단장 내에 본래 있던 한옥에 표구소를 차리고 수집해 들인
서화를 새로 표구하거나 보수하여 영구 보존할 수 있도록 했다. 이런
과정을 거친 서화는 위창에게 그 수집 내력을 적은 제발題跋이나 상자
에 기록한 상서箱書를 쓰게 하여 수장 과정을 세세하게 밝혔다. 이런 수
장 내력을 밝힌 상서는 예를 들면 이런 것이다.

완당 행서 중의 일품첩阮堂行書之逸品帖

완당노인阮堂老人의 만년 득의지필得意之筆로 서권기書卷氣가 있어 가히 이끌 만하니 동네 간의 가짜 솥에 비길 수 있는 것이 아니다. 받들어 구경하고 이에 제한다. 다만 안복眼福을 기록할 뿐이다. 갑술년(1934) 시월 길일吉日에 위창 칠십일세 노인 오세창.[3]

이 글은 추사의 행서 일품을 모아 꾸민 서첩에 위창이 붙인 제발이다. 갑술년은 1934년이다. 작품의 의의와 수장 시기를 명확하게 밝혀 간송 수장품의 내력을 살피는 데 매우 중요한 역할을 한다. 이런 위창의 제발과 상서는 특히 추사 작품을 비롯해 상당수의 서화에 잘 보존되어 있다.

완당선생 행서 대련阮堂先生行書對聯

오세창이 일찍이 잠시 보고 사랑하여 다시 빌려다 완상玩賞하기를 달포가 지난지라 상자에 표제를 써서 간송에게 돌려보낸다. 때는 을해년(1935) 섣달그믐 전 10일이다.[4]

이 상서가 쓰인 오동나무 상자에 수장된 추사 글씨는 "오직 도서를 사랑하되 고기古器를 아우르며, 또 문자로 보리菩提에 든다唯愛圖書兼古器, 且將文字入菩提"는 내용의 행서 대련이다. 이 글씨는 추사의 학예관과 불교관을 함축한 명구名句로 추사 행서체의 진수를 보여주는 대표작 중 하나다. 상자의 뚜껑 겉면과 내명에 주로 이런 상서가 기록되었다. 이처럼 짧은 내력을 기록하기도 하고, 주로 간송 수장으로 들어오기까지의 내력을 기록해 작품의 경로를 추적하는 데 도움이 되는 자료가 많다. 조

선 후기 풍속화의 이름난 화첩인 『혜원전신첩惠園傳神帖』도 이즈음에 간송의 열정으로 오랜 노력 끝에 수장하게 되었음을 역시 위창의 제발을 통해 알 수 있다.

세상에서 혜원의 그림을 소중히 여기며 특히 풍속을 그린 것을 더욱 소중히 여기는데, 이 화첩은 30면이나 되는 많은 양이다. 모두 풍속 인물화로서 일반 생활의 하나하나 모습이 종이 위에서 약동하니 눈부시게 큰 볼거리다. 또 복식은 지금 이미 없어진 것이 반 넘어 담겨 있어, 이 화첩에 힘입어 겨우 그 대강을 알 수 있으니 이것은 (후세에) 이어줄 만하다.

이 화첩은 일찍이 큰 상인인 도미타富田 씨의 손에 들어가서, 여러 차례 촬영을 거쳐 혹은 아주 작게 축소되어 담뱃갑에 넣기도 한 까닭에 사람마다 모두 얻어서 즐겁게 감상할 수 있었다. 세상에서 보기 드문 그림으로 세상이 모두 함께 보배로 여길 수 있는 물건을 만들었으니 또한 기특하지 않은가.

간송 전군이 꼭 원첩原帖을 얻고자 벼른 것이 몇 년이더니, 이에 많은 돈을 아끼지 않고 이를 사들여 진귀한 비장품이 되었다. 나는 이제 빌려 감상하고 이에 화첩의 끝에 글을 쓴다. 병자년(1936) 초봄 초승에 위창 노부 오세창이 쓰다.[5]

위창의 이 글을 통해 30면으로 구성되어 조선 말기의 세상 풍정과 인물들의 동정을 세련되고 우아한 필치와 색감으로 묘사해 풍속화의 극치를 이룬 『혜원전신첩』의 수장 과정을 상세하게 파악할 수 있다. 거금을 아끼지 않고 명품을 구하고자 노력하는 간송의 수집열과 이를 구해 들인 거간의 활동이 일본인의 손에 들어갔던 명품을 되찾아오게 했음을 위창의 제발을 통해 확인하는 것이다. 오늘날 풍속화의 대표로 꼽는 이 화첩도 손쉽게 전해온 것이 아니라 이런 열정을 통해 수장되고 보존되어왔음을 알게 된다. 이 제발은 명품 수장이 한창 이뤄지던 1936년의 기록이다.

일본 수집가와 대결하여
문화재 정품을 되찾다___간송이 명품을 수장하기 시작하면서 점차 골동계에 알려지자, 결국 경매에서 대결하게 된 상대는 대부분 일본인 수집가들이었다. 일본인 수장으로 들어간 『혜원전신첩』을 몇 년 동안 벼르고 거금을 들여 구입한 것처럼 명품의 수장에는 반드시 이런 드라마틱한 과정이 뒤따르게 마련이다.

간송은 1935년에 첫손 꼽히는 고려청자의 명품 청자 상감운학문 매병靑磁象嵌雲鶴文梅甁을 구입했다. 일본인 골동상인 마에다 사이치로前田才一郎에게서 거금 2만 원을 들여 사들인 것이었다. 다행히도 이 작품의 수장 과정은 내력을 눈앞에서 보는 듯 선명하게 기록한 이영섭李英燮의 술회를 통해 확인할 수 있다.

언제부터 그와 같이 생각하게 되었는지는 몰라도 고려자기 하면 마치 그 대명사와 같이 머리에 떠오르는 물건이 있다. 간송 수집품 중 터줏대감 격인 천학매병千鶴梅甁이 바로 그것이다. 높이 42센티미터의 드물게 보는 높이에 매병 특유의 아름다운 선으로 구성된 이 거작은 그 유례를 찾아보기 드문 호화찬란한 문양과 맑고 푸른 때깔로 세상에 고려자기가 많다 해도 그 화려함에 있어서나 웅장함에 있어

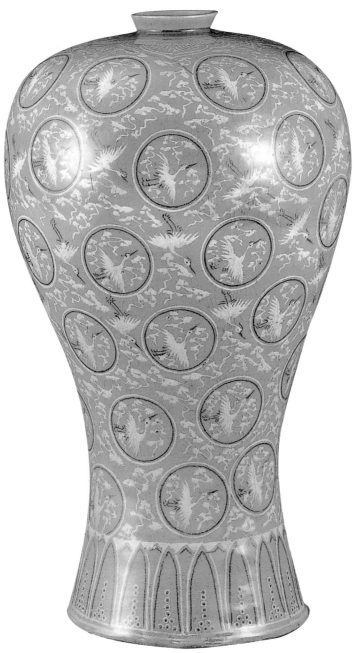

청자 상감운학문 매병, 높이 42.1cm, 국보 제68호, 13세기, 간송미술관.

서 이에 비견할 물건을 나는 아직 본 적이 없다.

마흔여섯 개의 흑백 원형 이중 상감이 매병 전면에 조화를 이루며 배치되어 있고, 그 원형 가운데 구름 사이를 뚫고 날아올라가는 학을 한 마리씩 그리고 원형과 원형 사이에 무수히 흐르고 있는 구름을 뚫고 날아 내리는 학의 수가 스물세 마리 합쳐져서 예순아홉 마리가 된다.

간송 전형필 씨가 일본인 마에다 사이치로 씨에게서 대금 이만 원을 주고 이 물건을 구입한 것이다. 그 당시 이만 원이라는 돈은 적은 돈이 아니었다. 서울 장안에 쓸 만한 기와집 열 채 값이며, 시골서 전답 백 석지기면 부자로 치부하며 자녀들 공부시키고 일생 동안 평안히 먹고살 수 있었던 그 시절 수백 석지기에 해당된다.

이 한 점의 특수한 고려자기의 매매가 장차 이 나라 고미술사에 지대한 영향을 미치게 하는 주요한 원동력이 되었다고 생각하는 사람은 필자만은 아닌 것으로 안다.

이 천학매병의 출생지는 개성 근교였다고 하며 호리꾼에 의해 발굴될 때 동체에 약간 철장鐵杖 자욱이 있었다고 들었다. 이 물건은 발굴되기가 무섭게 골동 거간의 손에 넘어갔고, 그 거간은 단골손님이었던 일본인 거물급 수장가에게 팔기 위해 대구로 가지고 갔으나 공교롭게도 그 사람이 일본으로 떠나고 없어 허탕치고 말았다. 생각 끝에 대구에서 치과의원을 개설하고 있던 신창재愼昌宰 씨에게 가까스로 4000원에 넘겼다. 신창재 씨는 그 얼마 후 박재표 씨 손을 거쳐 일본인 골동상 마에다 사이치로 씨 손에 넘겼다.

마에다 사이치로 씨는 큰 재력이 없었고 이 물건으로 건곤일척의 승부를 꾀하려 했던 것 같다. 그의 안목으로는 이 물건이 고려자기로

서는 다시 손에 넣어 볼 수 없는 희유稀有의 명품으로 규정짓고 크게
출세시킬 자신을 충분히 가지고 있었다고 한다. 일본 골동계 인사들
은 그 물건이 희유의 명품이라는 것은 알면서도 워낙 엄청난 호가였
기 때문에 눈치만 슬슬 보며 함부로 덤벼들지 못하는 것 같았다. 총
독부박물관에서도 이 물건이 탐이 나서 일만 원까지 내겠다고 교섭
이 왔으나 엄청난 가격 차 때문에 결렬되었다고 한다.

그러나 우리나라 수장가들을 비꼬아가며 비웃던 일본인 골동계 인
사들의 입이 딱 벌어질 정도로 놀라운 일이 장안 한복판에서 일어
났다. 그것은 그들에게는 확실히 한 가지 이변이 아닐 수 없었다. 총
독부박물관도 손을 대지 못하고 군침만 꿀떡꿀떡 삼키고 있던 고려
청자 희대의 명품 천학매병을 그들이 식민지 백성이라고 깔보는 삼
십도 채 안 된 새파란 청년이, 마치 청과시장에서 사과 몇 알 사듯
이 가격도 한 푼 깎지 않고 냉큼 사버리고 만 것이다.

간송이 사들인 후 오사카의 거상 무라카미 씨가 천학매병을 노리고
건너왔다. 무라카미 씨와 우리나라의 큰 꿈을 안은 젊은 수장가의
대좌를 알선한 사람은 신보 씨였다. 일본 상인은 정중한 태도로 오
랫동안 자세히 감상했고 대단한 찬사를 남기고 일단 물러갔으나 그
날 두 사람을 식사에 초대하여 다시 대좌할 기회를 가졌다.

"모처럼 수장하시기 위하여 구하신 것 나눠달라고 하는 것이 실례
되는 줄은 아오나, 나눠주실 수 없을까요. 가격은 응할 용의가 있습
니다."

간송은 대략 예측은 했던 일이지만 어떻게 거절해야 할지 몰라 웃으
며 신보 씨를 바라보았다.

"무라카미 씨는 그 물건 산 값의 배액을 지불하겠다고 제안해왔습니다."

그때 남긴 간송의 한마디는 오늘날까지도 사람들의 입에 오르내리고 있는 이야기다.

"나눠 올려도 좋습니다만, 무라카미 씨가 이 천학매병보다 더 좋은 물건을 저한테 가져다주시고 이 매병을 본금에 가져가지시오. 저도 대가는 남만큼 치를 용의가 있습니다."[6]

청자 중에서 가장 명품으로 꼽는 매병의 수장 과정은 이처럼 긴 유래를 가졌다. 이 내력을 기록한 이영섭은 간송의 진실한 성품에서 나온 진실한 말이 평소 간송이 지녔던 성실성과 겸손한 마음가짐에서 나온 것이고, 사람들 마음속 깊이 부각되어 있다고 전한다. 당시 문화계에 간송이 주었던 큰 울림은 모든 문화계 종사자에게 마치 자신들이 일본과 대결하여 통쾌하게 이긴 양 기쁜 소식으로 받아들여졌음을 짐작케 한다. 골동계에서 청년으로 불린 간송이 그동안 축적했던 감식안과 금액을 고려치 않는 우수 문화재 수호의 일념으로 이뤄낸 쾌거가 시원한 반향을 일으킨 것이다.

청자 매병의 거래는 사람들의 화제에 끊임없이 오르내릴 만큼 장안의 이야깃거리이기도 했다. 긴 유래만큼 청자 매병은 민족문화를 대표할 만한 명품 중의 명품이다. 문화재 한 점을 수장하기 위해 총독부박물관도 놀랄 만한 거금을 들였고, 이를 탐낸 일본인 수집가에게 이보다 더 좋은 물건을 가져오면 줄 수 있다고 자신 있게 대응하는 간송의 태도에서 일제 식민 치하에서 민족 문화재를 수호하기 위해 전념했던 의지의 한국인의 전형을 보게 된다.

1936년 경성미술구락부 전시경매에서 거금 1만4580원에 구입한 백자 청화철채동채초충문 병白磁靑畵鐵彩銅彩草蟲文甁 또한 청자 매병에 짝하는

백자 청화철채동채초충문 병, 높이 42.3cm, 국보 제294호, 18세기, 간송미술관.

유래를 가졌다. 역시 신보 씨의 주선으로 간송은 경매에서 어떻게 해서라도 이 백자를 경락하여 청자매병과 짝을 이루어 쌍벽을 이루도록 제안받았다. 이 사실 또한 이영섭의 회고담에 의해 상세하게 알 수 있다. 500원에서 시작된 경매는 순식간에 3000원을 넘고 5000원을 넘자 부르는 목소리가 줄어들었고 8000원을 넘기며 좌중을 조용하게 만들더니 1만 원을 넘어서면서 불 뿜는 경쟁을 벌여 결국 1만4580원이라는 기록적인 가격으로 간송에게 낙찰되었다.

이영섭은 이 사실을 세계를 주름잡던 세계적 거상 야마나카山中상회와 국내에서 이름 높던 일본인 대수장가와 거상을 상대로 불 뿜는 대결전을 연출해, 실로 아슬아슬한 극적 장면을 거듭한 끝에 영광의 승리를 우리 민족에게 가져온 것으로 평가했다. 그동안 조선 자기로는 2000원 이상에 팔린 적이 없던 차에 경매사상 기록적인 경쟁 끝에 초유의 가격에 구입한 쾌거를 많은 사람이 두고두고 입에서 입으로 전했다. 이들은 대한해협을 건너 일본에 흩어지려 하던 조선백자 중 가장 귀중한 보물을 그 일보 직전에 수호한, 남모르게 비장한 큰 뜻을 가슴 깊이 간직하고 마음 졸이며 이 일을 끝까지 이겨나간 약관 31세의 간송을 아낌없이 칭송했다.

영국 출신의 청년 변호사로 일찍부터 투철한 감상안과 열정적인 수집열로 고려청자를 수집했던 개스비G. Gadsby로부터 청자 명품을 일괄 구입한 것도 간송의 열정과 준비가 있었기에 가능한 일이었다. 간송은 개스비의 청자 컬렉션을 일찍이 알고 있었다. 그러던 중 1937년 일본의 전쟁 분위기를 감지한 개스비가 수장품을 처분하려 한다는 정보를 은밀히 접한 간송은 비행기로 일본에 건너가 직접 그와 대면한 뒤 수장품 일체를 인수했다. 개스비가 간송의 문화재 수집 열정과 의지에 감동하

청자 모자원숭이모양 연적, 높이 9.9cm, 국보 제270호, 12세기 중반, 간송미술관.

여 일거에 인수해준 덕분이었다.

청자 기린 유개향로靑磁麒麟有蓋香爐, 청자 상감연지원앙문 정병靑磁象嵌蓮池鴛鴦文淨甁, 청자 오리모양 연적靑磁鴨形硯滴, 청자 모자원숭이모양 연적靑磁母子猿形硯滴, 청자 상감국화모란당초문 모자합靑磁象嵌菊花牡丹唐草文母子盒, 백자 박산형뚜껑 향로白磁博山形蓋香爐 등 각종 접시와 대접, 사발, 유병, 향합 등 모든 기종을 망라하는 것이었다. 이로써 간송 수장은 최고의 청자 명품을 갖추게 되었다. 그리고 수장의 바탕에는 간송의 투철한 민족문화 수호 의지와 문화재 수호 열정이 있었다.

일제의 문화말살 정책에 맞서
간송미술관을 세우다___

일본은 1937년 7월 루거우차오蘆溝橋 사건으로 불리는 충돌을 일으켜 중국과 전면전을 선포하고 중국 침공을 본격화했다. 이에 따라 조선을 병참기지화하고 조선인을 전선에 투입시키기 위해 1938년에는 조선육군특별지원병제도를 창설해 젊은이들의 지원 입대를 강요하고 이어 조선교육령朝鮮敎育令을 개정 공포하여 중등학교에서 조선어 과목을 폐지했다. 이렇게 일제가 철저하게 우리말을 못 쓰게 할 만큼 우리 문화를 말살하는 강압정치를 펼치자 간송은 이에 맞설 새로운 계획을 세웠다.

북단장 안에 사립박물관을 세워 여태껏 수집해온 우리 문화재의 정수를 보관·전시하고, 그에 대한 본격적인 연구를 통해 우리 문화의 단절을 막고 민족적 자긍심을 심어주자는 것이었다. 이미 전시체제로 돌입해 갖가지 물자 통제가 이뤄지고 서울로의 양곡 반입도 통제되던 상황에서 근대식 박물관 건물을 짓기로 작정한 간송의 행동은 그의 문화적 항일 의지가 어떠했었는지를 말해준다. 박물관 건물은 민족 건축가 박길룡이 설계했다. 일제의 까다로운 통제를 무시하듯 이탈리아에서 대리석을 수입해 계단을 장식하고 진열실 바닥은 참나무 쪽판자로 마루를 까는 등 호사를 극하고 오사카에 주문하여 중국제 화류진열장을 갖춘 대단한 시설이었다.

이 일을 진행하는 동안 간송은 오세창과 고희동, 안종원 등 당대 서화계의 원로들을 수시로 초빙해 자문을 구했고 노수현과 이상범 등 젊은 화가들과도 매일같이 만나 의논했다. 거기에 외종사촌 형들인 박종화朴鍾和 형제가 자주 합류했고 한남서림의 이순황도 늘 함께 자리했다. 간송의 문화재 수집과 보존에 동참했던 이들 면면은 박물관의 등장으로 체계적인 수장 및 보존과 연구가 이뤄지기를 기대했을 것이다.

1938년 윤7월 5일에 우리나라 최초의 사립박물관인 보화각葆華閣이 상량식을 치렀다. 당시 75세의 고령이던 위창은 생전에 이런 경사를 보게 되니 더없이 기쁘다며 정초명定礎銘을 지어 돌에 새겨놓았다.

때는 무인년 윤7월 5일 간송 전군의 보화각 상량식을 마쳤다. 나는 북받치는 기쁨을 이기지 못해 이에 명銘을 지어 축하한다.

우뚝 솟아 화려하니, 북곽北郭을 굽어본다.
만품萬品을 섞어 모아, 새 집을 채웠구나.
서화 심히 아름답고, 골동은 자랑할 만.
한집에 모인 것이, 천추의 정화精華로다.
근역槿域의 남은 배로, 검토 연구할 수 있네.
세상 함께 보배하고, 자손 길이 보존하세. 위창 오세창.[7]

보화각 개관 기념일에 북단장 사랑에서 찍은 사진으로
왼쪽부터 이상범, 박종화, 고희동, 안종원, 오세창, 전형필, 박종목, 노수현, 이순황, 1938년.

보화각, 1938년.

보화각의 완성으로 간송이 그토록 심혈을 기울여 수장한 서화 전적을 비롯해 일품의 민족 문화재가 번듯한 제집 제자리를 찾아 둥지를 틀게 되었다. 서화 외에 석탑과 불상 등도 박물관 내외에 자리를 잡고 보화각의 위용을 거들었다.

간송이 민족 문화재 연구의 전당이 되기를 기원했던 이 보화각은 간송 생전에는 일반인을 위한 전시를 열지 못했다. 그러나 간송 서거 후 간송 컬렉션을 정리 연구해 1971년 이래 매년 봄가을로 서화, 도자 등 저마다의 주제로 정기 전시회를 열고 관련 연구 논문을 수록한 도록을 발간해 간송이 뜻했던 민족문화 보존과 계승의 선본 역할을 톡톡히 해내고 있다.

1940년 간송은 재정난으로 위기에 빠진 보성고보를 인수하고 동성학원東成學園을 설립했다. 1906년에 내장원경 이용익李容翊이 '학교를 일으켜 나라를 떠받치자興學校, 以扶國家'는 건학 이념으로 고종의 칙명을 받들어 설립한 보성학교는 일제의 침략을 간파하고 반대했던 이용익과 그 후손이 러시아로 망명하자 천도교 재단이 인수하여 운영했다. 그러나 3·1운동 때 독립선언서를 이곳에서 인쇄하는 등 독립운동의 본거지가 되었기 때문에 이후 일제의 탄압으로 경영이 불가능했다. 1924년에는 경영권이 불교 재단으로 넘어갔고, 다시 1935년에 고계학원에 넘겨졌으나 학원 운영 능력이 없어 파산 상태에 이르렀다. 이때 간송이 감연히 나서서 새롭게 인수한 것이다.

간송이 막대한 출혈을 감내하면서 보성고보를 인수한 데에는 우민정책愚民政策으로 우리 민족을 영원히 노예로 만들려는 일제의 교육정책에 항거하여 우리 민족에게 고등교육을 시키겠다는 사명감과 함께 우리 전통문화를 계승할 인재를 양성한다는 원대한 포부가 숨어 있었다. 학생들로 하여금 민족문화의 우수성을 깨닫게 하여 장차 민족문화 재창조의 건전한 역군이 되게 함으로써 광복의 초석이 되고, 광복 후에도 민족문화가 단절되는 불행을 겪지 않게 하려는 더 큰 뜻이 있었던 것이다.

마침 우리의 말과 글을 금지하던 일제의 민족말살 정책에 맞설 상징적인 문화재가 1940년 간송에 수장되게 되었다. 이해 여름 간송이 우연히 한남서림에 들러서 더위를 식히고 있는데 책거간으로 유명한 어느 인사가 모시 두루마기에 바람을 일으키며 그 앞을 바쁜 걸음으로 지나치는 것이 눈에 띄었다. 저 사람이 저리 바쁜 걸음을 치는 것은 필유곡절이라 생각한 간송은 문화재 수집을 도맡았던 이순황에게 그 사람을 급히 불러오도록 했다.

그가 털어놓은 사연인즉 지금 경상도 안동에서 『훈민정음訓民正音』 원본이 출현했다는 소식을 듣고 이를 구해오기 위해 돈을 마련하러 간다는 것이었다. 돈의 액수를 물으니 당시 큰 기와집 한 채 값인 1000원이라 했다. 간송은 아무 소리 않고 돈 1만1000원을 내주며 "1000원은 수고비요" 했다고 한다. 이렇게 하여 『훈민정음』 원본이 간송의 수장으로 들어오게 되었다.

세계 어느 나라를 막론하고 나랏말을 만든 의의 및 원리와 활용법을 명확히 밝혀 인쇄한 예는 없다. 더구나 세계 문자에서 가장 과학적이라고 평가받는 한글의 창제 원리와 활용을 상세하게 풀이하여 만든 『훈민정음』은 우리가 첫손 꼽아야 할 나라의 보배다. 그런 보물을 손에 넣은 것도 간송의 복이지만, 그리될 수 있었던 데에는 간송이 평소에 부지런하게 새로운 서적과 문화재 수집에 열정을 바쳤고 그를 위해 폭넓은 정보망을 갖추고 있었기에 가능했던 당연한 복이었다.

大東千古開矇矓

用字例

初聲ㄱ。如감爲柿ㆍ골爲蘆ㅋ。如우
ㆍ케爲未春稻콩爲大豆。ㆁ。如러ㆍ울
爲獺서ㆍ에爲流凘ㄷ。如ㆍ뒤爲茅담
爲墻ㅌ。如고ㆍ티爲繭두텁爲蟾蜍
ㄴ。如노로爲獐납爲猿ㅂ。如ㆍ불爲
臂ㆍ벌爲蜂ㅍ。如ㆍ파爲葱ㆍ풀爲蠅ㅁ

『훈민정음』 해례본, 정인지, 목판본, 22.6×17.2cm, 국보 제70호, 1446, 간송미술관.

문화재 보존활동에
열정을 바치다___ 간송은 일체의 사회적 직책을 맡지 않았다. 천성
이 번거로움을 싫어하기도 했지만 워낙 겸허하고
신중한 인품 때문이기도 했다. 보성고보를 인수해 잠시 교장을 맡은 것
이 유일한 직책이었다. 그러나 문화재보존위원회 일만은 사양하지 않았
다. 그가 본래 해왔던 일이 우리 문화재의 보존과 민족문화의 올바른
계승에 있었기 때문이다.

　광복 직후 미군정의 고적보존위원회 시절부터 위원회의 위원으로 위
촉받아 활동했고, 이후 고적보존위원회가 문화재보존위원회로 바뀌면
서도 계속 제1분과와 제2분과에서 유일한 겸임위원으로 활동했다. 간
송은 한국전쟁 뒤 우리 문화재가 전화를 입어 곳곳에서 무참히 파괴된
것을 무척 안타까워했기 때문에 문화재보존위원회에 열심히 나가 제 역
할을 했고, 고적 보존과 문화재 보호에 앞장서기 위해 장기간에 걸친 고
적조사여행도 마다하지 않았다. 물론 이 과정에서 소요되는 적지 않은
비용을 모두 간송이 부담했던 것은 당시 참여했던 인사들의 증언을 통
해 확인된다.

　간송은 인자하고 후덕한 인품으로 장차 이 나라 학계의 주인공이 될
소장학자들을 항상 보살피고 격려하며 함께 어울려 혹은 술을 마시고
혹은 고적을 답사하며 혹은 문화재 감상하는 것을 즐겼다. 당연히 소장
학자들은 간송을 추종했고, 그의 곁에는 이들이 떠날 새가 없었다.

　간송은 이들을 퍽 아끼고 사랑하여 최순우, 황수영, 김원룡 등 여러
사람의 호를 지어주고 멋스런 인장을 새겨주며 호를 써서 현판으로 만
들어주기도 했다. 심지어 문패까지도 써주어서 황수영은 두고두고 그
문패를 달았다고 한다. 당연히 틈만 나면 그림도 그려주고 글씨도 써서

이들에게 주는 등 하루가 멀다 하고 어울려 지냈다.

간송은 학문을 전공하는 학자들에게는 지극히 친절하고 자상하며 항상 융숭한 연회를 베풀어 대접하고 약속 시간을 촌각이라도 어기는 법이 없었다. 간송에게는 어진 이를 존중하고 악한 자를 미워하며 세속의 권세에 초연한 군자의 기상이 몸에 배어 있었다.

간송은 글과 글씨, 그림에 상당한 경지를 보였다. 그가 예술에 대해 어떤 자세를 가졌는지는 「이수허정도二樹虛亭圖」를 그리고 썼던 일화에서 살펴볼 수 있다.

작년 초가을 푸른 하늘에 구름 한 점 없이 맑게 갠 어느 일요일 친구 집 결혼식에 참석했다가 아내와 함께 삼청동 한적한 곳에서 비둘기 모양으로 내외가 조용하게 살고 있는 최혜곡崔惠谷 형兄을 찾아갔다. 대문에 들어서니 부인이 반가이 맞이하며 주인은 조금 전에 동저고리 바람으로 동네 집엘 갔는데 잠깐만 기다리면 곧 돌아올 터이니 들어오라고 하며 아내와 함께 안방으로 들어가자마자 이야기 꽃이 피었다.

나는 홀로 주인 없는 서재에 우두커니 담배만 피우고 앉아 있다가 서가에 꽂힌 중국고대서화도록中國古代書畫圖錄을 꺼내서 보고 있었는데 그중에 팔대산인八大山人과 석도石壽의 수묵水墨으로 담담하고 간략하게 그린 산수도가 참으로 좋아 보였다. 나는 문득 이렇게 간략한 그림이라면 그림을 그릴 줄 모르는 나도 그릴 수 있지 않을까 하는 철없는 생각이 들었다. 이런 생각은 젊었을 적에도 고화古畵를 보다가 몇 번 생각해본 경험이 있는데 오래간만에 그런 생각이 또 나게 된 것이다.

그래서 책상 위에 놓여 있는 학생들이 쓰는 시험지 한 장과 연상硯
床을 가지고 볕이 잘 드는 마루 끝으로 나가서 잠시 내 딴에는 상想
을 가다듬은 후 우선 우측에 큼직한 나무 하나를 그려놓았다. 그리
고 나는 다시 다음 그릴 것이 생각이 나질 않는다. 끙끙 얼마를 궁
리한 끝에 현재玄齋나 완당阮堂이 산수도에서 잘 그리는 나무 하나를
그 옆에 그렸다. 이렇게 나무 두 그루를 그려놓으니 더 그릴 데도 없
는 것 같고 더 그릴 용기도 없어졌다. 조금 전의 이렇게 간략한 그림
이라면 나도 그릴 수 있지 않을까 하는 생각은 벌써 천리만리 달아
나버렸다. 그래서 나무 밑에 조그마한 정자亭子를 그리고 그 옆에 적
은 돌을 하나 그려놓았다. 더 무엇을 그릴까 하고 궁리를 하고 있는
데 주인이 문을 열고 집 안으로 들어왔다.

주인이 보면 무슨 서투른 그림 장난을 하고 있느냐고 야유를 할 것
같기에 그림을 돌돌 말아서 슬그머니 주머니에 넣어버렸다. 한 나절
잘 놀고 우리 내외는 집으로 돌아왔다. 저고리를 벗어 옷걸이에 걸
려 할 때 주머니에서 종이가 나왔다. 자세히 보니 아까 최형 집에서
그리다가 그만둔 산수도山水圖이다. 그림을 벽에다가 압정으로 꽂아
놓고 며칠을 그대로 잊어버리고 지냈다.

어느 날 중학교 일 학년짜리 막내딸이 그림을 처음 보는 모양인 듯
"저 그림 아버지가 그린 거예요? 그런데 왜 나무와 정자 저쪽에는
아무것도 없어요? 바다라면 수평선이라도 보일 것이고 육지라면 먼
산이라도 보여야지요"라고 한다. 옳은 말이다. 그래서 나는 그림을
떼어 정자 건너 쪽에 봉우리 둘을 멀찍이 그린 후에 다시 벽에다 붙
여놓았다.

그 후 몇 달이 지났는지 흰 눈이 펄펄 날리는 겨울 어느 날 저녁때

삼불암三佛庵 주인이 오래간만에 찾아왔다. 술상을 가운데 놓고 둘이서 권커니 잣거니 잔을 기울이다가 삼불암이 벽에 붙은 그림을 발견하고 "저 그림 간송이 그렸겠지요. 참 걸작인데 저 그림 날 주슈. 안 주면 막 떼서 갈 테요"라고 한다. 나는 "까짓 그림을 갖다가 무엇하려오. 가지고 싶거든 주리다" 했더니 "그러면 당장 낙관落款을 해줘요" 한다.

그래서 제題하여 이수허정도二樹虛亭圖라 하고 '경자중추 간송작어아락서실 위삼불암주청교庚子仲秋澗松作於亞樂書室爲三佛庵主淸敎'라고 몇 자를 써서 삼불암 주인에게 증정했다.

해가 바뀌고 봄이 왔다. 백화百花가 난만한 고궁古宮 안에 있는 삼불암 사무실을 찾았더니 벽상에 고화古畫 비슷한 눈에 익은 수묵산수도 한 폭이 걸려 있기에 자세히 보니 졸작拙作의 이수허정도였다. 한편 우습기도 하고 한편 겸연쩍기도 하여 "저런 그림도 표장表裝해서 벽에 걸면 그럭저럭 그림같이 보이기도 하는구나" 하는 생각도 되나 "다시는 철없이 그림 그릴 생각을 하지 말아야지" 하는 마음이 앞섰다.

아닌 밤중에 홍두깨 내민다는 격으로 별안간 『한국일보』에서 아마추어 그림을 신문에 연재하게 되었는데 내 그림을 맨 첫 번에 내기로 했으니 곧 그림을 한 폭 그려 보내되 거기다가 웃짐을 쳐서 글까지 쓰라는 것이다. 얼토당토않은 일을 꾸며가지고 공연히 사람을 괴롭게 하는 예형兩兄의 악취미가 또 하나 생겼구나 하고 이 핑계 저 핑계로 며칠을 넘겼으나 독촉이 성화같다.

내 원래 살림살이가 알뜰치 못해서 전채錢債 괴롬을 당한 경험이 더러 있으나 무식한 위인이 화채畫債 문채文債로 시달림을 받는 일이란

꿈에도 있을 리 없었는데 이 무슨 봉변인고 하는 한탄을 하며 있는
꾀 없는 꾀를 다하여 모면하려 했으나 끝내 몸을 빼치지 못하고 작
년 가을에 우연히 그렸던 졸화拙畵에 열문劣文을 덧붙여 세상에 내
놓아 망신을 하게 되었으니 이것 역시 운명의 작희作戲요, 전세前世의
인과因果런가 하노라.[8]

이 글은 간송이 서화에 관심이 많아 고전을 익힌 습작을 가끔 제
작하기도 했고 이를 학자들을 비롯한 친지들과 함께 나누고 즐겼음을
말해준다. 이런 검사와는 달리 간송의 실제 서화 기량은 문인화의 높
은 향기를 갖추고 있다. 간송의 수장품 중 추사가 동국진체東國眞體의
대가 원교員嶠 이광사李匡師의 서론書論에 대해 논박한『원교필결의 뒤에

「고사소요」, 간송, 종이에 수묵, 31.8×50.7cm, 1956, 간송미술관.

『書員嶠筆訣後』이라는 서첩 끝에는 「고사소요高士逍遙」라는 문기 높은 그림이 곁들여져 있다. 간송은 이 그림 기풍 그대로 역시 문기 충만한 그림을 그려 남겼다. 갈필의 소략한 필치 속에 산중에 소요하는 고사의 고고한 풍모를 그린 이 작품은 간송 내면의 기품이 수준 높은 것이었음을 알게 해준다. 추사에서 위창 부자와 간송으로 이어진 예맥이 통했던 것일까.

이런 수준에 이를 수 있었던 것은 간송이 진솔한 명품 수장 열정을 지녔기 때문이다. 간송이 현재 심사정沈師正의 절세의 명작 「촉잔도권蜀棧圖卷」을 5000원의 고가에 구입하여 그 값보다 더 비싼 6000원의 돈을

「촉잔도권」, 심사정, 종이에 엷은색, 58.0×818.0cm, 18세기, 간송미술관.

들어 낡은 그림을 보수했다는 일화는 널리 알려져 있다. 그런데 간송은
이를 그대로 따라 그린 그림을 남겨놓았다. 비록 크기는 절반 정도 되
지만 8미터가 넘는 대작을 필세가 가는 대로 방불하게 그려냈다. 이런
간송의 태도는 명작을 품는 진솔한 수장인의 자세를 여실히 보여준다.
동시에 수준 높은 안목과 세련된 필치가 어떤 과정을 통해 형성되었는
지를 짐작하게 하는 확실한 증거이기도 하다.

『고고미술』을 간행하고
학자를 지원하다___ 간송의 문화재에 대한 관심은 수집과 보존

에 그치지 않았다. 간송은 보화각 주변에 많은 학자가 모여 그곳에 수장된 문화재 자료를 한껏 연구해 우리 문화의 유구한 전통과 빛나는 의의를 찾아내고 이를 널리 펴낼 것을 바랐다. 그 때문에 간송은 다량의 주요 한적들을 수집하여 역시 보화각에 수장했다. 뿐만 아니라 중요한 참고도서도 함께 갖추면서 이들을 모두 복본複本으로 소장해 장차 여러 학자가 본격적인 연구에 매진할 수 있도록 배려했다.

보화각에 수장된 장서를 이용해 보화각의 서화와 문화재를 마음껏 연구하여 우리 미술사를 깊이 있게 연구하고 우리 전통문화를 계승 발전시키도록 하는 것이 간송이 기대했던 보화각의 운영 형태였을 것이다. 간송이 평생 동안 지녀왔던 문화재의 수장 지침과 보화각의 설립 운영은 우리 문화의 진정한 이해를 위한 뜻깊은 배려에서 나온 것이었다.

이런 간송의 뜻은 한국전쟁만 아니었으면 아마 제대로 펼쳐졌을 것이다. 그러나 전쟁은 간송의 깊고 큰 뜻을 일시에 허물어버렸다. 문화는커녕 생계가 시급했던 어려운 상황에서 간송은 지금 형편으로라도 힘닿는 데까지 그 꿈을 이루어보자고 생각해 『고고미술考古美術』 창간이라는 쉽지 않은 일을 도모했다.

그는 문화재 수집과 보존뿐 아니라 이를 연구해 그 의미와 가치를 밝히는 일도 그에 못지않게 중요한 일임을 잘 알고 있었다. 그래서 광복 이후에는 한국 미술사 연구를 독려하고 지원하는 일에 열성을 기울였다. 1960년 간송은 황수영, 최순우, 진홍섭, 정영호 등과 함께 고고미술동인회를 창립했다. 그리고 그해 광복절을 기념해 한국 최초의 미술사학 학술지 『고고미술』 창간호를 발행했다. 간송은 재정적인 지원은 물론, 추사의 글씨를 집자해 제호題號를 만들어주는 등 창간에 주도적인 역할을 했다.

　고고미술동인회의 결성과 동인지『고고미술』발간에 그렇게 열정적으로 앞장섰던 것은 미술사 연구에 대한 기대와 애정의 표시였다. 그때의 정황을『고고미술』창간 동인들은 이렇게 회고했다.

　　우리 미술사를 전공하는 사람들이 자주 간송댁에 모였었는데 그때 정기간행물을 하나 냅시다 하는 이야기가 나왔습니다. 모두들 그것 이 좋은 생각이라고 말씀하시고 또 좀 연구를 해보자는 말씀이 있 었지만 재정 문제도 있고 여러 가지 사정으로 해보자 해보자 하면서 지연이 됐어요. 그런데 4·19가 나고 60년대가 돼서 더 이상 지체할 수 없다 하고 8·15를 기념하여 창간호를 내기로 결정했습니다.[9]

　　간송 선생도 그런 걸(동인지) 하나 하려고 생각이 있으셨던 것인데, 사정이 여의치 않고 통문관에서 내겠다고 했는데 잘 안 되니 유인 물油印物로 나오게 되자 간송께서 배후에서 많은 힘이 되었어요.[10]

　이런 회고담은『고고미술』창간 즈음 동인 수준의 학계 분위기를 보 여줌과 동시에 간송이 이 모임과 회지 발간에서 담당했던 역할을 그 일 면이나마 알려준다. 회고담에는 책이 발간되자 젊은이들이 많이 모여들 어 크게 활성화되었다는 이야기도 덧붙여졌다.

　『고고미술』의 편집 장소가 다름 아닌 종로의 간송댁이었다는 데서 간 송이 품었던 이에 대한 열망을 충분히 짐작할 수 있다. 이런 사정은『고 고미술』의 제자題字를 찾는 과정에서도 여실히 드러난다.

그리고 '고고미술考古美術' 제자題字도 완당집자阮堂集字로 간송께서 밤 새워가면서 마련해주셨는데 아침 일찍 전화를 주셨습니다. '술術'자 한 자가 나오지 않아 여러 글자로 뜯어 맞출까 하는데 밤중 자정쯤 되었는지 부엌에 들어가 병째로 쭉 들이키고 얼큰한 기분으로 방에 들어와 다시 글자를 찾으려고 책을 펴는데 첫눈에 '술'자가 보이더 라는 말씀입니다. 이런 자세한 말씀을 저녁 퇴근 때 댁에 가서 듣고 그 후 어디 수필에도 썼습니다만⋯⋯. 그날 밤에 술 많이 했습니다. 이 6호부터는 현재 쓰고 있는 '고고미술' 완당집자를 사용했지요.[11]

비록 이 중대한 일을 시작한 지 1년 만에 간송은 서거했지만 이후 이 일은 한국 고고미술사학의 발전에 굳건한 디딤돌이 되었고 이런 역할은 현재까지도 이어지고 있다. 간송 서거 즈음하여 고고미술 동인들이 올 린 글은 고고미술동인회 초창기의 과정을 더욱 생생하게 증언한다.

동인 간송 전형필 선생은 1962년 1월 26일 거성이 사라지듯 홀연히 세상을 떠나셨다. 간송이 평생에 귀중히 여기던 것이 고문화재요, 가장 사랑하던 것이 또한 그것이었다.

본지가 새로이 발견되는 고문화재의 자료를 소개하고자 뜻을 세웠 을 때 그 계획에 참여하셨음은 물론 창간 이래 집필에 출판에 편집 에 온갖 정력을 기울여 고락을 같이하셨다. 좀처럼 붓을 들지 않으 시던 간송이 본지에만은 매호 빼놓지 않고 집필하셨고 본지 제호로 쓸 추사체 필적을 집자할 때 새벽 3시에 이르기까지 한 자가 발견되 지 않으므로 가족들이 잠든 뒤라 부엌에 내려가 술을 데워 요기해 가면서 찾아낸 다음 비로소 안심하고 잠이 들었다고 이야기하시던 희열에 찬 어조는 지금도 귀에 쟁쟁하다.

간송이 본지에 관한 일이라면 가장 관심이 크셨고 매호마다 발견되는 신자료에 대하여도 세심히 관찰하셨고 출판될 때마다 자체의 크기, 오자의 지적, 표지의 배치 등 일일이 수정하셨으니 마치 어린 자식의 옷깃을 바로잡아주듯 했다. 병원에서 의식이 혼미한 가운데도 동인들에게 본지의 출판을 염려하셨으니 본지는 간송이 온갖 정성을 기울이던 것 중 하나였다.

이제 간송이 가셨으니 거목이 쓰러져 뜨거운 볕을 가려줄 그늘이 없어진 듯 적막하다. 동인들은 고인의 뜻을 이어 본지 발전에 노력하여 왕생극락하신 영전에 공양하려 한다. 고고미술동인.[12]

고고미술동인회는 훗날 한국미술사학회로 개편되어 한국 미술사 연구의 중추 학회로 성장했고, 『고고미술』은 『미술사학연구』로 이름을 바꿔 미술사 연구의 핵심적인 학회지가 되었다. 간송의 깊은 뜻이 곧 한국 미술사 연구의 중추를 이룬 것이다.

민족문화는 문화재의 수집과 보존만으로 계승 발전되지 않는다. 이를 바탕으로 연구하여 그 의의를 밝히고 일반 사람들에게 널리 알리는 일이 뒤따라야 한다.

광복과 한국전쟁을 지나면서 모든 사람의 삶은 힘들고 어려웠다. 학문에 전념한 학자들의 형편은 더 어려웠다. 제대로 학비를 마련해 연구 과정을 밟는 것은 쉬운 여건이 아니었다.

간송은 일찍이 스승이자 후견인이었던 위창과 춘곡의 살림살이를 도맡아 도와주었다. 전통 회화의 명맥을 계승했던 심산 노수현과 청전 이상범도 곁에서 함께 지내도록 했으며, 석정 안종원, 무호 이한복, 관재

이도영 등의 예술인들도 뒤를 보아주고 살았다.

이들이 대개 세상을 뜨고 새 시대를 맞자 많은 소장학자가 미술사와 고고학을 공부하며 학계에 활력을 불어넣었다. 이런 분위기에서 간송은 이들 소장학자에게 큰 기대를 걸고 애정 어린 후원을 아끼지 않았다.

젊은 학자들의 성장에 쏟은 간송의 열정은 남다른 것이었다. 간송이 이들을 지원하는 방법은 예술가들을 후원하던 것과 다르지 않았다. 그들이 알지 못하도록 드러내지 않고 조용히 지원했던 것이다. 학자들은 자신의 학문과 관점에 자긍심을 가져야 하고, 그에 조금이라도 지장을 초래할 수 있는 후원자의 나섬은 온당치 않다고 생각했던 간송이다. 중간에서 후원 일을 맡았던 이들 중 한 사람인 혜곡 최순우는 짧게 그 내력을 소개했다.

58년 가을이었다고 기억합니다. 간송께서 조용히 부르시기에 가 뵈었더니 고고미술을 하는 데는 사람이 필요할 것이니 사람 둘을 추천하라고 하셔요. 그래서 두 사람을 추천해드렸지요. 간송께서 학비를 나를 통해 주셨고 그 사람들이 공부를 시작했습니다만, 돈의 출처에 대해서는 극비에 부치라고 해서 지금도 밝힐 수가 없습니다.[13]

조용히 이뤄진 후원은 당사자가 밝히기 전에는 그 내력을 알기 어렵다. 이런 일을 드러내고 싶어하지 않는 성품의 소유자 간송은 당연히 근거를 남기지 않아 그에게서 실상을 알아내기는 어렵다. 대상자의 증언도 없는 터에 그 전모를 파악하기는 어렵다. 그러나 최순우의 회고를 통해 어렴풋하게나마 그 대강은 짐작할 수 있다. 그리고 후원받은 이들

의 노력이 오늘날 한국 고고미술사학계의 소중한 자산이 되었으리라는
점도 어렵지 않게 추측할 수 있다.

　그런가 하면 중견 학자들에게는 간송이 직접 자리를 마련하여 주연
을 베풀고 미술을 논했다. 종로의 간송댁이 주 무대였지만 다른 곳에서
도 열리곤 했다.

　　　하여튼 그 당시 아지트가 간송댁이었어요. 간송 살롱이 총본산이었
　　　지. (…) 거기서 밤낮 술 마시면서…….[14]

　간송은 이들 중견 학자의 살림살이도 보살폈다. 다들 반듯한 생활이
쉽지 않았던 시절에 명절 며칠 전이면 어김없이 간송은 이들 집에 나타
났다. 물론 바깥주인은 집에 없고 안주인만 집을 지키는 시간이었다. 별
일 없으시지요 하는 간송의 안부 인사가 지나간 뒤 그 집에는 명절을
지낼 찬거리와 선물이 사람을 통해 전해졌다. 한눈에 형편을 파악하고
역시 드러나지 않게 배려하는 간송의 후원 모양새였다.

　간송이 미술계 학자들과 어울리며 고고미술 동인회를 이끌고 눈에
보이지 않는 후원을 하던 시기는 사실 간송이 평생 처음 재정적인 압
박을 받았던 때다. 1950년에 제정된 농지개혁법으로 소작인에게 농지
를 분배하고 지가地價증권을 발행했는데, 한국전쟁을 치르면서 화폐 가
치가 한없이 추락해 지가증권은 휴지 조각으로 변해버렸다. 대지주였던
간송은 일시에 대가 없이 농지를 상실했고 일체의 유동자산은 전란으
로 소멸해 재원이 고갈된 셈이었다.

　그럼에도 불구하고 간송의 미술계 지원은 끊이지 않았다. 그가 소망
했던 우리 문화의 보존과 계승을 위한 원대한 꿈은 계속되어야 했기 때

문이다. 그리고 오늘 그가 바랐던 꿈은 어느 정도 실현되어 그를 통해 육성된 문화적 자산은 우리 문화계를 밝게 비추는 힘의 한 바탕을 이루고 있다. 오늘날 어느 정도 활성화되기 시작한 우리 사회의 문화계 후원 분위기는 간송이 기대했던 길과 나란히 가는 길이다.

7장

문화대국을 꿈꾼 경영인,
호암 이병철

김경한

숱한 사람의 기억 속에 기업 경영자로서의 모습을 각인시킨 호암湖巖 이병철李秉喆은 사실상 한국전쟁을 전후한 시기 20여 년 동안 문화재 수집에 열정을 쏟으며 이를 지키려 했던 인물이기도 하다. 근현대 시기 우리나라에서 경제성장은 맹목적인 과제였고, '가난'에서 벗어나겠다는 절체절명의 몸부림이기도 했다. 다른 모든 가치를 뒤로할 만큼 경제가 우선이었기에 당시 국가는 문화재를 수습할 능력이 전혀 없었다. 당연히 해외로 밀반출되는 우리 예술품에 대해 속수무책이었는데, 이를 막았던 인물이 몇몇 있으니, 호암은 그중 대표로 꼽을 수 있다.

사회 환원은 많은 기업이 성장을 구가한 뒤 꼭 뒤돌아보게 되는 과제다. 그런데 호암이 도의문화 운동에 앞장서고 국민에게 문화재를 누리게 한 것은 오히려 이윤 창출보다 더 큰 의미를 지니는 사회 기여라 할 수 있다.

자본 축적에서
공동선으로___ 호암은 1910년 2월 12일 경상남도 의령군 정곡면 중교리에서 태어났다. 그의 할아버지는 당시 지역의 큰 유학자였고, 아버지는 일제의 침략에 분연히 일어나 독립협회 회원들과 행동을 같이했으며 또한 이승만 초대 대통령과는 기독청년운동을 함께한 이였다. 이런 집안에서 막내로 태어난 호암은 여섯 살 때부터 할아버지가 세운 서당에서 한학을 배우고, 이후 중동학교에서 신학문을 공부했다. 가풍과 집안의 교육은 훗날 호암이 도의문화 사업에 심혈을 기울이는 데 큰 영향을 주었다.

그 뒤 일제강점기에 사업에 뛰어들어 불모의 경제를 일으켰던 호암은 1964년 겨울 막바지 한국에서 제일가는 재벌이라는 세평을 뒤로하

고 사회에 공헌할 방법에 골몰하기 시작했다. 55세의 나이로 지천명知
天命의 중천에 들어설 무렵이었다. 생산·고용·소득 증진과 같은 경제적
가치만이 아니라 "최고의 도덕이란 무엇인가"에 대해 주저 없이 "봉사"
라고 말해왔던 그는 다른 가치를 모색하기 시작했다. "경제계에 투신한
이후 30여 년의 긴 세월을 오직 기업의 창설, 개척, 확장에만 전념해왔
습니다. 제가 이룩했던 회사 하나하나는 꿈과 피와 땀이 엉키지 않은
것이 없습니다. (…) 그러나 허다한 기업의 창설과 발전, 그리고 자본의
축적은 그 목적이 제 후손의 풍요한 생활 영위에 있었던 것은 결코 아
니었습니다. 그러므로 개인 생활 영위에 필요한 범위를 훨씬 초과하는
재산은 이것을 계속 사유함으로써 사장死藏, 방치하느니보다는 국가·
사회를 위해 유용하게 전환, 활용하는 것이 옳다고 늘 생각해왔던 것
입니다."

삼성문화재단 설립이 급물살을 타던 시점, 호암은 가족이 함께한 자
리에서 자신의 뜻을 밝혔다. "경제적 사정 때문에 유위有爲한 인재가 교
육받을 기회를 얻지 못하고, 학술·문화 활동의 창달이 제대로 안 된다
면 이는 사회적 공평의 원칙에 어긋날 뿐만 아니라, 사회발전을 원천적
으로 저해하는 일이 아닐 수 없다. 우리 가족이 생활하고도 남는 재산
을 문화재단에 출연하여 육영·문화·복지 등 사회 공익에 기여하도록
하자. 사회 일반의 복지 증진 없이는 우리 가족만의 행복도 기할 수 없
다. 우리나라는 아직도 저소득 후진 상태에 있다."

사람은 자신의 인생 궤적에서 어떤 성과를 이루고 나면 애초에 생각
지도 못했던 욕구들을 자연스레 갖게 된다. 인류 역사를 되돌아보면 심
미적 욕구, 즉 예술을 향한 열망은 늘 삶을 지탱하는 한 축이었고, 이
것은 서구에서 유미주의나 예술지상주의로까지 나아가기도 했다. 우리

선조들의 탐미 의식 또한 그에 뒤지지 않았다. 그러나 호암은 예술을 사랑하는 개인적인 욕구를 뛰어넘어 자신의 사회적 지위에 걸맞은 도덕적 의무를 고민했고, 이는 곧 '노블레스 오블리주noblesse oblige'를 실천하자는 제안으로 이어졌다.

호암은 먼저 노벨, 록펠러, 포드, 카네기재단 등의 기금 구성과 운용 방법, 사업 내용부터 연구했다. 재단이 시간의 흐름 속에서 애초의 견고한 뜻을 흐트러뜨리지 않으려면 기금이 고갈되지 않도록 하는 게 우선이었다. 그리하여 호암은 곧 제일제당, 제일모직, 동방생명, 신세계 등의 주식 중 개인 지주분과 부산시 용호동의 임야를 기금으로 출연했다.

사재 처분은 이어졌다. 재단을 설립하고 6년 뒤, 나머지 재산에 대한 가치를 다시 평가해 이중 3분의 1을 삼성문화재단에 추가로 투입했다. 이런 사실은 당시 언론에서 '사재 3분화'라고 보도되어 사회적으로 큰 반향을 일으켰다.

쌓아올린 재산을 세상에 던지는 심경은 연만年滿한 딸을 출가시키는 마음, 바로 그대로였다. 다만 국가·사회에 유익하게 쓰이길 바랄 따름이었다. 나는 시중은행주를 내놓을 때도 그랬지만, 한 개인이 너무 많은 재산을 가질 필요가 있는가 하는 생각을 갖게 되었다. 미국의 철강왕 앤드루 카네기는 저서 『부론』에서 '잉여 재산이란 신성한 위탁물'이라고 말했거니와, 그 위탁물을 어떻게 사회의 공동선을 위해 쓰느냐가 문제다.

재산의 3분화를 결심했을 때만 해도 정치 혼란은 반복되고 있었고, 도의道義가 땅에 떨어져 우리 사회에는 올바른 가치관도 없어 보였다. 재산을 3분화한 한몫으로 문화재단을 설립한 의도는 도의의 고양高揚과 가치관의 확립을 지원하는 동시에, 재정 기반이나 내용에 있어서 미국의 카네기재단과 스웨덴의 노벨재단에 버금가는 것을 만들어보려는 데 있었다. 노벨상의 경우는 뉴욕의 월가 같은 데서 주식 투자도 하고, 때로는 투기까지 해서 기금을 증식시켜, 견고한 기금 위에서 상賞의 권위나 신뢰를 유지해가고 있다.

문화강국의 밑거름___

호암은 인재를 매우 중시했다. 문화재단 설립 전해인 1964년 7월, 호암은 대구대학교를 인수했었다. 서울에 대학을 하나 세울 정도의 큰돈이 들어갔다. 그의 생각은 흔들림 없었다. 교육과 문화의 서울 집중을 막고 지방에서도 인재들이 길러졌으면 하는 바람이었다. 대구는 삼성물산이 태동된 곳이었고 제일모직의 본 공장도 있어 인연이 각별했다.

삼성문화재단에서는 인재를 길러내기 위해 장학사업을 매우 중요하게 여겨 학생들에게 장학금을 지급했으며, 이와 함께 학술연구기관이나 학자들의 연구활동을 지원하는 제도도 마련했다. 또한 재단에서는 국가 발전에 기여할 인재 육성에 직접 참여하기 위해 성균관대학교를 인수했다. 당시 성균관대학은 종합대학임에도 불구하고 인문학에 치우쳐 있었다. 문화재단은 학교 운영을 정상화하는 동시에 이공계 교육을 거점으로 과학관을 신축, 기증했다. 이런 지원이 이뤄지자 성균관대학은 빠르게 성장했다.

교육 사업과 함께 도의문화를 북돋우는 것은 호암이 심혈을 기울였던 핵심 사업이었다. 애국심, 공과 사의 구별, 봉사정신, 어버이나 형제, 그리고 남을 헤아리는 성실한 마음가짐…… 호암은 이런 것들이야말로

삼성문화문고에서 펴낸 책들.

인간 본연의 모습이며, 제도나 법률을 초월한 인간사회의 기본규범, 즉 도의道義라고 믿었다.

이를 위해 도의의 진작을 주제로 한 논문, 소설, 희곡을 공모해 우수 작을 포상하는 한편 사회의 귀감이 될 수 있는 주제를 선정해 국내 정 상급 제작자에게 의뢰해 도의문화영화를 제작하여 각급 학교에 시청각 교육용으로 무상 배부하고 텔레비전, 극장 등에서 상영함으로써 도의 문화의 확산을 위해 노력했다.

또한 호암은 독서문화 확산에도 아낌없는 투자를 단행했다. 그는 당 장 먹고사는 데 바빠 책을 읽지 않는 실상이 젊은이들의 내면을 잠식 하고 황폐화시킨다고 판단했다. '삼성문화문고'를 간행하게 된 계기였다. 이에 국내외 양서들을 문고판으로 발간해 고등학교와 대학 도서관, 공 공 도서관, 군부대에 기증하고 일반 독자들에게 보급되도록 했다.

삼성문화문고의 출판은 호암이 생존해 있던 1986년경까지 200여 종 에 이르렀고 총 간행 부수는 1000만 부를 넘었다. 내용과 권위를 인정 받아 대학 등 각급 학교와 단체에서 교양 교재로 채택하는 경우도 많았다. 사람들이 삼성문화문고를 자기 계발의 등불로 삼았으면 하는 것이 호암 말년의 소원 중 하나였다.

1969년 정부는 아산 현충사의 중건을 추진하면서 조경 공사를 호암에게 부탁했다. 호암은 성웅 충무공의 사당을 시멘트가 아닌 한국 고유의 전통미를 갖춘 장엄한 목조 건축으로 짓길 원했지만 그렇게 하지 못한 것을 두고두고 아쉬워했다. 그러나 중앙개발의 조경부에서 꾸민 33만 여 제곱미터의 현충사 경내 조경은 국내 최고의 정원으로서 영국, 일본의 조경 전문가들도 감탄할 정도였다. 호암의 이러한 활동은 1990년대 후반에 시작된 우리나라 메세나 활동의 효시라고 할 수 있다.

애틋한 국악·서예

사랑에 뿌린 씨___ 밤 한때를 국악에 귀 기울이면서 혼자 조용히 지내는 것은 즐거움의 하나다. 요즘은 음반이나 테이프의 질이 좋아져서 창唱이나 산조散調를 실연이나 다름없는 음색으로 손쉽게 들을 수 있게 되었다.

우리 가락에 심취했던 때에 호암은 주변 사람들에게 국악에 대한 애틋한 사랑을 자주 이야기했다. 그런 애착으로 인해 당시 동양방송TBC의 소유주였던 그는 「국악의 향연」이란 프로그램을 진두지휘할 정도였다. 또한 방학이 되면 지방 각지에서 중고등학교 음악 선생들을 불러들였다. 그러고는 '유성기판'(축음기판, SP판)이 눈에 보이면 자신에게 꼭 연락을 달라고 당부했던 것이다. 이렇게 해서 전라도 강진, 대구 동성로, 서울 인사동 등에서 유성기판을 손에 넣을 수 있었다. 음질은 워낙 형편없었지만 그런 것에 개의치 않았다. 국악인 한명희는 그를 이렇게 기억하고 있다.

그 당시에 호암 선생이 얼마나 국악에 대해 관심이 많고 많이 아셨
나 하면, 언제 날 한번 이렇게 부르시더니, 정남희 산조 좀 구해오라
고 그래. 그래서 엉겁결에 그냥 '네, 알겠습니다' 하고 나왔지. 그때
만 해도 난 정남희가 누군지 몰랐어. 그런데 국악을 전공했다는 놈
이 모른다고 하면 참 망신스런 얘기잖아. 나중에 알아보니까 월북
예술인이야. 내 세대에서 알 수가 없는 거지.
지금도 그렇지만 당시도 재벌들에 대한 좋지 않은 이미지가 있잖아.
나도 대학 시절에 그런 선입견이 있었는데 그분을 몇 년 겪어보니까
그게 아니었어. 체구도 왜소하고 깡마르고. 얘기하면 앞 사람에게
들릴까 말까 아주 조용한 목소리인데 그 목소리가 굉장히 인자해요.
따뜻하고. 그때 사회에서 그 양반에 대해 들었던 이미지가 그때 확
바뀐 거지. '아, 사람은 만나봐야 아는구나' 하고. 우리 문화유산을
그렇게 소중하게 생각하는구나 하고.

판소리 명창 조상현 역시 호암과 끈끈한 인연을 쌓은 것으로 유명
하다.

극장 무대 외에 텔레비전 창극 무대에서도 타고난 성음과 구수한 언
변, 능청스러운 연기로 그는 시청자의 눈을 일시에 사로잡았다. 당
시 민간 텔레비전이던 TBC 방송의 「TBC 향연」「우리가락 좋을씨
고」「내강산 우리노래」에 출연할 때는 이병철 회장의 눈에 떠어 각
별한 사랑을 받은 것으로 전해진다. 이병철 회장은 자주 방송 녹화

현장에 나타나서 주변 사람들을 뿌리치고 조상현의 소리에 귀를 기울이다가 소리가 끝나면 또 한 번 청해 듣고 한을 녹여 혼을 토하는 '목소리 기술'에 감탄해 마지않았다고 한다. 이후 이병철 회장이 타계하자 조상현은 춘추시대 거문고 명수로 이름을 떨치던 백아와 그의 거문고 소리를 알아주고 절찬해 마지않던 종자기의 우정을 상징하는 백아절현伯牙絶絃을 떠올리며 가야금도 알아주는 사람이 있어야 줄을 튕기는 법, 내 소리를 알아주는 사람이 있어 행복했으나 지금은 세상사 허무할 뿐이라고 말했다.

호암은 서예에도 강한 애착을 지녔다. 서예는 나라 안팎으로 숨 가쁜 일정을 소화하는 와중에 잡념을 떨치기 위한 그만의 명상법이자 힐링 도구였다. 평소 집무실에 늘 지필묵을 갖춰놓고 하루 일과를 서예로 시작할 정도였다. 글귀는 대개 경서經書에서 땄으며 삼성 각 회사 사장들이 휘호를 요청하면 그 회사의 특성에 맞는 성구成句를 쓰기도 했다. 호암은 자신의 서예 실력이 보잘것없다고 평가했다. 그가 글씨를 쓴 것은 그저 스스로 마음을 다잡기 위해서였다. '무한탐구無限探求' '사업보국事業報國' '경청傾聽' '겸허謙虛' 등의 글귀를 즐겨 썼는데, 특히 '인재제일人材

호암의 서예작품 '인재제일'.

第一'이라는 문구는 생전 사람 경영의 중요성을 강조한 그의 철학을 그대로 담아낸 것이라 할 수 있다. 기업 경영을 통해 널리 사람들에게 베푼다는 뜻의 '기업제민企業濟民', 수출 증대를 통해 나라에 기여해야 한다는 '수증보국輸增報國'도 기업인으로서의 자세를 한껏 드러내고 있다.

나는 국악의 선율이 귀에 익은 세대다. 친근감을 갖는 것은 당연한 일이다. 현재 몇몇 대학에 국악과가 있어 민족문화를 계승할 젊은이들이 배출되고 있다. 그러나 일상생활 속에서 국악과 교류를 갖는 세대는 내 연배가 마지막인지도 모른다.

망중한의 집무실에서 오전 한때를 서예로 보내는 것도 최근 수삼년래數三年來 습관이 되고 있다. 먹을 갈고 붓을 잡으면 정신이 붓끝에 집중되고 숙연해진다. 내가 어려서 글씨를 익힌 것도 펜이나 연필이 아닌 붓이었다. 붓은 손에 익은 터이나 서투르다. 서예가 정하건 선생의 지도를 받으며 임서臨書도 해봤지만 여의치 않았다. 특별한 서

체도 아닌 어중간한 서체이지만, 무심히 그은 1획, 1번의 운필이 마음에 들 때의 희열이란 이루 형언할 수 없다. (…) 내가 아무리 정진 노력을 한들, 남에게 자랑할 만한 글씨를 쓸 수 있을 리 없다. 다만 스스로 마음을 바로잡기 위하여 글씨를 쓸 따름이다.

미술사랑이 낳은 결정체
호암미술관___

1976년 착공된 호암미술관은 호암의 미술에 대한 애호가 낳은 결정체이자 메디치로서의 도약을 향한 발걸음이었다. 미술품 수집의 시작은 그의 나이 33세로 거슬러 올라간다. 대구에서 삼성물산의 전신인 삼성상회를 세워 양조업을 주사업으로 넓혀가던 시기였다. 서울에서 시작된 미술작품에 대한 관심은 회화와 토기, 조선백자, 고려청자, 불상, 조각으로까지 뻗어나갔다.

그가 특히 애착을 가졌던 작품은 청자진사 연화문 표형주자靑磁辰砂蓮

호암미술관 전경.

華文瓢形注子(국보 제133호)다. "동자童子와 연꽃잎의 정교함, 동화채유銅畵彩釉의 넘치는 기품, 뛰어난 기형器形의 조화미, 그것들이 혼연히 일체가 되어 뭐라고 형용할 수 없는 분위기를 풍겨낸다. 이것과 비슷한 주자注子가 워싱턴 프리어박물관에 소장되어 있는데 그나마 뚜껑이 없어 완형完形도 아니며 정교함이나 조화미에서 호암미술관 소장의 주자와는 격이 다르다"고 한 데서 그가 미술품 수집에 얼마나 심취해 있었던가를 알 수 있다. 이후 호암은 학계의 권위자로 하여금 주자에 대한 연구논문을 쓸 수 있도록 뒷받침해 마침내는 영문판 논문이 발표되기도 했다. 그에 뒤지지 않는 또다른 예술품은 청자상감 운학모란국화문 매병靑磁象嵌雲鶴牡丹菊文梅甁(보물 제558호)이다. 이 매병은 상감의 문양이나 비취색을 띤

「군선도群仙圖」, 김홍도, 종이에 채색, 132.8×575.8cm, 국보 제139호, 조선 1776, 삼성미술관 리움.

유약의 빛이 비길 데 없이 밝고 부드러워, 우아한 기품과 안정감을 자아낸다. 미국이나 일본 등지로 흘러나간 것까지 함께 생각하더라도 고려청자로서는 최고의 일품일 것이다.

이외에도 용두보당龍頭寶幢, 가야금관伽倻金冠, 청동검靑銅劍, 청동은입사 보상당초봉황문 합靑銅銀入絲寶相唐草鳳凰文盒, 배모양 토기平底舟形土器, 신발모양 토기土履, 금제 귀걸이太環耳飾, 김홍도의 「군선도群仙圖」 등이 있다.

호암은 골동품에서 마음의 '기쁨'과 정신의 '조화'를 찾는다. 가령 그는 초기에 수집한 '청자상감 운학모란국화문 매병'에 대해 이렇게 평한다. "매병은 상감 문양이나 유약이 발라진 정도가 다른 예를 찾아볼 수 없을 정도로 밝고 산뜻하며 안정감을 가지고 있다. 자랑하기는 그렇지

청자상감 운학모란국화문 매병靑磁象嵌雲鶴牡丹菊文梅瓶,
높이 31.2cm, 보물 제558호, 고려 12세기, 삼성미술관 리움.

청자진사 연화문 표형주자 靑磁辰砂蓮華文瓢形注子,
높이 32.5cm, 국보 제133호, 고려 13세기, 삼성미술관 리움.

호암미술관 개관식 때의 이병철 회장.

만 고려청자 중에서도 최고에 속하는 명품이라고 나 스스로 인정할 정도다."

1976년의 기고문에서 호암은 "폭넓은 수집보다는 내 기호에 맞는 물건만 선택한 것이 내 소장품"이라고 밝힌 바 있지만, 그의 컬렉션은 한 개인의 기호나 취향을 넘어서는 광범한 규모를 이루고 있다. 호암 컬렉션은 한국 미술의 거의 전 시대, 전 장르를 망라하고 있다. 실제로 미술사가 이광표의 말대로 호암 컬렉션은 국내 개인 컬렉션 가운데 장르가 가장 다양하다는 평가를 받는다. 이는 수집가의 가장 비밀스러운 동기를 '분산에 맞서 투쟁을 벌이는 것'이라고 주장했던 발터 벤야민을 떠올리게 한다. 벤야민에 따르면 대수집가는 혼란스러운 것, 분산된 것, 비합리적인 것을 자신이 만든 일정한 체계 속에 배치시킴으로써 그것을 극복한다.

그러니까 그가 추구한 것은 일종의 '완전성'이었다. 그 '완전성'의 체계 안에서 그는 비로소 개성을 발견했다. 그는 이렇게 말했다. "모으는 것은 사람의 손으로 만든 것이 대부분이다. 만든 것이 아니면 쓴 것, 그린 것, 깎은 것들이다. 이들 수제품手製品에는 만든 사람, 쓴 사람의 땀이 스며 있다. 좀더 아름다운 것, 좀더 훌륭한 것을 추구해 마지않는 집념이 어려 있다. 그리고 꿈이 있고 낭만이 있고 개성이 있고 인생이 있다. 이런 것을 생각하면서 바라보고 만져보고 비교도 해보며 망중한을 즐기는 것이다."

호암이 각별한 애정을 보인 것은 도자기였다. 도자기 수집 소문을 듣고 많은 사람이 그를 찾아왔다.

"회장님 이것은 고려시대 주전자입니다."

어느 날 호암을 찾아온 사람이 꺼낸 것은 표주박모양을 한 고려시대

청자였다. 한눈에 봐도 천하제일의 푸른색을 띠고 있었다.

'보통 물건이 아니다.'

상인은 호암에게 엄청난 거금을 가격으로 부르며 말을 덧붙였다.

"원래는 일본 사람이 더 비싸게 내놓았던 물건입니다."

"주인이 일본 사람입니까?"

호암은 자리를 뜨려다 일본인이라는 말에 잠시 망설였다. 그 주인이 고려청자를 가지고 있다면 분명히 일제강점기에 부정한 방법으로 손에 넣었을 텐데 그런 물건으로 돈을 벌려 한다는 생각이 들었다. 한참 동안 생각에 잠겨 있던 호암이 입을 열었다.

"제가 사겠습니다."

당시 가격을 모르는 것도 아니고 고려청자가 욕심나서도 아니었다. 그가 기꺼이 턱없이 높은 값에 청자를 사들인 이유는 단 하나, 그 작품을 다시 일본으로 보낼 순 없었기 때문이다. 우리 작품이 마구잡이로 일본으로 팔려나가는 것이 안타까웠고 마음도 아팠다. 그래서 기꺼이 큰돈을 지불하고 되사오는 일을 수없이 했다. "긍지 없는 민족은 얼굴이 없는 것과 같다. 긍지를 버린 민족은 자기를 버린 것과 같다. 문화재는 바로 그 민족 그 국민의 얼굴이며 마음이다"라는 그의 의식이 이 같은 행동으로 이끌었다.

생전에 그에게 골동 수집을 하게 된 동기를 묻는 이가 많았다.

선친이 거처하던 사랑방에는 평상시 당신이 아끼시던 필묵이 담긴 문갑이 여러 개 있었다. 찾아오는 묵객이라도 있으면 그 문구文具로 시문답詩問答을 했다. 선친은 그것을 병풍으로 꾸미거나 문갑에 붙이거나 하였다. 그러한 선친의 조용한 뒷모습은 지금까지도 눈에 선하다.

한국 가정에서는 예로부터 제주병祭酒瓶을 소중히 다루어왔다. 제주병이란 문자 그대로 조상 봉사封祀의 제주祭酒를 담는 병을 말한다. 자가양주自家釀酒가 허용되던 시대에는 가양주家釀酒의 상품上品을 이 제주병에 담아두었다가 제삿날 제주로 쓰곤 하였다. 4대조까지 봉사하는 제사 풍습이 있는 만큼 제주병을 소중히 여긴 것은 당연했다. 그 제주병은 종손에게 전승되어 다른 제구와 함께 문중 재산 목록의 첫째로 꼽혔다. 이런 환경이 나로 하여금 자연스럽게 서書나 도자기의 길로 들어서게 한 것 같다. 도자기에 대한 한국인 일반의 눈은 제주병에 의해 길러졌다고 할 수 있다.

그의 미술 애호는 애초 민족 문화유산 지키기에서 출발했다. 우리 미술품이 더 이상 해외로 유출되어서는 안 된다는 의지가 작용한 것이었다. 나이가 들면서 더욱 미술 수집의 길로 들어선 것도 이 때문이라고 그는 공공연히 밝혀왔다.

예순이 될 무렵, 그는 그동안 수집한 미술품을 어떻게 해야 할지 고민에 빠졌다. 개인 소장품이면서도 스스로 지키고자 했던 민족 문화유산이었기 때문이다. 이에 국민 누구나 공유할 수 있는 미술관을 세우자는 생각에 이르게 된다.

전 세계를 누비며 글로벌 초일류 기업의 토대를 닦은 호암은 남다른 여유를 지녔다. 1938년 자본금 3만 원의 삼성상회가 자신이 세상을 뜬 1987년에는 37개 계열사까지 거느리는 그룹이 되었지만, 그는 여유 없는 인간은 하찮은 구실이나 타산에 치우쳐 어딘지 모르게 성격도 편협하다고 생각했을 정도다. 그런 그에게 '예술'은 어느 모로 보나 인생의

'교재' 같은 것이었다.

호암은 40년 동안 많은 미술품을 수집했고, 이는 오늘날 호암미술관의 토대가 되었다. 그에게는 이외에도 여러 수집 취미가 있었다. 호암은 공예가구·나전칠기·벽지·융단·조각·석물·금속물 등 큰 것에서부터, 골프채·구두·가방·넥타이·시계·만년필·라이터·파이프·낙관인 등의 일상 소품과 서적·비디오테이프를 비롯한 각종 기록물도 수집했다. 그가 모은 것은 대부분 사람 손으로 만들어진 것으로, 수집품에 어려 있는 장인들의 집념을 좋아했던 것이다.

나는 용인자연농원에서 제일 좋은 위치에 5만여 제곱미터 부지를 마련하고 미술관 건립에 착수하였다. 뉴욕의 구겐하임미술관을 설계한 라이트는 건물 그 자체가 조형미를 갖도록 세심한 배려를 했다. 나도 미술관 건물이 우리나라 고유 건축미의 정수를 결집한 것이 되도록 설계에 중점을 두었다. 오래오래 풍설에도 견딜 수 있도록 견고한 화강석조로 한 것도 그 특징의 하나다. 정원에는 조각품을 배열하여 조각공원의 면모를 갖추도록 했다.

미술관을 건립하면서 삼성문화재단은 예술인들을 지원하는 폭넓은 행보에 나섰다. 미술관이 문을 연 것은 1982년 4월 22일이었다. 우리 5000년 역사를 집약해놓은 예술의 극치였다.

1층은 경주 불국사의 백운교白雲橋와 같은 아치형 돌계단을 기단 구조로 하고, 그 위에 청기와 단층 건물을 얹어 2층으로 만들었다. 1층 전시실에는 현대 미술품이, 2층 전시실에는 선사유물·도자기·금속품 등의 문화재가 자리를 잡았다. 가장 주목을 끈 것은 순금제 가야금관이었다.

그 양식도 독특하며, 국내 유일의 것이었다. 그가 수집한 고려불화 역시 감탄을 자아냈다. 수준 높은 고려불화의 양식을 한껏 드러내고 있는 「아미타삼존도阿彌陀三尊圖」(국보 제218호)와 「지장도地藏圖」(보물 제784호) 등이 그것인데, 당시 우리나라에는 한 점도 남아 있지 않고 일본에 120여 점이나 유출되었던 것을 매입한 그였다.

현재 미술관 고미술품의 주축을 이루는 것은 단연 도자기류다. 앞서 언급한 고려청자 외에 조선백자는 소장품 중 가장 많은 양을 차지하고 있다. 특히나 주목할 만한 것은 조선 전기의 청화백자들로, 그 희귀함과 미의 절대성이 눈길을 잡아끈다.

분청사기 또한 각별한 수집품으로 일탈의 미학과 뛰어난 조형감각을 자랑하는 것들로 두루 갖춰져 있다.

국격을 높인
예술사랑___ 식민지 압제와 전쟁으로 황폐화된 척박한 땅에서 기업을 일구고 국부를 창출한 호암의 족적은 시간이 갈수록 깊은 의미를 더한다. 만약 그가 자본 축적에만 머물고 예술에 눈길을 돌리지 않았다면, 누구도 그를 '한국의 메디치'로 기억하지 못했을 것이다.

카네기와 록펠러, 벤더빌트를 배출한 시대는 미국의 문화 융성기였다. 일본의 모리森는 현대 일본 미술과 문화의 격을 한 단계 높였다는 평가를 받고 있다. 홍콩 청쿵長江그룹의 리카싱李嘉誠 역시 왕성한 문화 지원에 앞장서고 있다. 기업의 성공과 문화의 융성을 한 궤도에 놓고 고민했던 경영인들이 있었기에 가능한 일이었다. '먹고살 만하면 다 할 수 있는 일' 이상의 실천을 펼친 일관된 의지가 문화를 한 단계 끌어올리는 밑거름이 되었음은 물론이다.

호암은 개인적인 수집활동과 지원에 정성을 쏟다가 재단이나 그룹을 통해 공식적으로 '메디치 역할'을 선언하고 체계적인 단계를 밟아 혜택이 골고루 퍼져나가도록 힘썼다. "말에는 믿음이 있어야 하고 행동에는 결과가 따라야 한다言必信 行必果"는 논어의 글처럼 담백한 스타일대로 걸어간 예술 사랑을 느낄 수 있다. "물질은 유한하고 정신은 무한하다. 그 정신에 절대적 영향을 미치는 요소는 문화다." 이런 생각으로 문화 사랑을 실천한 이병철 회장을 한국의 메디치, 아시아의 로렌초로 기억하는 이유다.

8장

박성용,
메세나를 뿌리 내리게 한
'큰 별'

김경한

국내 기업들의 장수 사회공헌 프로그램의 평균 나이는 이제 열 살을 갓 넘겼다. 전국경제인연합회가 2013년에 발표한 '2012년 기업 및 기업재단 사회공헌 실태조사'를 살펴보면 207개 국내 기업이 진행 중인 5년 이상 장수 사회공헌 프로그램의 나이는 평균 10.7세로 집계되었다.

금호아시아나는 인재 양성 분야의 대표적인 기업으로 이름을 올렸다. 1977년 재단법인 금호문화재단을 설립했으니 국내 기업들 중 그 역사가 가장 깊다. 메세나협회에서 매년 발표하는 기업의 문화예술 지원 순위에서 금호아시아나는 2013년 3위를 차지했다. 그 중심에는 고故 박성용 명예회장이 있다. 박인천 창업 회장이 문화 융성을 위한 터를 닦았다면 박성용은 열매를 거둬들이며 이를 기름지게 하는 역할을 했다. 지금은 동생 박삼구 회장이 집안의 뜻을 잇고 있다. 아버지에서 아들로, 동생으로 대를 이어 메세나가 전수되고 있는 셈이다.

나는 내 재산이 얼마나 되는지 한 번도 관심을 가진 적이 없다. 필요 없는 땅 한 조각 갖지 않았다. 그저 기업을 일으키고 키워나가는 재미로 살았다.(박인천)

나는 기억되고 싶지 않습니다. 하지만 굳이 그래야 한다면 정직한 사람으로 기억되고 싶습니다.(박성용)

돈 많이 벌어 세금도 내고 문화활동에도 많이 씁시다.(박삼구)

'위대한 유산'이 된
예술적 심미안___ 생전에 한국의 마에케나스 또는 에스테르하지로

불렸던 박성용은 금호아시아나그룹 창업주인 박인천과 이순정의 맏아
들로 1931년에 태어났다. 부모로부터 물려받은 것의 가치를 가늠한다
는 것은 어려운 일이지만, 그중 그가 가장 큰 자산으로 여겼던 것은 음
악과 문화를 사랑하고 이에 헌신하는 철학이었다.

박인천이 금호를 성장시키던 무렵에 광주지역은 한국전쟁으로 폐허
가 된 터였다. 그는 지역사회를 일으켜 세우는 일에 나섰다. 전쟁 직후
인 1952년부터 1976년까지 25년 동안 광주상공회의소 회장직을 맡아
전후 복구부터 지역 개발까지 광주를 재건하고 이끌어가는 데 투자를
아끼지 않았다.

금호의 시작은 개인의 영달보다는 식민 지배와 전쟁으로 황폐해진
조국을 다시 일으켜 세우겠다는 '공익'에 대한 의지가 더 컸다는 게 후
대의 평가다. 박인천은 사재 200만 원을 털어 상공회의소 사무실에 전
화를 설치하고 비품들을 마련했다. 제대로 된 급여를 받아본 적이 없었
던 직원들에게 매달 급여를 지급해 일할 수 있는 최소한의 여건을 다지
면서 지역사회 개발에 착수했다. 전쟁 통에 벌목으로 황폐해진 무등산
에 나무를 심어 관광 수입을 높이고 주민들에게 휴식처를 제공한 것도
그였다. 훗날 박성용이 식물원 개관에 관심을 가진 것은 이런 부친의
영향을 받아서였을 것이다.

가장 눈여겨볼 만한 것은 음악에 대한 사랑이었다. 재정적 기틀을 다
지기에도 바빴을 때였지만 문화에 대한 끈을 놓지 않았다. 국악원장으
로 취임하면서 잊힌 우리 가락을 되살리는 데 재정적인 도움을 줬으며
남화의 대가인 허백련과 서예가 구철우 등을 주목했다. 특히 판소리와
시조를 좋아해 당대의 소리꾼인 김소희, 박귀희를 집에 초대해 가깝게
지냈다. 남도 소리에 대한 관심은 특히나 지대했다. '기생 대접만 받던

소리꾼을 인간으로 대접하신 유일한 분이라는 평가를 듣는 이유다.

1960년대 초반부터 기업 이윤의 사회 환원에 앞장서온 금호는 이후 금호문화재단 설립을 계기로 각종 문화사업을 장기적이고 조직적으로 추진할 기틀을 다지게 된다. 박인천을 곁에서 지켜본 이들은 자신의 이익보다는 공공의 이익을 우선으로 생각하는 사람이었다고 증언한다.[2] 창업 회장의 '한 식구라도 더 밥을 먹여야 한다'는 뿌리 깊은 이타심이 금호그룹의 철학과 경영의 방향을 정립하는 데 본이 되었음은 물론이다.

예술을 이해하는 심미안과 남에게 베푸는 마음, 박성용 일생의 두 축을 이뤘던 이것들은 금호 가의 태동과 동시에 뿌리를 드리웠다. 박성용이 떠나고 박정구까지 타계한 뒤 금호아시아나그룹은 박삼구 회장이 대신하고 있다.[3] 박삼구는 2005년부터 금호아시아나문화재단 이사장을 맡아 그룹의 문화예술 지원활동을 이끌어왔다. 2009년 지역문화 진흥을 위해 광주광역시에 '유스퀘어 문화관'을 건립, 클래식 공연, 연극, 뮤지컬, 미술 전시회 등을 열어 지역 주민들의 문화 갈증을 해소해줄 뿐 아니라, 서울대와 연세대 등 대학 문화예술을 일으키는 데도 큰 몫을 하고 있다.[4]

박삼구는 "금호아시아나문화재단 설립 이후부터 '영재는 기르고 문화는 가꾸자'는 신념을 지켜왔다. 과거에는 예술가들의 후원이 왕실과 종교의 몫이었지만 이제는 기업에 넘어왔다. 국내 기업들이 잘돼야 예술후원을 더 늘릴 수 있다는 책임감을 갖고 더 열심히 하겠다"고 말한 바 있다. 또 "어떤 일을 추진할 때는 리더십도 중요하지만 폴로십도 중요하다고 생각한다"면서 "아버님과 형님이 가졌던 젊은 예술가들에 대한 후원 정신을 이어가면서 내 나름대로 추진했던 단편 영화제(아시아나 국제

단편영화제) 육성과 아트홀 설립 등이 의미가 있었다"고 평했다.

영화감독 이준익은 "금호아시아나는 노블레스 오블리주의 전형을 보여준다. 아름다운 기업의 사회공헌이 뒷받침될 때 문화를 꽃피울 수 있다"라고 평했다.

음악에 심취한 청년이
끌어올린 클래식의 위상___박성용은 한 인터뷰에서 "중3 때「전원
교향곡」을 들으면서 클래식 음악에 매료됐다. 그 뒤 대학에 다닐 때는 '돌체' 같은 음악다방을 드나들면서 허송세월 좀 했고 미국 유학 시절에는 실내악을 본격적으로 들었다"고 고백했다. 그의 낭만 성향이 엿보인다.

국내에 머물면서는 거의 매일 밤 연주회를 가는 것은 물론 음악인들과 어울렸고 젊은 음악가들을 각별히 아껴 금호아트홀 '영재 음악회'와 '영 아티스트 음악회'에 빠짐없이 참석했다. 기업 총수이지만 예술의 전당이든 대학로 소극장이든 그 자신이 직접 티켓을 사서 공연장에 입장하던 관객이었다. 해외 출장길 저녁에는 음악회, 낮 시간에는 틈틈이 박물관이나 미술관을 찾았다.

1990년에는 국내 최초의 전문 실내악단인 금호현악사중주단을 창단, 세계 60개국 70개 도시에서 음악회를 열었다. 한국의 클래식 음악 역량을 국제무대에 알리는 기회가 되었음은 물론이다. 그 공로를 인정받아 2001년 8월에는 대통령 표창을 받았다.

원래 금호문화재단은 자산 2억 원을 출자해 후진 양성을 위한 장학재단으로 출범했었다. 이를 박성용이 지금과 같은 문화재단으로 확대한 것이다. '예향藝鄕'이라 불리는 광주의 진면목을 보여주지 못하고 있다는

금호현악사중주단의 공연 모습. 2000년.

판단에서였다. 현재의 학술 연구, 교육 진흥, 문화예술 지원 사업 등이 틀을 잡게 된 계기다.

선친이 금호문화재단을 만든 것은 우리 가락에 대한 관심과 애정에서 비롯되었다. 이런 DNA를 이어받아 그를 움직인 원동력은 클래식으로 흘렀다. 박성용의 여동생이자 금호미술관 관장, 금호아시아나문화재단 부이사장을 맡고 있는 박강자는 "어릴 적 기억으로 문호雯湖 회장님은 중학 시절부터 클래식에 심취했던 것 같아요. 용돈을 아껴두었다가 클래식 판을 사서 듣고 또 듣고 하던 모습이 생각납니다"라고 회고했다.

그는 경영자로서 절정에 달했던 1996년 회장직을 동생 박정구에게 물려주고 2선으로 물러났다. 금호문화재단 이사장에 취임해 본격적인 음악 지원활동을 하려는 의지에서였다. 음악계 유망주들에게 비행기 편을 무료로 지원하고 명품 악기를 빌려주는 등 투자를 아끼지 않았다.

1998년에 14세 이하의 연주자들을 대상으로 '금호 영재 콘서트 시리즈'를 시작했고, 1999년에는 '금호 영 아티스트 콘서트 시리즈'를 만들어 15세 이상의 음악도들이 데뷔하는 무대를 제공했다. 이 두 콘서트를 통해 배출된 음악 영재는 현재까지 1500여 명으로, 이들 중 상당수가 해외 유명 콩쿠르에 입상해 문화 변방에 그치던 한국의 위상을 끌어올렸다는 평가를 받는다.

한국 음악을
세계 정상에 세우다___ 그는 한국이 세계 정상에 설 수 있는 분야로 클래식 음악을 꼽았다. 음악 인재와 영재 발굴에 집중 투자한 이유다. 재능 있는 영재들이 세계 무대에 안정적으로 진입할 수 있도록 장학금, 악기, 무료 항공권, 국제 콩쿠르 진출 등을 지원했다. 로린 마젤, 크시슈토프 펜데레츠키, 주빈 메타, 고 도로시 딜레이 등 서구 음악계의 거장들과 교류하면서 우리나라 영재들을 소개하고 국제무대에 진출시키기 위해 공을 들였다. 정경화, 정명훈, 정명화, 장영주, 백혜선, 백건우, 금호현악사중주단원 등 한국 출신 음악가들은 물론 300여 명의 세계적인 음악가들에게 아시아나항공의 무료 항공권을 제공하고 공연을 지원했다.

2000년에는 금호아시아나 사옥에 뛰어난 음향시설을 갖춘 금호아트홀을 만들었다. 여기서 만 14세 이하 음악 영재들이 꾸미는 '금호 영재 콘서트', 고교생과 대학생을 위한 '금호 영 아티스트 콘서트', 전문 연주자들의 '금요 스페셜 콘서트'를 기획해 1년 내내 정통 클래식 음악회가 끊이지 않도록 뒷받침했다. 그 스스로 이 공연들의 가장 열성적인 관객이기도 했다.

특히 2003년부터 세계 10대 오케스트라 초청 프로젝트를 추진해 뉴욕 필하모닉, NHK교향악단, 필라델피아 오케스트라, 베를린 필하모닉 등 최정상급 음악단체를 초청해 세계적 기량을 쌓은 우리 음악인들이 협연할 기회를 갖게 했다. 2004년에는 금호음악인상을 만들어 뛰어난 기량과 잠재력으로 탁월한 성과를 이룬 젊은 음악인들을 독려했다. 선정된 연주자를 길러낸 스승에게도 상을 주며 우리 음악인들의 자긍심을 높이고 그들이 더 활발하게 활동할 수 있도록 고무시켰다.

박성용은 고인이 되었지만 그의 정신은 젊은 음악인들을 통해 여전히 살아 있다. 제9회 미국 인디애나폴리스 바이올린 국제 콩쿠르 결선에서 파이널리스트 6명 중 5명이 금호 영재 출신의 젊은 음악가였다. 1982년 요제프 깅골드Josef Gingold가 창설한 이래 4년마다 열리고 있는 이 대회는 미국에서 최고 권위의 국제 콩쿠르로 통한다. 16세에서 29세의 유망한 젊은 바이올리니스트를 대상으로 하고 있다.

'2014 제9회 인디애나폴리스 국제 바이올린 콩쿠르'의 우승은 조진주가 차지했다. 세계적인 바이올리니스트 깅골드가 사용했던 1683년산 스트라디바리우스 'ex-깅골드'를 4년간 대여받을 뿐 아니라 카네기홀 데뷔 리사이틀의 기회도 주어진다. 이밖에 임지영이 3위, 김다미가 4위, 장유진이 5위, 이지윤이 6위 등 금호 영재들이 상위권에 포진해 있다. 사람에 대한 박성용의 투자가 느리지만 분명하게 결실을 맺은 것이다.

그는 음악을 가장 사랑했지만 다른 예술 분야에도 손을 뻗어 1989년에 설립한 금호갤러리(1996년 금호미술관으로 확장)를 통해 재능 있는 젊은 미술가들을 위한 전시 공간을 무료로 제공했다. 350명이 넘는 화가가 금호미술관에서 전시회를 열 수 있었는데, 현재는 중견 화가들의 전시회가 매일 열리고 있다.

다양한 예술 지원 공로를 인정받아 박성용이 이끌던 금호문화재단은 '2002 메세나대상(대통령상)'을 수상했다. 2004년에는 한국인 최초로 독일 몽블랑 문화재단의 '2004년 몽블랑 예술후원자상' 수상자로 선정돼 그 공로를 국제적으로 인정받았다. 당시 시상식에서 그는 "세상에 태어났으면 예수나 공자처럼 세상을 위해 뭔가 큰일을 해야 하는데 나는 뭐 이렇게밖에 살지 못했나 후회스럽습니다"라고 말해 좌중을 웃게 했다. 겸허함이다.

1998년부터 2001년까지 예술의전당 이사장직을 맡으며 예술에 경영 마인드를 본격적으로 접목시켜 선진화된 경영 체제를 주도했다. 국내에도 국제적 규모의 음악 콩쿠르가 필요하다고 판단해 그 기금으로 예술의전당에 30억 원을 기부했다.

2002년에는 통영국제음악제 이사장직을 맡아 우리 음악의 위상을 국제적으로 높이는 데 기여했다. 죽음을 눈앞에 두고도 음악제의 미래를 챙겼을 만큼 애정이 남달랐다. "나는 오래 못 살 것 같네. 자네가 대신 이사장을 좀 맡아주게." 2005년 5월 타계 직전 박성용이 병상에서 50년 지기인 이홍구 전 국무총리를 만나 당부한 말이다. 자신이 세상을 떠난 뒤 통영국제음악제를 책임져달라는 부탁이었다.[5]

풍부한 학식과 경험, 예술적인 감성에 더해 신뢰와 의리로 맺은 폭넓은 인간관계를 자산으로 가진 사람이었다. 새로운 아이디어, 창의적인 마인드, 남다른 판단력과 추진력, 미래를 내다보는 혜안으로 놀라운 리더십을 발휘했다. 그가 떠나고 10여 년이 흐른 지금도 박성용이 '거인'으로 불리는 이유다.

예술가들의 기량을
빚어낸 금호의 악기들___ 금호의 독특한 공헌 사업으로 자리잡은 금호악기은행이 출발한 것도 박성용이 살아 있을 때였다. 금호악기은행은 1993년에 첫발을 내디뎠다. 클래식 음악 사업을 지원하는 일을 시작했을 무렵이었다.

1990년 실내악 불모지에 세계적인 실내악을 만들자는 취지에서 금호현악사중주단을 창단한 뒤 클래식 영재를 집중 발굴해야 한다는 필요성을 절감했다. 음악 영재를 찾아내 키우려면 무엇보다 현악기가 중요하고, 어떤 좋은 악기를 가지고 있느냐에 따라 성장이 좌우된다는 것을 깨달았던 터였다. 1993년 어느 날, 박성용은 '바이올린 신동 이유라'에 관한 기사를 읽었다. 곧바로 이유라를 찾아나선 그는 여덟 살 소녀에게 맞는 2분의 1 사이즈 테스토레testore 바이올린을 구해 선물했다. 이것이

리비아 손, 권혁주, 클라라 주미 강, 김봄소리 등에게 대여된 J.B. 과다니니Guadagnini,
이탈리아 토리노, 1774.

금호가의 첫 번째 악기 대여였다. 금호악기은행의 시발점인 것이다.

이후 박성용은 이유라의 줄리아드 음대 장학금, 항공권 등 음악가로 성장하는 데 필요한 전방위적 지원을 아끼지 않았다. 소문이 나고 음악 영재가 늘어가면서 금호악기은행을 통한 악기 구입을 본격화했다. 바이올리니스트 클라라 주미 강, 신지아, 권혁주, 피아니스트 손열음 등의 손때가 묻은 악기들이 지금도 이곳에 모여 있다. 이곳에서 악기를 빌려 간 연주자는 모두 29명에 이른다.

이 악기고의 바이올린 중 1774년 이탈리아 토리노에서 제작된 'J.B. 과다니니Guadagnini'는 특히 '우승을 부르는 악기'로 젊은 클래식 연주자 사이에 입소문이 자자하다. 2010년 클라라 주미 강은 이 악기로 세계 3대 바이올린 콩쿠르 가운데 하나인 미국 인디애나폴리스 국제 콩쿠르에서 1위를 차지했다. 그에 앞서 2004년 권혁주에게도 행운을 안겼다. 덴마크 카를 닐센 국제 콩쿠르에서 한국인 최초로 우승을 거머쥐었다.

손열음이 라흐마니노프 음악을 헌정한 까닭___

음악 영재들과 박성용의 각별한 인연은 한 편의 드라마 같다. 어쩌면 그가 가장 사랑했던 것은 음악이 아니라 그 씨앗을 품고 있는 아이들이 아니었나 싶다. 피아니스트 손열음을 어려서부터 지도했던 피아니스트 김대진의 표현대로 그는 "참으로 인간 그 자체를 사랑한 사람"이었다.

2005년 5월 23일 새벽 2시경이었다. 박성용은 이승에서의 마지막 날을 마감했다. 숙환으로 미국 샌프란시스코의 한 병원에서 치료를 받다가 병세가 악화되어 타계했던 것이다. 언제나 건강한 기운과 에너지로 가득한 '거목'이었기에 주위의 안타까움은 두 배로 컸다. 75세 봄이었다.

너무 이른 이별이라고, 문화예술인들은 입을 모았다. 해야 할 일이 가득 남아 있기 때문이며 기르고 돌봐야 할 후학이 아주 많아서다. 연극배우 손숙은 "아직도 하실 일이 태산인데 뭐가 그리 급하셨습니까"라며 비통해했다. "이제 누가 있어 어린 연주자들에게 악기를 사주고 공연장을 마련해주고 기립박수로 격려를 해줄 수 있을까요. 또 누가 있어 가난한 연극 공연장에 기꺼이 와주시고 저희 자존심 안 상하게 연극 표를 사줄 분이 계실까요"라며 안타까움을 감추지 못했다. 음악인들은 "예술을 후원하되 예술가의 자존심까지 세워주고, 인간을 사랑하되 아픈 속마음까지 보듬어줄 분을 다시 만날 수 있을까"라고 회고했다.

영재 육성에 품은 뜻이 남달랐던 박성용의 노력은 문화계는 물론 재계에도 정평이 나 있다. 그 정성으로 큰 인재들이 지금은 문화예술계의 기둥이 되어 있다. 피아니스트 손열음, 바이올리니스트 이유라, 권혁주, 레이첼 리, 김소옥, 김혜진, 첼리스트 고봉인 등이다. 박성용의 아이디어로 이뤄진 금호의 영재 발굴 프로그램을 통해 배출된 한국의 영재 음악인만 총 1500여 명에 달한다.

이국에서 비보를 접한 피아니스트 손열음의 비통함은 무척 컸다. 박성용의 생애를 논할 때 떼려야 뗄 수 없는 젊은 음악가다. 그녀가 그를 위해 마련된 사이버 분향소에 직접 쓴 글이다.

저는 지금 도쿄에 있습니다. 회장님께서는 제 연주를 들으러 꼭 여기에 오시겠다고 말씀하시고 이렇게 못 오시게 되어서 속이 상하네요. 하지만 저는 회장님께서 언제나 절 지켜보시리라 믿고, 그것만으로도 충분하답니다. 이제부터는 제가 어디를 가든지 항상 제 연주를 들으실 수 있겠지요. 먼 곳에서나마 제가 연주하는 라흐마니노프를 들어주세요. 이 연주는 오직 회장님께 바칩니다.

백아와 종자기를
꿈꾸다___

박성용은 마냥 어렵고 높은 후원자가 아니었다. 어린아이처럼 농담을 건네고 스스럼없이 "밥 사줄까" 하고 친근감을 드러내며 때로 어떤 권위도 내세우지 않고 "미안하다"고 먼저 말을 건네는 격의 없는 사람이었다.

손주뻘 되는 어린 연주자들에게 가장 든든한 '키다리 아저씨'를 자처했다. 바이올리니스트 권혁주의 손을 잡고 수영장 가는 것을 즐겼고 손열음과는 일상적으로 이메일과 휴대전화 문자를 주고받던 친구였다.[6]

손열음과는 특히 사연이 많다. 1998년 7월 어느 날, 금호 영재 콘서트에서 12세 소녀가 독주회를 열었다. 리사이틀은 전례 없이 뜨거운 호응을 얻었다. 얼마 뒤 이 소녀의 집에 피아노가 없어 학교까지 가서 연습한다는 사연이 박성용의 귀에 들어갔다. 그는 직접 소녀를 찾아갔다. 까마득한 할아버지가 어려워 마냥 수줍어하던 그 아이에게 이렇게 말했다. "나중에 스타인웨이를 사주겠다고 약속하마. 우선 우리 악기은행에 있는 뵈젠도르퍼를 가지고 연습하는 게 어떻겠니?"

손열음의 하노버 자택에는 여전히 금호아시아나문화재단 악기은행 소유의 뵈젠도르퍼가 있다. 금호악기은행 소유의 악기는 3년마다 계약을 갱신하는 게 원칙이나 손열음에게는 예외가 적용됐다. 박성용이 열두 살 소녀에게 건넸던 처음의 그 약속대로 손열음에게는 영구 무상 임대가 이뤄진 것이다.[7]

뿐만 아니다. 박성용은 쇼팽 콩쿠르를 준비하는 그녀에게 결선에 진출하면 폴란드 바르샤바까지 응원을 가겠다고 약속했다. 그는 "우승하

박성용 회장의 생전 모습.

면 최고의 피아노인 함부르크 스타인웨이를 선물하마"라며 "피아노를 사주려면 로또 복권이라도 사야 하나"라고 농담을 건넬 정도였다. 이 깊은 인연은 그가 숨을 거두는 순간까지 이어졌다. 박성용이 임종 순간까지 듣던 베토벤의 「열정」은 손열음이 평소 추천한 연주자의 곡이었다.

나이의 벽을 몰랐던 그의 사귐은 이뿐만이 아니었다. 객관적인 조건을 따지는 것이 아닌, 한 인간을 온전히 긍정하는 법을 알았기에 가능했던 만남이다. 열한 살배기 초등학생과의 '이메일 펜팔'도 그의 인간성을 짐작하기에 충분한 사례다. 당시 일화를 소개한 2005년 8월 14일 『조선일보』 기사다.

73세의 재벌 그룹 회장과 열한 살배기 초등학생의 이메일 펜팔은 나이와 사회적 배경, 경험과 현실의 모든 차이를 극복한 우정으로 가득했다. 한국 클래식 음악의 가장 큰 후원자였던 고 박성용 금호아시아나그룹 명예회장. 지난 5월 폐암으로 타계한 박 명예회장은 음악회에서 우연히 만난 초등학교 5학년생 유지민 양과 5개월 넘게 일주일에 서너 차례씩 소식을 주고받았다. 글짓기와 첼로를 좋아하는 평범한 초등학생과 기업 총수가 주고받은 70여 통의 편지는 올해 말까지 책으로 출간될 계획이다.

2004년 12월 예술의전당에서 열린 '금난새의 송년가족음악회'. 지민이는 뒷자리에 앉아 있던 박성용을 보고 콘서트가 끝난 뒤 쫓아갔다. "회장님, 통영음악제에서 연설하셨던 그분 맞죠? 이메일 주소 좀 가르쳐주세요." 지민이는 그날 곧바로 이메일을 보냈고 박성용은 다음 날 "도쿄에서 오늘 오후에야 돌아오느라 이제 편지를 받았다"며 답장을 보냈다. 62년의 나이 차를 뛰어넘는 '이메일 펜팔'은 신년 계획을 교환하고, 서로 읽었던 책을 이야기하고, 어린 시절의 추억을 나누며 진지한 우정으로 발전해갔다. 박성용은 과학시간에 개구리 해부한 사진을 보내온 지민에게 '엽기소녀'라는 별명을 붙여주면서 "신년 계획이 아주 비밀이 아니면 알려달라"고 묻기도 했다.

"제 신년 계획은 학교에서 배운 공부를 예습·복습하는 거예요. 엄마가 정해주신 것이랍니다. 별로 좋아하지는 않지만 역사와 한자를 열심히 공부할 거예요."

"나는 새해 다짐으로 독서를 꼽았는데, 하루 평균 30쪽이면 한 달 900여 쪽, 1년이면 1만 쪽이 되니까 금년 말이면 지금보다 훨씬 더 많은 것을 알고 있을 거야."

"쌩쌩이는 40번, 바로 넘기는 400번 한다"며 줄넘기 솜씨를 자랑하는 지민에게 박성용은 "우리 때는 한 반에 70명이 넘었고 겨울엔 장갑이 없어 손등이 동상으로 부어올랐다"며 자신의 어린 시절 이야기를 들려줬다. 어렸을 때 앓아누운 것을 핑계로 어머니를 졸라 하모니카를 얻어낸 이야기를 하며 박성용은 '어려웠던 시절'도 슬쩍슬쩍 교훈으로 들려줬다.

이전까지 지민이와 박성용은 전혀 다른 세상에 살고 있었다. 지민이의 하루는 "아침에 늦잠을 자서 교회를 못 가고, 운동하러 갔다가 첼로 연습하고 공부하고 그리고 회장님께 이메일을 쓰고 있는 것"(2005년 1월 2일 편지)이었지만, 박성용의 일과는 "내일은 8시에 시무식, 9시에 신입사원 입사식이 있어서 일찍 자야겠다"(1월 3일)는 것이었다. 하지만 정명화와 라흐마니노프, 하이든이라는 서로의 '공통분모'를 발견하면서 2~3일마다 한 번씩 장문의 이메일을 주고받을 만큼 둘은 친해졌다.

신년 계획을 털어놓은 지 한 달도 안 된 1월 30일. 박성용은 폐암 선고를 받았다. 하지만 지민이에게는 알리지 않고 계속 이메일 우정을 나눴다. 4월 5일 식목일에 박성용은 '나는 때때로 나무 같은 존재가 그립다'는 글을 인용하면서 "우리가 조성하고 있는 식물원에 초대할게"라고 약속했다. 하지만 이 편지가 마지막이 됐고 5월 23일 그가 타계하면서 약속은 지켜지지 못했다.

메세나를 뿌리
내리게 한 큰 별___

놀라운 것은 그가 경영인으로서의 재능 또한 탁월했다는 점이다. 교수, 학자로서도 뛰어났음은 물론이다. 약자를 배려하고 늘 소통의 자세로 열려 있던 그의 태도는 모든 분야에서 빛을 발했다.

박성용은 서울대 문리대 재학 중 미국으로 건너가 일리노이주립대와 예일대에서 각각 경제학 석·박사를 취득했다. 한국에 돌아와 1968년부터 대통령 비서실 경제비서관, 경제기획원 장관 경제비서관을 거쳤다. 1971년부터는 4년간 서강대에서 경제학 교수로 재직하기도 했다.

1979년 금호그룹 부회장을 거쳐 부친의 타계 직후인 1984년부터 12년간 금호그룹 회장을 맡으며 그룹을 국내 굴지의 기업으로 성장시켰다. 1988년 아시아나항공을 설립, 항공 운송 사업에 진출해 금호그룹을 국제적 기업으로 키우며 제2창업을 주도했다. 취임 당시 6900억 원이던 그룹 매출을 명예회장으로 물러나기 직전인 1995년에는 4조 원으로 끌어올렸으니 경영인으로서의 혜안이 대단했음을 알 수 있다. 마음만 먹으면 돈을 버는 일에 평생을 매진해 개인의 부귀와 영달을 최고조로 끌어올릴 수도 있었을 터이다.

그러나 돈 버는 것만을 최고의 가치로 알던 기업과 기업인들에게 그는 사회의 소외된 자들에게 문을 여는 법을, 문화의 풍요로움과 더불어 나아가는 법을 보여줬다. 과도한 경쟁으로 얼룩진 척박한 기업 문화 대신 약자를 배려하는 정신과 예술로 삶을 즐기고 사랑할 수 있는 여유를 심어주었다.

사람들은 그를 "스스로가 고희의 나이임에도 구순을 넘긴 노모의 손을 잡고 연극과 음악회에 함께 다니셨던 효자"라고 회상한다. 행사장에서는 출장뷔페 직원들에게 먼저 수고했다, 고맙다는 인사를 빼먹지 않은 '타인에 대한 예의'를 갖출 줄 알던 이로 기억된다. 소년원, 교도소, 어린이병동, 독거노인시설, 장애인시설, 외국인노동자시설 등 소외지역에서도 빼놓지 않고 메세나 문화활동을 벌었다. 예술이 가닿는 곳에 계층과 나이와 성별의 장벽을 두지 않았다.

그는 1995년 말 기업으로서는 처음으로 '성희롱방지 지침서'를 제작·배포해 직장 내 남녀평등 분위기를 높인 인물로 인정받는다. 당시 그는 "회사가 여성 사원들이 마음 놓고 일할 수 있는 근무 환경을 만들어내야 할 의무가 있다는 점에 착안했다"면서 "직장 내 성희롱은 단순히 개인의 문제가 아니라 회사가 책임져야 할 문제"라고 말했다. '성희롱 방지 교육'을 사원 교육 때 의무 수강과목으로 정했으며 계열사별로 '성희롱 방지위원회'를 둘 것을 의무화하는 규정을 사규 취업 규칙 단체협약에 넣었다.

1995년 8월에는 아시아나항공에 색동어린이집을 마련했으며 '여성가족사원위원회' 및 '여성가족사원 채용 기준'을 만들어 직원 부인을 계열회사에 채용하는 제도를 마련하기도 했다. 회현동 그룹사옥 1층에 아예 도서실을 차려 임직원들이 수시로 책을 빌려볼 수 있도록 했고 해마다 독서왕을 뽑아 시상할 정도로 독서의 중요성을 강조했다.

1960년대 미국 유학 중 컴퓨터를 접한 박성용은 간단한 프로그램을 직접 짤 수 있을 정도의 실력자로 자택에 그룹과 연결된 컴퓨터를 갖추고 직원들의 건의를 들을 만큼 개방적이었다. 1986년부터는 금연운동을 실시하기도 했다. 그룹사옥을 금연빌딩으로 만든 데 이어 아시아나 기내에서도 일찌감치 금연을 선포했다.

그는 한 개인의 건강한 가치관이 세상을 얼마만큼 긍정적인 방향으로 움직일 수 있는지를 증명해 보인 사람이었다. 그의 신념은 십수 년이 흐른 지금 금호아시아나의 기업 문화로, 기업을 지탱하는 정신의 모태로 기억된다. 더 나아가서는 우리 사회에 대기업을 주축으로 한 메세나가 제대로 뿌리내리기 위한 '태동'으로 평가받는다.

서울 광화문에 위치한 금호아시아나 사옥 로비에서는 지금도 매달 마지막 수요일 작은 음악회가 열린다. 금호 직원은 물론 그 길을 오가는 누구나 함께할 수 있는 열린 음악회다. 로비 음악회는 국민이 좀더 쉽게 문화를 즐길 수 있도록 문화체육관광부가 매달 마지막 수요일을 '문화가 있는 날'로 지정하는 사업에 금호아시아나그룹이 동참하면서 마련됐다. 금호아트홀과 금호미술관은 매달 마지막 수요일 금호아트홀의 클래식 공연과 금호미술관의 관람료를 최대 50퍼센트까지 할인해 문턱을 낮추었다. 이미 2013년 11월에도 서울문화재단의 '아츠워크Arts Work' 캠페인에 참여해 사옥 로비를 공연장으로 개방해 시민들의 호응을 얻은 바 있다.

박성용이 뿌린 문화의 씨앗은 우리의 일상 속 사소한 기쁨으로 여물고 있다. 2003년 그가 자택에서 '하우스 콘서트'를 열었을 때였다. 이날 그룹의 경영 상황이 어려운 요즘 같은 때에도 문화예술에 대한 투자를 줄이지 않는다는 주위의 찬사에 그는 "미련한 투자"라는 겸손한 답변을 했다. 그는 "기업들 후원이 뚝 끊어지는 요즘, 나더러 '너 잘났다'고 말할 수도 있다"며 "그러나 순수 문화는 우리가 숨 쉬는 공기처럼 꼭 필요하기에 아낌없는 지원이 필요하다"고 강조했다. '어려서부터 순수 예술을 접하면서 자라야 어른이 되어서도 창의적이고 행복한 삶을 누릴 수 있다'는 그의 평소 지론다운 대답이었다.

예술을 사랑하는 사람은 많지만 예술 사랑을 사회적 가치로 승화시킨 예는 흔치 않다. 프랑스 문명비평가 기 소르망은 "경제 교류는 상품과 서비스뿐 아니라 문화적 가치를 주고받는 것"이라고 했다. 박성용은 일찍이 문화적 부가가치의 중요성을 알았던 한국 예술계의 큰 별이었다. '인생은 짧고 예술은 길다'라는 진리가 격언으로 머물지 않고 살아 숨 쉴 수 있도록 그가 불어넣은 숨결은 오래오래 이 땅의 문화예술인들의 가슴속에 살아 있을 것이다.

새로운 메세나인의
출현을 기대하며

이 책은 한국메세나협회 창립 20주년을 맞아 우리 예술사를 이끌어온 대표적인 메세나인을 조명해보려는 뜻에서 기획되었다. '메세나'라는 용어가 고대 로마 시대의 귀족 마에케나스의 이름으로부터 유래한 데서 알 수 있듯이, 지금까지 우리가 관심을 갖고 언급한 대표적인 메세나 사례들은 대부분 서양에서 이뤄진 것이었다. 그러나 스스로 '5000년 문화민족'임을 내세우는 우리 역사에서 큰 발자취를 남긴 메세나인이 없을 리 없다. 다만 사료가 많지 않고 앞선 연구들이 충분히 쌓이지 않았으며, 메세나라는 것이 아직은 생경한 우리 현실 때문에 본격적인 연구가 이뤄지지 못했다는 문제의식에서 이 책을 펴내게 되었다. 서양권에서 예술후원사를 학술적으로 규명한 사례가 있는지는 확인되지 않지만, 적어도 아시아권에서는 자국의 메세나 역사를 정리한 책을 발간한 것은 우리나라가 최초다.

이 책에서 다루는 메세나인은 30여 명이며, 신라시대부터 대한민국 건국 이후까지를 관통하고 있다. 서장을 제하고 총 8장으로 구성된 본문은 예술후원자의 성격으로 볼 때 크게 두 부분으로 나눌 수 있다. 1

장부터 4장까지는 전통적인 왕조사회의 왕족, 귀족, 권력자들이 주를 이루며, 5장부터 8장까지는 이 땅에 자본주의가 들어온 뒤 부를 축적하기 시작한 기업인들의 이야기를 다루고 있다. 물론 그중 간송 전형필처럼 두 성격이 혼합된 경우도 있지만 1906년에 태어나 1962년 작고한 그의 생몰연대를 감안하면 후자에 더 가깝다고 할 수 있다. 시기상으로도 둘로 나뉘는데, 앞의 글들은 19세기까지의 인물들을 다루었고, 뒤의 글들은 1900년생 이홍근을 시작으로 20세기에 태어난 인물들에 대한 이야기다.

이상에서 우리는 현대의 메세나 양상에 대한 하나의 시사점을 얻을 수 있다. 당연한 이야기이겠지만 20세기 이후 급속한 산업화를 겪으면서 부의 소유권이 전통적인 귀족 집단에서 신흥 상업 세력에게로 옮겨갔고, 메세나의 주도 세력 역시 이들로 교체되었다는 사실이다. 이는 거꾸로 생각해보면 우리나라의 메세나를 이끌고 예술 지원을 주도해나갈 책임 역시 기업과 기업인에게 있다는 뜻으로 해석될 수 있다.

이러한 예술후원사적 맥락을 감안할 때, 1994년 한국메세나협회의 설립은 우리 기업들의 예술 지원이라는 시대적 책무를 실현해나갈 공식적인 기구를 출범시켰다는 데서 그 의미를 찾을 수 있을 것이다. 당시는 우리나라가 개발도상국에서 벗어나 선진국으로 진입하기 위한 발걸음을 막 내딛기 시작한 때로, 김영삼 정부의 세계화 움직임에 발맞춰 우리 기업들의 해외 진출도 본격화되던 시기였다. 사회적 분위기가 무르익고 좀더 넓은 시야를 확보하게 되면서 기업들이 좀더 체계적이고 적극적으로 예술을 후원해 기업과 예술이 함께 자라날 수 있도록 뒷받침할 한국메세나협회의 태동은 당면한 요구이자 과제였다. 메세나협회의 설립 의의는 "한국메세나협회를 통해 문화예술 지원에 나서는 기업 상호 간의 의지를 더욱 공고히 하고 지원 방법을 보다 효율적으로 찾아내며 실제로 모든 힘을 모은 국가경쟁력을 국제적 수준에서 만들어낼 수 있도록 협력하는 창구가 되기를 바랍니다"라는 협회 발기 취지문에서도 뚜렷이 드러난다.

이 책에서 다루는 신라 왕실, 고려 무신정권, 조선 후기 안동 김문의 예술 지원에서 보듯이 역사적으로 메세나 활동은 시대적 필요와 맞물릴 때 더 활기를 띠었다. 그렇다면 지금은 어떤가? 알다시피 오늘날의 기업들에게 가장 큰 화두는 '지속가능한 발전'이며, 이를 위해 '창의경영'과 '윤리경영'을 앞세우고 있다. 둘 모두 메세나 활동과는 불가분의 관계를 이루고 있다. 예술의 창의성과 메세나의 윤리성이 기업의 생존과 직결되는 것이다. 나라 전체로 봤을 때도 예술을 통한 국민 삶의 질 향상과 국가경쟁력 강화는 우리가 맞닥뜨린 가장 중요하면서도 시급한 과제다. 즉 우리 시대는 메세나 활동이 그 어느 때보다 더 중한 의미를 지니며, 메세나협회 역시 같은 짐을 짊어지고 스스로 더 커나가야 하는 과제를 안고 있다.

한국메세나협회는 설립 이후 20년간 모두 6명의 회장이 이끌었다. 초대 최원석 회장(1994~1999, 동아건설 회장, 이하 재임 당시 직책)을 시작으로 윤병철 회장(1999~2000, 하나은행 회장), 손길승 회장(2000~2003, SK그룹 회장), 박성용 회장(2003~2005, 금호아시아나그룹 명예회장), 박영주 회장(2005~2012, 이건산업 회장)을 거쳐 현재의 박용현 회장(2012~ , 두산연강재단 이사장)에 이르고 있다. 이 책에서 고故 박성용 명예회장을 비중 있게 다룬 데서 알 수 있듯, 모두 우리나라의 손꼽히는 예술후원자이자 우리 시대의 메세나인이라 할 수 있다. 한국메세나협회는 이러한 메세나인의 명단을 더욱 두툼하게 해서 우리 예술을 좀더 풍성하게 만들 책임을 지니고 있다. 그 책임을 성실히 다해 앞으로 협회가 50주년, 100주년을 맞이했을 때 그 결실을 되돌아볼 또 다른 책을 펴낼 수 있기를 기대한다.

서장

1_ 2014년 1월 28일, 민간의 문화예술후원 활동을 활성화하는 법적·제도적 근거를 마련하기 위해 '문화예술후원 활성화에 관한 법률'(법률 제12351호)이 공포되었고, 7월 15일 법 시행령이 국무회의를 통과했으며 7월 23일에는 시행 규칙의 심사가 완료되어 7월 29일부터 시행 단계에 올랐다.

이 법률은 첫째, 문화예술후원을 활성화하기 위한 국가와 지방자치단체의 책무에 관한 것, 둘째, 문화예술후원 매개 단체의 인증 및 육성·지원에 관한 것, 셋째, 문화예술후원을 장려하기 위한 조세 감면 근거에 관한 것, 넷째, 문화예술 후원자의 포상에 관한 것, 다섯째, 기업 등 '문화예술후원 우수 기관'의 인증에 관한 것 등을 주요 내용으로 한다. 한국메세나협회는 이 법이 도입됨에 따라 연간 예술 기부금 및 예술 소비는 872억 원이 증가하고 1760명에서 2081명으로 고용이 창출되며 672억 원의 정부 재정 대체효과 등이 나타날 것으로 추정하고 있다. 2003년 프랑스가 기업들에게 세제 혜택을 주는 '메세나법'을 제정해 기업의 문화예술 후원금이 3배 이상 늘어난 사례로 보아 '문화예술후원 활성화에 관한 법률'은 추후 우리나라의 문화예술계 활동에도 청신호가 될 것으로 예상된다. 법률의 시행 규칙 가운데 일부 조항을 살펴보자.

제1조(목적) 이 법은 문화예술후원을 활성화하기 위하여 필요한 지원 사항을 정함으로써 문화예술의 발전에 기여하고 국민의 문화적 삶의 질 향상에 이바지함을 목적으로 한다.

제2조(정의) 이 법에서 사용하는 용어의 뜻은 다음과 같다.

1. "문화예술"이란 '문화예술진흥법' 제2조 제1항 제1호에 따른 문화예술 및 '문화

재보호법' 제2조 제1항에 따른 문화재를 말한다.

2. "문화예술후원"이란 문화예술 발전을 위하여 자발적으로 물적·인적 요소를 이전·사용·제공하거나 그 밖에 도움을 주는 일체의 행위를 말한다.

3. "문화예술후원자"란 문화예술후원을 행하는 개인, 법인 또는 단체를 말한다.

4. "문화예술후원매개단체"란 문화예술후원을 매개하거나 지원하는 등 문화예술후원 관련 업무를 수행하는 비영리법인 또는 단체로 제5조 제1항에 따라 문화체육관광부장관의 인증을 받은 단체를 말한다.

제3조(국가와 지방자치단체의 책무) ① 국가와 지방자치단체는 문화예술후원의 활성화에 필요한 시책을 마련하고, 국민의 문화예술후원을 적극적으로 권장·보호 및 육성해야 하며, 이에 필요한 재정적 지원을 할 수 있다.

제5조(문화예술후원매개단체의 인증) ① 문화체육관광부장관은 문화예술후원의 활성화에 필요한 시책을 효과적으로 수행하기 위하여 다음 각 호의 요건을 갖춘 비영리법인 또는 단체를 문화예술후원매개단체로 인증할 수 있다.

1. 「민법」에 따른 비영리법인 등 대통령령으로 정하는 조직 형태를 갖출 것

2. 문화예술후원자를 회원으로 하여 문화예술후원 사업을 하거나 출연 재산의 수입 등으로 조성되는 재원으로 문화예술후원 사업을 수행할 것

문화예술후원 활성화는 문화예술의 발전에 기여하고 국민의 문화적 삶의 질 향상에 이바지하는 것을 목적으로 한다. 문화예술후원이란 "문화예술 발전을 위하여 자발적으로 물적·인적 요소를 이전·사용·제공하거나 그 밖에 도움을 주는 일체의 행위"라고 했다. 문화예술후원자의 범주는 "문화예술후원을 행하는 개인, 법인 또는 단체"로 규정해놓았다. 이를 위해 국가와 지방자치단체는 활성화에 필요한 시책을 마련하고 후원을 적극적으로 권장, 보호 및 육성해야 하며 이에 필요한 재정적 지원을 할 수 있다고 규정했다.

이 법이 시행되면 추후 기업이나 민간의 지원이 확대되어 사회 전반에 문화예술후원 분위기가 확산될 것으로 보인다. 그간 우리나라에서는 기업의 문화예술, 예술인에 대한 후원의 증가는 꾸준히 이뤄져왔다. 그러나 언론 보도에 따르면 문화예술계는 여전히 후원이 적다고 느끼고 있다. 현재 프랑스 기업의 문화예술 지원액은 우리나라의 9

배에 달한다. 프랑스와 비교해볼 때 현재 우리나라의 메세나 활동은 여전히 미미한 수준임을 알 수 있다. 이제 법률까지 제정되었으니 앞으로 우리나라에서 문화예술에 대한 지원은 좀더 많이, 그리고 적극적으로 이뤄져야 할 것이다. 메세나가 추구하는 바는 인류의 삶의 질 향상에 기여하는 것이기 때문이다.

2_ 다만 기업의 메세나 활동 가운데에는 특정한 반대급부를 요구하는 경우와 온전히 문화예술의 성장을 기원해 순수한 목적으로 이뤄지는 '기부' 방식의 활동이 있으므로 둘의 활동 유형은 출발부터 다르다. 전자의 경우는 기업의 홍보 등 특정 형태, 즉 세제 혜택의 보상을 염두에 두고 이뤄지는 후원 형태이며, 후자는 순수한 의미에서 수혜자의 예술 활동을 지원한다. 그러나 두 유형 모두 그들이 추구하는 근본 목적은 큰 틀에서 보면 '문화예술에 대한 지원 노력'이므로 메세나 활동에 포함시킬 수 있다. 이 글에서는 문화예술 발전을 위해 기업이 펼치는 메세나 활동 유형에 대해 생각해보고자 한다. 기업의 예술후원은 개인이 행하는 것과는 그 규모나 내용 면에서 차별화된다. 규모가 크고 좀더 체계적이며 조직적으로 이뤄질 수 있다는 장점 때문이다.

3_ 예컨대 기업의 개인 후원은 특정 기관을 통해 이뤄지기도 하고, 기업이 예술 교육을 후원할 때는 예술 기관을 직접 운영하거나 간접적으로 뒷받침하는 등의 세부적인 차이가 크기 때문이다.

4_ 이밖에도 여러 형태의 메세나가 있다. 그렇더라도 현재 기업의 메세나 활동은 지금보다 더 많이, 더 다양하게 이뤄져야 할 것이다. 또 메세나 활동이 특정 분야에 편중되는 것도 돌아봐야 할 점이다. 후원의 사각지대에 놓인 이들에 대한 특별한 배려가 필요하다. 문화예술에 대한 지원은 궁극적으로 우리의 문화적 저력을 키우고 그 저력은 인류가 더 나은 사회로 나아가는 데 큰 힘이 될 수 있다. 이처럼 기업의 메세나 활동은 다다익선이다.

5_ 2014년 7월 29일 법률 제12351호로 시행된 '문화예술후원 활성화에 관한 법률'에 그 핵심이 담겨 있다. 후원 활성화의 골자는 "문화예술의 발전에 기여하고 국민의 문화적 삶의 질 향상에 이바지함"을 목적으로 한다고 했다. 문화예술이 발전해야 한다는 것, 그럼으로써 국민의 문화적 삶의 질이 더 나아져야 한다는 시대적 요청에 따라 법률이 제정되었다. 오랜 항해를 거쳐 이뤄진 법 조항에서 '문화예술의 발달이 삶의 질 향상과 연관된다'는 인식을 노정시켰으니 이제 문화예술의 발달을 위한 노력은 일

종의 사회적 당위가 되었다. 이를 통해 문화예술 발달에 큰 역할을 맡고 있는 메세나 활동의 중요성 또한 이 땅을 살아가는 모든 이가 인지할 수 있게 되었다.

6_ [표 1]은 2013년 기업의 문화예술 지원 규모를 알려준다.

[표 1] 2013년 기업의 문화예술 지원 규모

구분	2010년	2011년	2012년	2013년	전년 대비 (퍼센트)
지원 금액	1735억 원	1626억 원	1602억 원	1753억 원	▲ 9.4
지원기업 수 (문예위 기부기업 포함)	606사	509사	566사	653사	▲ 15.4
지원 건수	1940건	1608건	1358건	1832건	▲ 35.0

[표 1]에 따르면 지난 2010년 이후 지원 금액은 잠시 주춤했지만 2013년 현재 다시 증가하는 추세이며 지원기업 수 역시 마찬가지다. 지원 건수는 2010년보다는 줄었지만 전년 대비 늘어나고 있다. 수치상 기업의 문화예술에 대한 지원이 늘기 시작했다는 점에서 문화예술의 발전이 앞당겨지리라는 기대 역시 해볼 만하다.

7_ 1억 원 이상을 기부했거나 5년 이내에 1억 원 이상의 기부를 약정한 사람이라면 누구나 가입할 수 있다고 한다. 지난 2008년 6명의 기부자로 출발했던 것이 2014년 5월 500명을 돌파했으며, 그 약정 금액만 해도 570억 원에 달한다. 절반 이상이 기업인이지만 대학원생, 공무원 등도 참여하고 있다. 지역적으로는 서울의 참여율이 가장 높다.

1장

1_ 『성호전집』 7, 해동악부, 낭성곡, 한국고전번역원.
2_ 『삼국유사』 권4, 의해 5, 이혜동진.
3_ 『신라수이전』 20, 심화요탑.
4_ 김윤식·순경, 『운양집』 권 12, 서후書後, 제신라진흥왕북수대렵도題新羅眞興王北

狩大獵圖.

5_ 『삼국사기』 권32, 잡지 1, 음악樂.

2장

1_ 김상기, 『고려시대사』, 서울대학교 출판부, 1985, 376쪽.

2_ 이병도, 『한국사─중세편』, 을유문화사, 1971, 474쪽; 박창희, 「최충헌 소고」, 『사학지』 3, 1969, 110쪽.

3_ 『고려사』 권129, 열전 42, 반역 3, 최충헌.

4_ 『고려사』 권129, 열전 42, 반역 3, 최충헌.

5_ 『고려사』 권129, 열전 42, 반역 3, 최충헌 부 최이.

6_ 『고려사』 권128, 열전 41, 반역 2, 정중부.

7_ 張叔卿, 「高麗 武人政權下 文士의 動態와 性格」, 『한국사연구』 34, 1981, 78쪽.

8_ 전인갑, 「전통 중국의 권력엘리트 충원문화와 시스템」, 『아시아문화연구』 21, 2011, 107~112쪽.

9_ 『고려사절요』 권14, 희종 4년 윤4월.

10_ 『동국이상국집』 권26, 조 태위趙太尉에게 올리는 글上趙太尉書.

11_ 『동국이상국집』 권9, 고율시, 지주사 상공이 불러서 천엽유화의 시를 짓게 한 일에 사례하다謝知奏事相公見喚 命賦千葉榴花.

12_ 『동국이상국집』 권9, 고율시, 기미년 5월 어느 날에 지주사 최공崔公 댁에서 천엽유화가 활짝 피었으니 세상에서 보기 드문 것이라 특별히 내한內翰 이인로李仁老, 내한 김극기金克己, 유원留院 이담지李湛之, 사직司直 함순咸淳과 나를 불러 시를 짓게 하다.

13_ 마종락, 「이규보의 유학사상 ─무신집권기의 유학의 일 면모─」, 『한국중세사연구』 5, 1998 참조.

14_ 『동국이상국집』 권26, 서, 상국 최선에게 올리는 글上崔相國誅書.

15_ 이규배, 「한림별곡의 미적 특질과 민족예악사상」, 『어문연구』 39권 4호(통권 152

16_ 『동국이상국집』 후집 권6, 고율시, 평장 이인식의 건주 팔경시에 차운하다次韻李平章仁植虔州八景詩.

17_ 『동국이상국집』 후집 권5, 고율시, 비감 정이안이 전에 부친 시에 화답하여 묵죽과 영자影子를 함께 가지고 찾아왔으므로 그 운에 차운하다次韻丁祕監而安和前所寄詩以墨竹影子親訪見贈.

18_ 『동국이상국집』 후집 권11, 찬, 환 장로가 먹으로 관음상을 그리고 나에게 찬을 구하다幻長老以墨畫觀音像求子贊.

19_ 『동국이상국집』 권11, 기, 환 상인의 죽재에 대한 기幻上人竹齋記.

20_ 『고려사』 권129, 열전 제42, 반역 3, 최충헌 부 최이.

21_ 남인국, 「최씨정권하 문신지위의 변화」, 『대구사학』 22, 대구사학회, 1983.

22_ 김태욱, 「고려 무인정권기 『동국이상국집』의 편찬과 간행」, 『아시아문화』 12, 한림대 아시아문화연구소, 1996, 155~156쪽.

23_ 『동국이상국집』 후집 권9, 고율시, 진양공이 용뇌와 의관을 보내어 눈병을 치료하게 한 것을 사례하다謝晉陽公送龍腦及醫官理目病.

24_ 『동국이상국집』 후집 권9, 고율시, 또 진양공이 쌀을 보내준 것에 사례하다又謝晉陽公送白粲.

25_ 김태욱, 앞의 논문, 1996, 156~160쪽.

26_ 『동국이상국집』 권25, 방문牓文, 창복사에서 행하는 담선방昌福寺談禪牓.

27_ 『동국이상국집』 권25, 방문, 대안사에서 행하는 담선방大安寺同前牓.

28_ 진성규, 「무신정권기 불교계의 변화와 조계종의 대두」, 『한국사』 21(고려 후기의 사상과 문화), 국사편찬위원회, 1996, 14~16쪽.

29_ 『고려사절요』 권14, 신종정효대왕 5년.

30_ 『동국이상국집』 권41, 석도소釋道疏, 자식을 절에 바쳐 삭발하는 재의 소捨子削髮齋疏.

31_ 『동국이상국집』 권35, 비명·묘지, 고 화장사 주지 왕사 정인대선사 추봉 정각국사의 비명故華藏寺住持王師定印大禪師追封靜覺國師碑銘.

32_ 김광식, 『고려무인정권과 불교계』, 민족사, 1995, 103쪽.

33_ 김광식, 『고려무인정권과 불교계』, 민족사, 1995, 112쪽.

34_ 『동국이상국집』 권34, 교서·마제·관고, 고 보경사 주지 대선사를 원진국사로 증시贈諡하는 교서와 관고故寶鏡寺住持大禪師贈諡圓眞國師敎書官誥.

35_ 이경복, 「圓眞國師 承迥의 活動과 崔忠獻」, 『역사와 담론』 36, 2003, 88~90쪽. 승형을 통해 10년 이상 끌어왔던 김사미의 난 잔여 세력 문제를 해결할 수 있었다고 한다.

36_ 『고려사절요』 권15, 고종 10년 8월.

37_ 『동국이상국집』 권35, 비명·묘지, 조계산 제2세 고 단속사 주지 수선사주를 진각국사로 증시하는 비명曹溪山第二世故斷俗寺住持修禪社主贈諡眞覺國師碑銘.

38_ 민현구, 「월남사지 진각국사비의 음기에 대한 일고찰-고려 무신정권과 조계종」, 『진단학보』 36, 1973.

39_ 『동국이상국집』 권25, 방문, 서보통사에서 행하는 담선방西普通寺行同前榜.

40_ 『동국이상국집』 권35, 비명·묘지, 조계산 제2세 고 단속사 주지 수선사주를 진각국사로 증시하는 비명曹溪山第二世故斷俗寺住持修禪社主贈諡眞覺國師碑銘.

41_ 박영제, 「수선사의 성립과 전개」, 『한국사』 21(고려 후기의 사상과 문화), 국사편찬위원회, 1996, 56쪽.

42_ 『동문선』 권117, 비명, 와룡산 자운사 왕사 증시 진명국사 비명臥龍山慈雲寺王師贈諡眞明國師碑銘.

43_ 『고려사』 권129, 열전 42, 반역 3, 최충헌.

44_ 손태도, 『광대의 가창 문화』, 집문당, 2004.

45_ 『동국이상국집』 권12, 서, 잔치에 참석케 한 데 대해 최상국 종준에게 사은하는 편지.

46_ 『해동역사』 권28, 풍속지 잡속 고려.

47_ 『고려사』 권129, 열전 42, 반역 3, 최충헌 부 최이.

48_ 『동문선』 권18, 칠언배율, 교방 소아敎坊小娥.

49_ 『동국이상국집』 권25, 잡지, 대장각판군신기고문大藏經刻板君臣祈告文.

50_ 『고려사』 권24, 세가 24, 고종 3, 고종 38년 9월 임오.

1_ 이경구, 『조선후기 安東 金門 연구』, 일지사, 2007, 24쪽.

2_ 조규희, 「1746년의 그림: '시대의 눈'으로 바라본 「장주묘암도」와 규장각 소장 『관동십경도첩』」, 『미술사와 시각문화』 6(2007) 및 「조선 시대 회화(화가)와 후원」, 『한국의 예술 지원사』, 미메시스, 2009, 284~289쪽.

3_ 「고산구곡도」에 관해서는 조규희, 「조선유학의 '道統'의식과 九曲圖」, 『역사와 경계』 61(2006) 참조.

4_ 이성미 외, 『조선시대 어진관계 도감의궤 연구』, 한국정신문화연구원, 1997, 9쪽 및 조규희, 「조선 시대 회화(화가)와 후원」, 앞의 책, 262~263쪽.

5_ 「곡운구곡도」에 관해서는 조규희, 「『谷雲九曲圖帖』의 多層的 의미」, 『美術史論壇』 23(2006).

6_ 이 집안의 학문과 문예 활동에 대해서는 이경구, 앞의 책, 277~282쪽.

7_ 강관식, 「광주 정문과 장동 김문의 세교와 겸재 정선의 「청풍계」」, 『미술사학보』 26(2006) 및 「겸재 정선의 사환경력과 애환」, 『미술사학보』 29(2007) 참조.

8_ 정선의 「회방연도」에 대해서는 유홍준, 『화인열전』 1, 역사비평사, 2001, 245~247쪽 및 최완수, 『겸재 정선』 1, 현암사, 2009, 168~191쪽 참조.

9_ 이병연에 대해서는 金炯述, 「槎川 李秉淵의 詩文學 硏究」, 서울대학교 석사논문 (2006) 참조.

10_ 조규희, 「별서도別墅圖에서 명승명소도名勝名所圖로-정선鄭敾의 작품을 중심으로-」, 『미술사와 시각문화』 5(2006), 270~287쪽.

11_ 간송미술관 소장 「청풍계도」에 관해서는 조규희, 「조선후기 한양의 명승명소도와 국도 명승의 재인식」, 『한국문학과 예술』 10(2012) 참조.

12_ 조규희, 「朝鮮時代 別墅圖 硏究」, 서울대학교 박사학위논문(2006), 281~285쪽 및 「조선후기 한양의 명승명소도와 국도 명승의 재인식」, 170~171쪽.

13_ 정조의 「국도팔영」에 대해서는 조규희, 위의 논문, 2012 참조.

14_ 이경구, 앞의 책, 157~159쪽.

15_ 이경구, 앞의 책, 177쪽.

16_ 「고산구곡시화병」과 『곡운구곡도첩』에 관해서는 조규희, 『谷雲九曲圖帖』의 多層的 의미」 참조.

17_ 강관식, 『조선 후기 궁중화원 연구』 상, 돌베개, 2001, 195~196, 350~354쪽.

18_ 조규희, 「朝鮮時代의 山居圖」, 서울대학교 대학원 석사논문(1998), 69, 83~92쪽.

19_ 한영규, 『조희룡과 추사파 중인의 시대』, 학자원, 2012, 135~146쪽.

20_ 김흥근의 허련 후원에 대해서는 金泳鎬 編譯, 『小癡實錄』, 瑞文堂, 1992, 99~101쪽.

4장

1_ 대원군 주변에서 활동했던 음악인들에 대한 후대의 평가는 곱지만은 않다. 임형택은 『문화사적 현상으로 본 19세기』에서 이들의 활동에 대해 '재롱을 떠는 꼴' '주체가 서서 내려진 판단인지' '앵무새 소리' '아첨의 소리'와 같은 표현을 써서 평가한 바 있다. 또 '안민영 그룹과 대원군의 관계는 예술의 발전에 긍정적으로 기여하지 못했고' '대원군 집정기 예술인들은 전반적으로 시녀화된 나머지 보수적 성향을 드러냈으며' '안민영은 대원군 주변에서 향락생활의 보좌역을 줄곧 담당한 것 같다'라고 평가한 바 있다. 박노준 역시 「안민영의 삶과 시의 문제점」, 『조선후기 시가의 현실인식』에서 왕실을 송축하는 안민영의 시에 대해 '수준 낮은 아첨의 악장류' '안민영의 비극이요 불행'이라는 부정적인 평가를 내리고 있다.

6장

1_ 간송, 「수서만록」.

2_ 장형수, 「간송 수장의 비화」, 『보성』 75호에서 간추림.

3_ 阮堂老人 晩年得意之筆, 有書卷氣, 可提, 非坊間贗鼎之所能擬者耳. 奉玩題此, 聊誌眼福. 甲戌小春之吉日, 葦滄 七十一叟 吳世昌.

4_ 吳世昌 曾暫見愛之, 再借玩閱月, 題箱歸之于澗松. 時乙亥大晦前十日.

5_ 世重蕙園畫, 尤重其風俗之作, 而此帖多至卅頁者. 皆遺俗傳神, 閭巷之片片情態, 躍於紙上, 絢巨觀也. 且有服飾之今無者太半, 賴此以僅存其槪, 是可禎也. 帖曾入豪商富田氏之手, 屢經撮影, 或縮之極小, 揷於煙草之匣, 故人人皆得, 而欣賞之. 以世間稀見之跡, 成世間共寶之品, 不亦奇哉. 澗松全君, 必欲得原帖者有年, 乃不惜重金, 以購之, 作篋中珍祕. 余今借讀, 而仍題帖尾. 丙子小春之上弦, 葦滄老夫吳世昌書.

6_ 이영섭, 「내가 걸어온 古美術界 三十年」, 『月刊文化財』16, 1973에서 간추림.

7_ 維戊寅閏七月五日, 澗松全君之葆華閣. 上棟式畢, 子不勝柏悅. 爰祝以銘曰 屹立丹臒, 俯臨北郭. 萬品綜錯, 充物新閣. 書畫孔嘉, 古董堪誇. 萃于一家, 千秋精華. 槿域遺鵠, 獲能討攷. 與世同寶, 子孫永葆. 葦滄 吳世昌.

8_ 일요화랑 二樹小亭圖, 『한국일보』1961년 5월 14일자.

9_ 한국미술사학회 창립20주년기념좌담회 대담 정영호 담, 『고고미술』146·147, 1980.

10_ 한국미술사학회 창립20주년기념좌담회 대담 황수영 담, 『고고미술』146·147, 1980.

11_ 한국미술사학회 창립20주년기념좌담회 대담 정영호 담, 『고고미술』146·147, 1980.

12_ 「澗松先生의 逝去를 哀悼한다」, 『고고미술』제3권 제2·3호, 1962.

13_ 간송 11주기 특집좌담 최순우 담, 『보성』75, 1975.

14_ 간송 11주기 특집좌담 김원룡 담, 『보성』75, 1975.

8장

1_ 매출 상위 500대 기업과 기업 출연 문화재단, 협회 회원사 등을 대상으로 문화예술 지원 현황을 조사해 매년 발표하고 있다.

2_ 그는 사회적 약자를 위해서도 적극 나섰다. 1978년에는 의료취약지역에 거주하는 농어촌 주민들에게 양질의 의료 서비스를 제공하고자 전남 승주군 송광면 우산리에

자본금 500만 원의 의료법인 송광의원을 설립했다. 그의 아내 이순정은 "아이들에게도 남에게 베풀 줄 알라고 가르쳤고 기업을 맡을 때에도 돈 벌 생각은 하지 말고 부실 기업을 만들지 않도록 하라"고 당부했던 남편의 모습을 기억하고 있다.

3_ 그는 형인 박성용에 이어 몽블랑 문화예술 후원자상을 받았다. 형제가 나란히 이 상을 받기는 처음이다.

4_ 2006년 서울대 음대와 미대에 각각 25억씩 총 50억 원의 금호예술기금을 전달하기도 했다. 현재는 연세대에 실내악 등의 클래식 공연과 학교 행사를 위한 공간으로 활용될 390석 규모의 '금호아트홀' 건립을 추진 중이다.

5_ 특히 2000년에는 식물유전자 과학계의 노벨상을 목표로 금호국제과학상을 제정해 매년 세계분자생물학회에 수상자 선발을 의뢰하여 그해 생명, 과학, 식물, 유전자 분야에 공헌한 과학자를 선정했다. 문화를 교량 삼은 외교력 또한 뛰어났다. 1992년 제3대 한·중 우호협회 회장에 취임해 2005년 3월 퇴임할 때까지 13년 동안 한중 양국 간의 긴밀한 산업경제 협력 체제를 구축하는 데 힘썼다. 국내외 저명인사 초청 강연회, 한·중 수교 기념 음악회 등을 통해 양국 간 학술, 문화 교류 촉진에 기여했다.

6_ 손열음은 박성용을 다음과 같이 회상했다. "금호갤러리에서 열린 연주회에서 처음 뵀는데 첫인사가 다짜고짜 아이스크림을 사주시겠다는 말씀이었죠. 그만큼 허물없이 따스하게 대해주셨어요. 저에게 회장님이 해주신 건 너무 많아 뭐 하나를 콕 집어내기도 힘들어요. 하나부터 열까지 다 도움이 되어주셨어요. (…) 콩쿠르 입상을 할 때마다 축하해주신다고 밥도 사주고 하셨죠. 클래식 음악가가 예쁘면 좋다며 해외를 다녀오시면서 작은 액세서리를 선물해주신 적도 있어요."

7_ "저한테 가족 같은 분이었어요. 회장님은 음악적 취향이 분명했는데, 제 음악을 좋아하셨던 것 같아요. 빠른 곡을 좋아하셨어요. CD 플레이어에서 느린 곡이 나오면 건너뛰곤 하셨죠. 제 동생들이 회장님께 양식 먹는 법을 배웠을 정도로 밥을 자주 사주셨고요. 식당에 체스 판이 있어 체스도 가르쳐주시고, 와인도 알아야 한다며 사소한 것까지 직접 다 가르쳐주셨어요. 아, 언제부터인가 문자를 배우셔서 자주 보내셨어요."(손열음)

참고문헌 및 더 읽어볼 책들

1장

『계원필경집』『삼국사기』『삼국유사』『삼국지』『신라수이전』

『신증동국여지승람』『악학궤범』

김윤식, 『운양집雲養集』

이긍익, 『연려실기술』

이수광, 『지봉유설』

이익, 『해동악부海東樂府』

김영미, 『신라불교사상사연구』, 민족사, 1994

김태식 편, 『악사 우륵과 의령지역의 가야사』, 홍익대 인문과학연구소·우륵문화발전
연구회, 2009

노중국 외, 『악성 우륵의 생애와 대가야의 문화』, 고령군 대가야박물관·계명대 한국
학연구원, 2006

동국대 경주캠퍼스 박물관, 『래여애반다라』, 2006

박남수, 『신라수공업사』, 신서원, 1996

———, 『한국 고대의 동아시아교역사』, 주류성, 2011

———, 「眞殿寺院의 기원과 신라 成典寺院의 성격」, 『한국사상사학』 41, 서문문화사,
2012

———, 「신라 「法光寺石塔記」와 御龍省의 願堂 운영」, 『한국고대사연구』 58, 서경문화
사, 2013

정구복 외, 『역주 삼국사기』, 한국학중앙연구원출판부, 2012

2장

『고려사』, 『고려사절요』, 『동국이상국집』, 『동문선』, 『해동역사』,

김광식, 『고려무인정권과 불교계』, 민족사, 1995

김상기, 『고려시대사』, 서울대학교 출판부, 1985

김태욱, 「고려 무인정권기 『동국이상국집』의 편찬과 간행」, 『아시아문화』 12, 한림대 아시아문화연구소, 1996

남인국, 「최씨정권하 문신지위의 변화」, 『대구사학』 22, 대구사학회, 1983

마종락, 「이규보의 유학사상—무신집권기의 유학의 일 면모—」, 『한국중세연구』 5, 1998

민현구, 「월남사지 진각국사비의 음기에 대한 일고찰—고려 무신정권과 조계종」, 『진단학보』 36, 1973

박영제, 「수선사의 성립과 전개」, 『한국사』 21(고려 후기의 사상과 문화), 국사편찬위원회, 1996

박창희, 「최충헌 소고」, 『사학지』 3, 1969

손태도, 『광대의 가창 문화』, 집문당, 2004

이경복, 「圓眞國師 承逈의 活動과 崔忠獻」, 『역사와 담론』 36, 2003

이규배, 「한림별곡의 미적 특질과 민족예악사상」, 『어문연구』 39권 4호(통권 152호), 2011

이병도, 『한국사—중세편』, 을유문화사, 1971

張叔卿, 「高麗 武人政權下 文士의 動態와 性格」, 『한국사연구』 34, 1981

전인갑, 「전통 중국의 권력엘리트 충원문화와 시스템」, 『아시아문화연구』 21, 2011

진성규, 「무신정권기 불교계의 변화와 조계종의 대두」, 『한국사』 21(고려 후기의 사상과 문화), 국사편찬위원회, 1996

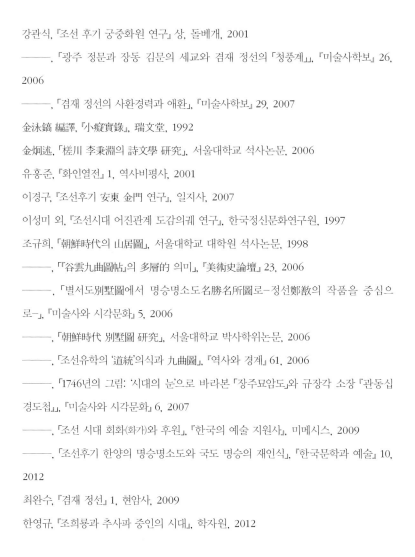

강관식, 『조선 후기 궁중화원 연구』 상, 돌베개, 2001

———, 「광주 정문과 장동 김문의 세교와 겸재 정선의 「청풍계」」, 『미술사학보』 26, 2006

———, 「겸재 정선의 사환경력과 애환」, 『미술사학보』 29, 2007

金泳鎬 編譯, 『小癡實錄』, 瑞文堂, 1992

金炯述, 「槎川 李秉淵의 詩文學 研究」, 서울대학교 석사논문, 2006

유홍준, 『화인열전』 1, 역사비평사, 2001

이경구, 『조선후기 安東 金門 연구』, 일지사, 2007

이성미 외, 『조선시대 어진관계 도감의궤 연구』, 한국정신문화연구원, 1997

조규희, 「朝鮮時代의 山居圖」, 서울대학교 대학원 석사논문, 1998

———, 「「谷雲九曲圖帖」의 多層的 의미」, 『美術史論壇』 23, 2006

———, 「별서도別墅圖에서 명승명소도名勝名所圖로―정선鄭敾의 작품을 중심으로―」, 『미술사와 시각문화』 5, 2006

———, 「朝鮮時代 別墅圖 研究」, 서울대학교 박사학위논문, 2006

———, 「조선유학의 '道統'의식과 九曲圖」, 『역사와 경계』 61, 2006

———, 「1746년의 그림: '시대의 눈'으로 바라본 「장주묘암도」와 규장각 소장 『관동십경도첩』」, 『미술사와 시각문화』 6, 2007

———, 「조선 시대 회화(화가)와 후원」, 『한국의 예술 지원사』, 미메시스, 2009

———, 「조선후기 한양의 명승명소도와 국도 명승의 재인식」, 『한국문학과 예술』 10, 2012

최완수, 『겸재 정선』 1, 현암사, 2009

한영규, 『조희룡과 추사파 중인의 시대』, 학자원, 2012

4장

『가곡원류』, 『금옥총부』, 『담헌집』, 『시경』, 『조선왕조실록』, 『청구야담』, 『청성집』

박종채, 『과정록』

유득공, 『영재집』

김영진, 『눈물이란 무엇인가』, 태학사, 2006

김정숙, 『흥선대원군 이하응의 예술세계』, 2004

박희병, 「조선후기 예술가의 문학적 초상」, 『한국고전인물연구』, 한길사, 1992

송지원, 『조선의 오케스트라 우주의 선율을 연주하다』, 추수밭, 2013

──, 『한국음악의 거장들』, 태학사, 2012

──, 『정조의 음악정책』, 태학사, 2007

──, 「조선후기 음악의 문화담론 탐색」, 『무용예술학연구』 제17집, 한국무용예술학회, 2006

이우성, 「18세기 서울의 도시적 양상」, 『향토서울』 17, 서울특별시사 편찬위원회, 1963

임형택, 「18세기 예술사의 시각」, 『이조 후기 한문학의 재조명』, 창작과비평사, 1983

정노식, 『조선창극사』, 조선일보출판부, 1940

정병헌, 「판소리사의 전개와 신재효의 광대가」, 『공연문화연구』 제7집, 한국공연문화학회, 2003

하우저, 아르놀트, 『문학과 예술의 사회사(근세 상·하)』, 백낙청·심성완·염무웅 옮김, 창작과 비평사, 1994

5장

『경제풍월』, 『경향신문』, 『동아일보』, 『매일경제』, 『매일신보』, 『문화일보』, 『서울경제』, 『서울신문』, 『송도민보』, 『연합뉴스』, 『인천일보』, 『중앙선데이』, 『쿠키뉴스』, 『한겨레신문』, 『한국경제』

개성부립박물관 편, 『開城府立博物館案內』, 1936

개성여자교육회, 『金貞蕙先生小傳』, 1938

호림박물관, 『호림, 문화재의 숲을 걷다』, 눌와 2013

강병희, 「蕉雨 黃壽永: 한국미술사와 함께 한 삶」, 『정신문화연구』 23-2, 2000

양정필, 「1930년대 개성지역 신진 엘리트 연구-『고려시보』 동인의 사회문화운동을 중심으로」, 『역사와 현실』 63, 2007

──, 「일제하 개성의 한국인 상권과 그 특징」, 『역사문제연구』 27, 2012

──, 「근대 개성상인의 상업적 전통과 자본 축적」, 연세대 대학원 사학과 박사논문, 2012

이덕주, 「과부 선생님 김정혜」, 『새가정』 361, 1986

정양모, 「兮谷 崔淳雨 先生」, 『미술사학연구』 129·130, 1976

정영호, 「한국 미술사학계의 거장, 황수영 박사를 찾아서」, 『황해문화』 7-2, 1999

진홍섭, 「汲月의 교훈을 되새기며」, 『한국사시민강좌』 13, 일조각, 1993

──, 「又玄 高裕燮 선생 回顧」, 『미술사학연구』 196, 1992

황수영, 「先師의 길을 따라」, 『한국사시민강좌』 11, 일조각, 1992

6장

『고고미술』

간송, 「수서만록」

──, 「이수허정도」

간송미술문화재단, 『간송문화』, 2014

고고미술동인회, 『고고미술』 제3권 제2·3호, 1962

보성고등학교, 「간송서거 11주기 특집좌담」, 『보성』 74, 1974

이영섭, 「내가 걸어온 고미술계 삼십년」, 『월간문화재』 16, 1973

──, 「내가 걸어온 고미술계 삼십년」, 『월간문화재』 18, 1974

장형수, 「간송 수장의 비화」, 『보성』 75, 1975

최완수, 「간송평전」, 『간송문화』 51, 1996

──, 「간송이 문화재를 수집하던 이야기」, 『간송문화』 70, 2006

한국미술사학회, 「창립20주년기념좌담회」, 『고고미술』 146·147호, 1980

7장

삼성문화재단 창립취지문, 1965
『인생은 흐르는 물처럼』, 호암재단, 2010
이병철, 『호암자전』, 나남, 2014

새로 쓰는 예술사

초판인쇄 | 2014년 11월 24일
초판발행 | 2014년 11월 30일

지은이 | 송지원 박남수 류주희 조규희 양정필 정병삼 김경한
펴낸이 | 강성민
기 획 | 한국메세나협회
편 집 | 이은혜 박민수 이두루
편집보조 | 유지영 곽우정
마케팅 | 정민호 이연실 정현민 지문희 김주원
온라인 마케팅 | 김희숙 김상만 한수진 이천희
독자 모니터링 | 황치영

펴낸곳 | (주)글항아리 출판등록 | 2009년 1월 19일 제406-2009-000002호

주 소 | 413-120 경기도 파주시 회동길 210
전자우편 | bookpot@hanmail.net
전화번호 | 031-955-8891(마케팅) | 031-955-8897(편집부)
팩 스 | 031-955-2557

ISBN 978-89-6735-138-0 03900

·이 도서의 국립중앙도서관 출판예정도서목록(CIP)은 서지정보유통지원시스템
 홈페이지(http://seoji.nl.go.kr)와 국가자료공동목록시스템(http://www.nl.go.kr/kolisnet)에서
 이용하실 수 있습니다.(CIP제어번호: CIP2014031488)